国家社科基金
GUOJIA SHEKE JIJIN HOUQI ZIZHU XIANGMU
后期资助项目

思想政治教育属性研究

李敏 著

学习出版社

图书在版编目（CIP）数据

思想政治教育属性研究 / 李敏著 . -- 北京：学习出版社，2024.9
国家社科基金后期资助项目
ISBN 978-7-5147-1257-5

Ⅰ. ①思… Ⅱ. ①李… Ⅲ. ①思想政治教育－研究－中国
Ⅳ. ① D64

中国国家版本馆 CIP 数据核字（2024）第 043886 号

思想政治教育属性研究

SIXIANG ZHENGZHI JIAOYU SHUXING YANJIU

李 敏 著

责任编辑：李紫薇 寿英孜
技术编辑：贾 茹
封面设计：杨 洪

出版发行：学习出版社
北京市崇外大街11号新成文化大厦B座11层（100062）
010-66063020 010-66061634 010-66061646
网 址：http://www.xuexiph.cn
经 销：新华书店
印 刷：北京市密东印刷有限公司

开 本：710毫米×1000毫米 1/16
印 张：16.5
字 数：279千字
版次印次：2024年9月第1版 2024年9月第1次印刷

书 号：ISBN 978-7-5147-1257-5
定 价：36.00元

国家社科基金后期资助项目

出版说明

后期资助项目是国家社科基金设立的一类重要项目，旨在鼓励广大社科研究者潜心治学，支持基础研究多出优秀成果。它是经过严格评审，从接近完成的科研成果中遴选立项的。为扩大后期资助项目的影响，更好地推动学术发展，促进成果转化，全国哲学社会科学工作办公室按照“统一设计、统一标识、统一版式、形成系列”的总体要求，组织出版国家社科基金后期资助项目成果。

全国哲学社会科学工作办公室

目　录

Contents

绪 论

一、选题研究的缘起与意义

思想政治教育是什么？这一问题不仅关乎思想政治教育合法性，也关系人们能否在准确认识思想政治教育的基础上科学地、有效地开展思想政治教育实践。对思想政治教育是什么的回答，目前的主要研究方式体现为对思想政治教育本质的探索，但如果要通过明晰思想政治教育本质以回答思想政治教育是什么，这里还需要关注的问题便是我们又应该如何来认识思想政治教育本质。对此，我们认为，通过揭示思想政治教育属性并进而确认思想政治教育本质属性是解答上述研究主题的重要维度与方式。

思想政治教育学科成立之初，人们便开始关注思想政治教育学科的属性，如有研究提出思想政治教育学科具有“阶级性、实践性、综合性”①。进入 21 世纪，人们逐渐将思想政治教育学科属性与思想政治教育活动属性相区分，提出思想政治教育学具有“科学性与价值性的统一”“理论性与应用性的统一”“综合性与创造性的统一”等特点，而思想政治教育活动具有“目的性”“实践性”“创造性”② 等特点。21 世纪以来，人们重点讨论了思想政治教育活动的政治属性、意识形态属性、实践属性，相继提出思想政治教育的社会属性、文化属性、公共属性、教育属性、解放性与规范性、草根性、全民性等。就对思想政治教育属性的现有研究而言，人们始终存在这样的误解，即将思想政治教育属性看作是外在政令的产物，但实际上，思想政治教育属性是在满足现实社会关系的需求中被规定，且

① 教育部社会科学研究与思想政治工作司组编：《思想政治教育学原理》，北京，高等教育出版社 1999 年版，第 11~12 页。

② 张耀灿等：《现代思想政治教育学》，北京，人民出版社 2001 年版，第 52~63 页。

随现实社会关系的扩展而不断丰富发展。揭示思想政治教育属性是为明确思想政治教育实践活动的内在逻辑与操作要求，因为思想政治教育属性既是思想政治教育实践活动本身的特征呈现，也反映了这一社会实践活动的逻辑走向、内在指令与目标追求。

思想政治教育学科建立30余年来，思想政治教育属性研究在持续不断的关注中得到发展，其令人担忧的不足也表现为：一是将属性研究作为一种程式性问题来处理，甚至认为属性研究可有可无；二是将属性研究看作是主观臆断的产物，是研究者任性设计、随意叠加的思维创造过程。这就使得思想政治教育属性研究有可能沦为一种观念活动的过程和产物。实际上，思想政治教育属性从一开始就是呼应一定社会生产的产物，它在社会需求的呼唤下逐步形成，且随着社会主体需求的多样化而不断丰富发展。之后，思想政治教育属性在与社会主体需求满足两者之间的交互作用中不断衍生和发展。只是人们之前对这种属性以及它与社会需求之间的关系缺乏必要且具有学理性的研究，而思想政治教育学科的形成，才使得这种研究逐步走上正确的路径。本书的研究动机，就是试图揭示思想政治教育这一实践活动属性的形成与发展进程，并且把它看作是一种社会变量之间交互作用的客观产物。同时，通过对思想政治教育属性理论的系统研究以丰富人们整全认识思想政治教育的视角。

因此，通过系统研究思想政治教育这一实践活动的主要属性最起码应实现两大目的：一是满足学理发展和学术成长的需要，为思想政治教育基础理论的深化研究提供支持；二是满足社会实践的呼唤，即通过揭示思想政治教育活动属性更好地明确思想政治教育实践活动开展所必须遵循的内在逻辑和内在要求，因为属性研究实际上反映和体现这种活动的目标追求和内在律令。

（一）系统研究思想政治教育属性是深化思想政治教育基础理论体系研究的理论生长点

思想政治教育属性是思想政治教育基础理论的重要构成，系统研究思想政治教育属性不仅满足思想政治教育属性理论发展的需要，也是深化思想政治教育基础理论体系研究的诉求，在确证思想政治教育多维属性及其辩证关系中，能为思想政治教育本质属性的研究提供新视角。

1. 思想政治教育属性的理论发展需要在已有基础上推进其系统性研究。思想政治教育属性的理论发展需要对思想政治教育属性进行系统性研究。思想政治教育学科从建立之初便开始关注其属性，从现有研究来看，思想政治教育学科属性与活动属性的区分无疑是思想政治教育属性研究重大的突破点。而就目前对思想政治教育活动属性的研究而言，主要还存在类似这样的问题：一是从某一角度或某一侧面揭示思想政治教育活动的属性，缺乏思想政治教育属性研究的系统性与整体性。二是对思想政治教育活动某一属性的揭示还处在最初的经验层面，如人们在揭示政治性时，仅仅是从何为思想政治教育政治性及思想政治教育政治性的特征等作出论述，缺乏对思想政治教育政治属性的反思。对思想政治教育活动属性的研究需要确证相关的基础理论（如界定思想政治教育属性的概念、内涵、特征，为揭示思想政治教育的主要属性提供依据）、揭示思想政治教育主要属性并作系统的研究（如构建思想政治教育政治属性的系统理论，并从政治属性层面去探索思想政治教育活动内在的逻辑走向与目标追求），如此，方能满足促进思想政治教育属性学理发展的要求。因此，本书以思想政治教育属性研究为题，旨在从思想政治教育应对现实社会关系的视角构建思想政治教育属性的基础理论，揭示其主要属性，以期从这一新的视角提升思想政治教育属性研究的系统性，如此实现对思想政治教育属性的科学认识、对思想政治教育主要属性的完整把握与深入推进。

2. 通过论证思想政治教育多维属性的辩证关系把握本质属性是本质研究的新视角。思想政治教育本质不仅是把握思想政治教育是其所是的核心，也是检验人们在思想政治教育实践中是否抓住了核心任务和根本目标的重要标准。当前，人们对思想政治教育的本质做了较为丰富的研究，对其归纳主要表现为“定义性概念”（“意识形态灌输论”“价值观教育论”“个人与社会关系协调论”“社会意识形态管理论”等）和“本质属性型概念”[1]（如思想政治教育本质属性是意识形态属性、政治属性，以及政治属性与思想性、政治属性与科学性、政治属性与教育性的统一，等等）。这些研究的价值是毫无疑问的，但这里，我们要突出的观点是，思想政治教育本质属性就是思想政治教育的本质，同时，我们将尝试从揭示思想政治教育的主要属性以及相关主要属性之间的辩证关系中去确证思想政治教育的本质属性。因为思想政治教育本质属性就是在思想政治教育众多属性中起决定作用的固有属性。从众多属性的辩证关系中去确认发挥决定性作

① 金林南：《思想政治教育学科范式的哲学沉思》，南京，江苏人民出版社 2013 年版，第 87~89 页。

用的固有属性也是研究思想政治教育本质的新视角，它将成为思想政治教育基础理论创新的出发点。

3.思想政治教育属性研究是深化思政教育基础理论体系构建的重要组成。提升思想政治教育属性系统性研究还源于其对深化研究思想政治教育基础理论体系的需求的满足。思想政治教育学科建立30余年来，思想政治教育学人不遗余力地探求思想政治教育的目标、范畴、价值、规律、本质、方法等内容，并在这一基础上构建了思想政治教育学较为成熟的理论体系，这对开展思想政治教育这一实践活动，建设思想政治教育学科都发挥着重要的作用。遗憾的是，思想政治教育学科基础理论体系缺乏思想政治教育属性理论的在场。但就思想政治教育学科相关基础理论之间的逻辑来看，思想政治教育基础理论体系的构建势必需要填补思想政治教育属性理论的缺场。例如，就思想政治教育的价值而言，思想政治教育的价值生成是思想政治教育属性与人类主体相互作用的结果，这种相互作用体现在思想政治教育具备相应属性，人类主体有相关需求，思想政治教育属性恰好满足人类主体的需求，由此可见，明晰思想政治教育属性是探究思想政治教育价值的重要因素，对价值理论的探索也离不开对属性理论的探讨；就思想政治教育的规律而言，它是指内蕴于思想政治教育内部的必然联系，对思想政治教育众多属性的概括与比较，并在其中把握那些具有相对稳定性与处于渐变状态的属性的反映与表达是透视思想政治教育规律的必经路径；就思想政治教育的本质而言，它是思想政治教育在与他物的相互联系中不断向自身回归而达成的主观与客观的统一，亦即思想政治教育的本质属性，确证在思想政治教育的多维属性中起决定作用，且它的存在决定了思想政治教育之所以是思想政治教育的属性，则是思想政治教育的本质属性，亦即本质；对思想政治教育属性的揭示也规定思想政治教育的范畴……综上可见，思想政治教育属性作为思想政治教育活动的本质特征与性质，它与思想政治教育的价值、规律、本质、目标等紧密相关，对思想政治教育属性理论的系统揭示是完善思想政治教育基础理论体系构建的重要因素。

（二）研究思想政治教育属性能为明确思想政治教育实践活动开展所必须遵循的逻辑走向、内在要求与目标追求提供依据

思想政治教育作为实践活动，实践品性是其本质特征，明确思想政治教育实践活动开展所必须遵循的逻辑走向、内在要求与目标追求是追求思

想政治教育实效性的保障，系统把握思想政治教育的多维属性及其相互作用就是要切实把握思想政治教育实效性达成的保障。

1. 思想政治教育活动属性明确思政实践活动开展所必须遵循的逻辑走向。所谓逻辑走向，实际上表征了思想政治教育属性发展变化的某种内在路径和轨迹，因为思想政治属性是形成价值的客观基础，而各种社会主体（如国家、政党、各种社会共同体、个体等）的若干需求及其满足状况是形成价值的主观尺度，因此，思想政治教育的活动价值就是属性与需求及其满足状况两者的统一。但两者实际上又是对立的，即属性不可能与需求及其满足状况完全一致，而是大量表现为属性不能对位需求、不能全面满足需求，甚至与需求大相径庭，但属性又必须尽可能去接近需求、满足需求，正是在这种属性与需求两者之间既对立又统一的关系发展中，规定并指示着思想政治教育这种活动的演进路线，因为思想政治教育活动最终是为多种社会主体满足与发展需要服务的，而不是让它们为思想政治教育自身服务。这里存在的价值特征，实际上又规定与制约着思想政治教育的地位与作用。

2. 思想政治教育活动属性明确思想政治教育实践活动开展的内在要求。所谓内在要求，实际上是说明思想政治教育活动开展必须遵循的基本要求，这种基本要求不是主观臆想的产物，而是由属性在不断满足社会主体不断衍生的社会需求的进程中，通过双方之间的双向交互作用而形成的。这种要求一经形成，就可能成为思想政治教育活动进展的工作指令与内在要求。如思想政治教育的政治属性，内在地规定着开展思想政治教育必须有大局观与大局意识，而不能只有自我服务与自我确认倾向；同时，思想政治教育又必须突出讲究政治纪律、政治规矩与要求，还必须突出强烈的服务意识，因为思想政治教育作为一种社会实际活动，从本质上就是为谋求主客观的统一，并且是为主客观的统一服务的。这里存在的内在要求，实际上是制约与形成思想政治教育方式方法的选择要求。

3. 思想政治教育活动属性反映和体现思政实践活动开展的目标追求。所谓目标追求，实际上是说明通过思想政治教育属性研究，可以反映或折射出思想政治教育活动的目标体系及其明确状况。由于思想政治教育的属性应对各种不同主体的相关需求，而各种主体的若干需求，如政治需求、精神发育需求、平衡与有序需求等既存在着共性，又大量存在着个别差异。思想政治教育指望自身在同一时空条件下同时满足多种主体的不同需求是有困难的。因此，它只能根据自身状况而选择满足的重点与满足的方向和路径。这种情况一方面构成了思想政治教育目标体系的丰富化与多样化；另一方面也规定着思想政治教育活动目标的重点性与选择性，并且这种重点性与选择性是不断变化的，这种变化本身又体现出正当性、平衡性、兼顾性、和而不同性等。这里存在的目标追求，实际上规定着思想政治教育活动的主要任务与教育内容等。因此，对思想政治教育属性的研究是全面整体地把握思想政治教育这一实践的逻辑走向和内在要求的必然体现。

（三）系统研究思想政治教育属性能为创新思想政治教育服务国家治理的实践路径提供新视角

思想政治教育主要是指在“一定社会的思想政治的统制下开展的、意在达成社会成员的政治认同和政治拥护、影响社会成员的心理与行为的社会实践活动的总和”[①]。由此，思想政治教育作为实践活动，它至少需要连接国家、社会与个人三大主体，需要观照思想政治输入与输出、灌输与接受、教育与学习、观念形成与行为养成等关系性过程，对思想政治教育属性的研究可以为思想政治教育满足多样主体、观照多重过程提供新的视角。

1. 思想政治教育多维属性为满足国家治理视域中多样主体的需求提供基础。国家治理经历了统治、管理与治理等主要运行方式。统治、管理与治理等不同的运行方式所规定的参与主体、权威来源、权力行使与权力运作过程等呈现出较大差异。就国家统治而言，政府是权威与合法权力的唯一来源，它秉持自上而下的命令方式，它排斥民主参与，凌驾于社会与市场之上，整个国家的权力行使都依靠政府发号施令来完成。在以统治为运行方式的国家治理中，思想政治教育的实践形态主要表现为专制型的思想政治教育，专制型的思想政治教育在实践过程中主要对占统治地位的阶级负责，主要依赖政府的权威与权力并通过自上而下的方式来完成其实践目标。就国家管理而言，权威与合法的权力仍然主要来自政府，但较统治而言，它的运作过程倡导以自上而下为主、自下而上为辅，在国家管理中，思想政治教育尽管主要仍然为统治阶级或权威机构负责，但它开始观照其他主体的需求，也注意搜集社会的舆论，试图表现出自身与社会、市场的交互作用。国家管理形态中的思想政治教育主要以满足统治阶级或权

① 邱柏生、张怡:《思想政治教育新解》,《思想教育研究》2002 年第 9 期。

威机构的需求为核心，但同时兼顾社会与市场的需求。就国家治理而言，西方语境中的治理主要表现为政府、市场与社会三大主体对公共事务的参与和解决，在中国语境中的治理主要表现为党委领导下的政府负责、社会协同、公众参与、法治保障的治理体系。由此可见，在国家治理形态中，思想政治教育需要观照权威机构、公众、社会等多样主体，研究思想政治教育的多维属性及其辩证关系是满足多样主体需求与多重社会关系需求的重要条件。

2. 思想政治教育多维属性为国家治理的现代化方式提供支持。国家治理能力现代化涵括意识形态治理能力现代化。思想政治教育作为提升一定社会意识形态影响力的实践活动，对其思想政治教育属性的系统研究能助力国家治理能力现代化。首先，丰富国家治理能力现代化的实践方式。我国国家治理方式坚持“系统治理、依法治理、综合治理与源头治理”的治理原则，系统治理主要强调治理的领导体系、源头治理重点强调治理的时机、依法治理主要强调治理的方式、综合治理主要强调治理的协同机制。这些治理原则与思想政治教育具有较强的内在联系。在系统治理原则下，思想政治教育重视不同主体对思想政治教育的运用以及对不同主体在治理过程中的需求满足；在源头治理原则下，思想政治教育通过其柔性的治理方式助力相关问题解决在萌芽之初；在依法治理原则下，思想政治教育将法治作为自身的实践内容，一方面助力法律的被认同与遵守，另一方面也运用法律提升自身的实践能力；在综合治理原则下，思想政治教育融通道德与法律，提升政府、社会与公民的规则意识与文明素养。在国家治理的多样需求中，明晰思想政治教育的主要属性，能丰富国家治理能力现代化的实践方式。其次，思想政治教育通过改进教育方式以助力国家治理能力现代化。在传统的思想政治教育实践中，“我说你听”是惯常的实践模式，但国家治理在提升社会与公众的参与力的同时，也使得社会与公众产生更多的自主性，如此，在掌握思想政治教育对象的接受方式的基础上制定思想政治教育的教育方式便成为影响实践效应的关键，也成为国家意识形态治理能力现代化的关键。要实现对教育对象多样接受方式的满足，思想政治教育就需要明晰自身的多维属性。综上可见，思想政治教育作为助力国家治理能力现代化的重要构成，对其属性的系统研究是完成这一实践目标的基础。

二、研究综述

思想政治教育属性是指思想政治教育在与他事物相互联系中所具有的本身固有的特质。对思想政治教育属性的研究，意在全面整体地把握思想政治教育的特征、揭示思想政治教育本质，据此以实现对思想政治教育在现代社会中实践领域价值的准确定位，最终引导思想政治教育合理处理各种关系、确保思想政治教育活动方向、增强思想政治教育行动力、落实思想政治教育的实效性。为此，评述思想政治教育研究现状并结合思想政治教育现实实践活动是深化思想政治教育属性研究不可缺少的步骤。

（一）思想政治教育属性研究现状的梳理

思想政治教育活动属性脱离思想政治教育学科属性彰显了对属性研究的进一步深化。思想政治教育学界从不同维度探讨了思想政治教育活动的政治性、意识形态性、实践性、文化性、社会性、教育性、科学性等具体属性，同时，也开始对具体属性间的关系进行论证，试图揭示思想政治教育的本质属性，以最终实现对思想政治教育活动运行的全面把握。

1. 思想政治教育属性的内在意涵及相关概念界定。对思想政治教育属性的研究最初表现为思想政治教育学科属性的研究，如思想政治教育学科的特点是“阶级性、实践性、综合性”[①]。在对思想政治教育学科属性的持续研究中，人们相继提出思想政治教育作为一门马克思主义学科，具有马克思主义学科的类属性[②]；思想政治教育学科具有鲜明的意识形态性，具体表现为阶级性和政治性[③]；思想政治教育学科具有明显的教育性，是一种明显的意识形态教育[④]；思想政治教育学科的特殊性体现在其承担着国家意识形态教育的政治使命，具有强烈的政治色彩[⑤]；思想政治教育的学科属性，主要包括思想政治教育学的科学性、政治性、实践性和综合

---

① 教育部社会科学研究与思想政治工作司组编：《思想政治教育学原理》，北京，高等教育出版社 1999 年版，第 11~12 页。

② 白显良：《论思想政治教育的马克思主义学科属性》，《学校党建与思想教育》2010 年第 11 期。

③ 白显良：《论思想政治教育的根本学科使命》，《学校党建与思想教育》2012 年第 4 期。

④ 王美：《发展视阈下思想政治教育的学科属性管窥》，《河北青年干部管理学院学报》2015 年第 2 期。

⑤ 余玉花、王美：《论思想政治教育的学科属性》，《思想理论教育》2015 年第 7 期。

性等，它们既相互区别，又相互联系，共同构成一个统一的整体[①]；思想政治教育学科具有社会科学和人文学科双重属性[②]；思想政治教育学科具有人文性和科学性、意识形态性和科学性、理论性和应用性等[③]；思想政治教育学科具有实践属性[④]与理论属性[⑤]；等等。但在21世纪初，学界逐渐将思想政治教育学科属性与活动属性相区分，提出思想政治教育学具有"科学性与价值性的统一""理论性与应用性的统一""综合性与创造性的统一"等特点，而思想政治教育活动具有"目的性""实践性""创造性"[⑥]。邱柏生教授著文论述了思想政治教育学科属性与活动属性的关系，他认为提出这个问题的重要目的就在于"更妥帖地处理政治问题与学术问题两者的关系"，并从"价值论与工具论"角度、"研究方式"角度论述了处理二者关系的方式[⑦]。邱教授坚持"学科特性与活动特性两者有一定联系，但不能混为一谈"，"对活动形态的理论表述应该做到更具体、更普遍、更深入、更基础、更彻底"[⑧]。对于现有研究，我们认为思想政治教育学科属性与思想政治教育实践活动属性既有联系也有差别，从广义来说，思想政治教育实践活动是涵括思想政治教育学科在内的实践形态；但从狭义而言，思想政治教育学科有自身特有的知识存量，实践方式与基本特征，与思想政治教育常规的实践活动相比较而言，它更重视对知识的生产。由此，我们认为将思想政治教育学科属性与思想政治教育实践活动属性相区分是对更科学认识思想政治教育的表现，本课题的研究主题则是聚焦思想政治教育实践活动的属性研究。

2. 思想政治教育的多维属性。现有研究分别从不同视角揭示了思想政治教育的属性，提出思想政治教育的政治属性、意识形态属性、社会属性、实践属性、文化属性、人本属性、理性属性、草根性等，其中关于思想政治教育的政治属性、意识形态属性、社会属性、实践属性等属性研究成果较为丰富。

---

① 贺才乐：《思想政治教育学科属性探讨》，《思想政治教育研究论丛》（第三辑）2013年第10期。

② 张桂华、金林南：《思想政治教育学科具有社会科学和人文科学双重属性》，《教育探索》2014年第9期。

③ 佘双好：《论思想政治教育的学科属性及发展路径》，《学校党建与思想教育》2012年第1期。

④ 刘新庚：《思想政治教育学科的实践属性》，《求实》2013年第10期。

⑤ 刘新庚：《思想政治教育学科的理论属性新论》，《学术论坛》2013年第4期。

⑥ 张耀灿等：《现代思想政治教育学》，北京，人民出版社2001年版，第52~63页。

⑦ 邱柏生：《关于思想政治教育学科研究的若干问题》，《思想理论教育》2006年第4期。

⑧ 邱柏生、董雅华：《思想政治教育学新论》，上海，复旦大学出版社2012年版，第14页。

（1）思想政治教育具有政治属性。现有研究主要从内涵、内容、特征、地位等维度对思想政治教育的政治属性进行了阐释。思想政治教育中的“政治”，主要是指教育内容的政治性以及人们言行中的政治立场，它源于政治，以政治内涵为起点，从系统层面将政治性界定为“最高意义上的政治”“统治意义上的政治”与“文化意义上的政治”[①]，解读思想政治教育的政治性，就必须深层次把握指导思想问题、领导权问题与方向问题3个内在规定性问题[②]，“政治属性……体现为阶级性、政治动员性、灌输性和社会控制性”[③]，对政治性的认识出现两种倾向：一是认为存在“过度阐释”[④]的现象；二是指出思想政治教育存在“去政治化”倾向，并呼吁“思想政治教育的政治性不容淡化”[⑤]。从当前研究来看，思想政治教育具有政治属性获得普遍认同，对思想政治教育政治属性的解读集中于它具有阶级性、代表一定的权力等，但实际上思想政治教育政治属性的本质在于它始终把握政治大局，遵守政治原则，并以此使思想政治教育获得合法性地位。因此，从思想政治教育的“思想政治”出发，阐释思想政治教育政治性的内涵，把握其历史演变、本质特征以及运行逻辑是进一步研究思想政治教育政治属性的空间。

（2）思想政治教育具有意识形态属性。思想政治教育是国家治理的软控制力的观点获得人们的共识，对思想政治教育意识形态性的确证，学者们从思想政治教育的起源、本质、发展变化、内容、功能、意识形态性的指导等方面给予论证。“无论从马克思主义出发，把政治视为‘各阶级的斗争’，还是按照非马克思主义的观点，把政治作为‘社会价值物的权威性分配’，思想政治都表现为：社会共同体中居于统治地位的阶级或阶层，以反映自身利益与意志的政治思想为指导进行的政治活动。这种反映统治阶级利益需求的政治思想即为意识形态”[⑥]，思想政治教育的意识形态性，是指它的政治性、阶级性，也就是说它明确地属于一个阶级，并为这个阶级的根本利益服务，其作用在于维护一个特定社会的统治阶级的统治[⑦]，

---

① 孙其昂：《政治性：思想政治教育的内容本质》，《南京社会科学》2006年第3期。

② 项敬尧：《论坚定思想政治教育政治性的三重向度》，《教学与研究》2019年第2期。

③ 马福运：《正确认识思想政治教育的政治属性》，《高校理论战线》2006年第12期。

④ 连淑芳、阮杜娟：《思想政治教育活动中的政治性“过度阐释”现象分析》，《教育探索》2007年第12期。

⑤ 秦更：《思想政治教育的政治性不容淡化》，《思想政治工作研究》2007年第11期。

⑥ 刘传春：《“政治思想”与“思想政治”辨析》，《学校党建与思想教育》2003年第4期。

⑦ 石书臣：《论思想政治教育中意识形态性与非意识形态性的统一》，《探索》2003年第3期。

意识形态的真义是反映阶级意识、体现国家意志、带有价值主导取向的思想体系。思想政治教育的意识形态语义，承载的意识形态的真义，旨在以有效的方式进行阶级意识和国家意志的价值接受和认同教育[①]。思想政治教育意识形态性的特征表现为“普遍性与群众性、排他性与兼容性、稳定性与变迁性、理想性与实践性”[②],意识形态性是思想政治教育的本质属性，意识形态是思想政治教育存在的合法性依据[③]。综上可见，关于思想政治教育意识形态性的研究成果是丰富的，但就思想政治教育意识形态而言，它的核心在于通过提升某一特定阶级的政治思想占据统治地位，它的基本特征是服务性，这也是思想政治教育意识形态属性的进一步研究空间。

（3）思想政治教育的社会属性。思想政治教育的社会性是指思想政治教育与社会关联性的基本属性，既表明思想政治教育有社会要素，又表明思想政治教育源于社会[④]。社会性作为思想政治教育的一般属性，它内在地包含社会关联的公共性、社会制约的先在性和社会作用的能动性等本质规定[⑤]。思想政治教育社会属性旨在把握社会发展趋势，追求社会正义；探索一种人与社会、人与自然健康和谐的生活方式，助力社会治理；培育个体现代化人格，成就“人是目的”的目标追求[⑥]。对思想政治教育社会属性的研究，现有研究主要集中于思想政治教育与社会的相互作用，抑或说更多体现在思想政治教育的社会参与、社会控制与社会治理等方面，但思想政治教育社会属性是思想政治教育在与社会相互作用中所生成的自身的特征。研究思想政治教育社会属性应深入研究国家意识形态与社会文明的交集的增加、在明晰社会需求的基础上供给先进的思想产品、在掌握社会的接受特征的基础上优化教育方式等。

（4）思想政治教育具有实践属性。实践性既是思想政治教育学科的特征，也是思想政治教育活动的基本属性。思想政治教育学科的实践性已有丰富论证，具体表征为“理论来源的实践性、目的指向的实践性和学

---

① 王习胜:《意识形态的本义、要义和真义——兼论思想政治教育学科的意识形态语义》,《思想理论教育》2014 年第 1 期。

② 罗仲尤、刘克利:《思想政治教育意识形态属性探析》,《思想理论教育导刊》2013 年第 10 期。

③ 罗仲尤、刘克利:《思想政治教育意识形态属性探析》,《思想理论教育导刊》2013 年第 10 期。

④ 孙其昂:《再论思想政治教育的社会性——兼论“社会的思想政治教育性”》,《学校党建与思想教育》2014 年第 1 期。

⑤ 王瑕莉:《论思想政治教育社会性的本质规定及其在当代的彰显》,《思想教育研究》2018 年第 1 期。

⑥ 李敏:《论思想政治教育社会属性的本质规定及实践运行》,《思想教育研究》2018 年第 8 期。

科特殊的应用性”[①]。对思想政治教育活动实践性论证已有较系统的研究思路，包括内涵、特征、理论基础、价值导向与实践路径等。所谓“思想政治教育的实践属性，也可以理解为转化属性，即通过思想政治教育这种社会实践活动,实现着‘精神变物质’和‘物质变精神’的双重转化”[②]。“思想政治教育具有政治性、形而上学和渗透性等与其他实践活动所不同的特点”，对“认识和把握思想政治教育实践活动的特点，对管理者、教育者、受教者转变教育理念，增强教育的针对性、提高教育有效性具有重要的现实意义”[③]。拓展思想政治教育的实践性可“通过引领社会思潮拓展思想政治教育实践性的前沿阵地”“深刻研究社会发展的现实问题并概括出新的规律”“研究思想政治教育对象思想的新特点”[④]。许丽萍的《现代思想政治教育的实践性研究》对实践性的内涵、目标定位、价值导向、理论基础、面临时代背景、领域拓展、途径等维度作了较为系统的研究[⑤]。

思想政治教育属性的现有研究呈现多维度的新探讨，学者们相继论证了思想政治教育的文化性（沈壮海等）、草根性（卢岚等）、公共性（金林南等）、全民性（吴学兵等）、解放性与规范性（董雅华）等。多维度论证使思想政治教育属性研究呈现良好的发展势态。罗仲尤教授的《思想政治教育属性研究》更系统地探索了思想政治教育的多维属性。但就现有研究来看，我们认为系统研究思想政治教育属性是深化这一理论研究的必然路径。在已有研究的基础上，我们至少可以提出这样的理论增长点，即如何认识思想政治教育属性的学理基础、揭示思想政治教育属性应遵循怎样的逻辑与切入点、思想政治教育的主要属性是什么等，这是进一步深化研究思想政治教育属性的空间。

3. 思想政治教育的本质属性。对思想政治教育属性的研究，还重点表现在对思想政治教育本质属性的揭示。人们对思想政治教育本质属性的研究主要表现为“一维”属性、“二维”属性与“多维”属性等。

（1）以政治属性为中心论证其与科学性、学术性、文化性与社会性等属性之间的关系。思想政治教育政治属性与科学属性的关系主要体现为

---

① 刘新庚、高超杰:《论思想政治教育学科的实践属性》,《求实》2013 年第 10 期。

② 邱柏生、董雅华:《思想政治教育学新论》，上海，复旦大学出版社 2012 年版，第 18 页。

③ 曹春梅、郑永廷:《论思想政治教育的实践性及当代价值》,《思想理论教育导刊》2009 年第 1 期。

④ 刘书林:《思想政治教育拓展实践性的基本途径》,《思想教育研究》2010 年第 9 期。

⑤ 许丽萍:《现代思想政治教育的实践性研究》，哈尔滨师范大学博士学位论文，2011 年。

“辩证统一说”与“侧重说”：“辩证统一说”坚持政治性与科学性是辩证统一，缺一不可的；“侧重说”各自立据论证“政治优越性”或“科学优越性”，但就政治属性而言，它“分为应然的政治性和实然的政治性，应然的政治性与科学性具有高度统一性，实然的政治性和科学性存在可能的背反性”，二者应是修正的辩证统一[①]。“当代思想政治教育的实践发展与理论研究应突出政治性、依托科学性、关注文化性”，三者的统合，“既源于一种逻辑的力量,更源于一种历史的力量”[②]。思想政治教育政治性与学术性的关系主要体现在试图弄清知识与价值二者是否能并存的问题。思想政治教育的政治属性与文化性的关系主要体现在：“文化性与政治性的兼具，内在地规定着思想政治教育这种人类政治社会中普遍存在的实践活动应该遵循的重要运行规则……政治性较之文化性，是更为根本、更为深刻的本质规定性”[③]，抑或“政治性是思想政治教育的本质属性，文化性是思想政治教育的基础属性,两者辩证统一于思想政治教育活动中”[④]。思想政治教育政治属性与社会性的关系主要表现在：“在思想政治教育政治性与社会性的关系中，政治性是本质属性，社会性是一般属性，应正确把握二者关系，防止思想政治教育的“泛社会化”与阶级性扩大化[⑤]。此外，学者们还论证了意识形态性与科学性、科学性与创新性、价值性与艺术性、意识形态性与非意识形态性、灌输性与渗透性的整体性关系、现实性与超越性等。

（2）试图揭示思想政治教育的本质属性。对思想政治教育本质属性的探究，学界出现“一属性论”与“多属性论”观点。“一属性论”主张思想政治教育的本质属性是“政治性”或“意识形态性”。思想政治教育“多属性论”观点有：思想政治教育的本质属性在于政治性与科学性的有机统一[⑥]；思想政治教育的目的性是思想政治教育最鲜明的特性、思想政

---

① 徐秀勇、杨嘉：《思想政治教育的政治性和科学性之关系新论》，《思想政治教育研究》2009年第10期。

② 张想明、杨红梅：《论思想政治教育的政治性、科学性、文化性及其关系》，《前沿》2013年第1期。

③ 沈壮海：《关注思想政治教育的文化性》，《思想理论教育》2008年第3期。

④ 柳礼泉、周文斌：《思想政治教育的政治性与文化性之关系解读》，《思想理论教育导刊》2013年第9期。

⑤ 叶方兴：《思想政治教育的政治性与社会性之间关系探微》，《湖北社会科学》2010年第4期。

⑥ 陈志华：《坚持思想政治教育的本质属性——政治性与科学性的有机统一》，《理论与改革》2006年第5期。

治教育的实践性是思想政治教育显著的本质属性、超越性是思想政治教育突出的本质属性[①]；思想政治教育的本质特征是政治性、思想性、科学性和教育性的有机统一,四者缺一不可[②]。

（二）对思想政治教育属性现有研究的评述

现有研究区分了思想政治教育学科属性与思想政治教育活动属性，为更妥帖地处理政治性与学术性奠定了基础；多维度揭示了思想政治教育属性的内容，为整全认识思想政治教育属性提供了支持；论证了思想政治教育多维属性之间的辩证关系，为揭示思想政治教育的本质属性提供了依据；探索了思想政治教育本质属性，为思想政治教育实践把握中心任务提供了指引。但我们认为对思想政治教育属性研究还存在较大的研究空间，主要表现为：系统研究思想政治教育属性的成果争鸣不够，对思想政治教育属性的概括还彰显为经验表述而缺乏对经验的反思，对各属性的内在规定、本质特征与实践路径等自身规定的抽象不足，对思想政治教育多维属性的辩证关系论证不够而影响对思想政治教育本质属性的把握。

1. 对思想政治教育属性的直接表述缺乏达到真理的间接性反思。思想政治教育属性研究，即是要揭示思想政治教育的性质与特征，抑或说用概念来把握反映思想政治教育性质与特征的真理。黑格尔认为哲学就是要把握真理，对真理的把握，最初人们认为哲学是以“经验为出发点”，但经验是“直接现成、散漫杂多、偶然而无条理的材料的知识形式”[③]，需要将其内容提高到必然性，过渡到对本质的把握。“本质的观点一般地来讲即是反思的观点”[④],即抓住事物中永久的东西——事物的本质。但黑格尔认为本质是设定的概念，其中的各个规定是相对的，还没有返回到概念本身。概念是存在与本质在自己辩证发展过程中，扬弃自身而达到的统一，只有概念“在它的自身同一里是自在自为地规定了的东西”[⑤]。从现有研究来看，无论是政治性、意识形态性还是文化性或实践性，都还仅仅表现为对思想政治教育属性的直接描述，还在最经验的层面，需要对其进行反思、后思，即从面对实体过渡到面对实体的经验，最后回到直接性，此时

① 郑永廷:《论思想政治教育的本质及其发展》,《教学与研究》2001 年第 3 期。

② 秦在东、方爱清:《思想政治教育本质特征刍议》,《学校党建与思想教育》2011 年第 5 期。

③〔德〕黑格尔:《小逻辑》，贺麟译，北京，商务印书馆 1980 年版，第 51 页。

④〔德〕黑格尔:《小逻辑》，贺麟译，北京，商务印书馆 1980 年版，第 243 页。

⑤〔德〕黑格尔:《小逻辑》，贺麟译，北京，商务印书馆 1980 年版，第 329 页。

直接性是包含了间接性的直接性，是主观与客观的统一。只有如此，方能实现思想政治教育属性概念在其自身同一里自在自为地规定自身。

2. 各属性研究缺乏自身规定阻碍对属性概念的揭示。思想政治教育属性是多维的，研究单个属性的普遍性，既是揭示思想政治教育多维属性关系的前提，也是把握形成思想政治教育属性概念全体重要环节的基础。诚如黑格尔指出，“概念又是一个全体，这全体中的每一个环节都是构成概念的一个整体，而且被设定和概念有不可分离的统一性”[①]。就目前对思想政治教育属性研究中呈直接性规定的政治性、意识形态性、实践性、文化性而言，还停留于思想政治教育实践活动的经验层面，没有实现属性自身的现实展开。如政治性是学界关注最多，也是达成普遍共识的属性，但依旧存在定位不清楚的现状。学界尽管界定其内涵、阐释其意义、分析其特征，无疑抓住了认识思想政治教育政治性的重要因素。但人们不禁要追问思想政治教育何以具有政治性？政治性如何发挥其价值？政治性带着理论层面的“应然”与实践层面的“实然”相逢时会是怎样的局面？如“应然”与“实然”不一致时，思想政治教育该采取何种措施？在“实然”向“应然”转化的过程中应该具备怎样的条件？只有深入思想政治教育实践活动，归纳其属性样态，揭示单个属性的现实规定，形成科学的理论体系，才能面对实践中所遇到的困境，才有可能提高思想政治教育实效性。

3. 思想政治教育多样属性关系的论证不明影响本质属性的确证。思想政治教育的多维属性统一于实践活动，但无论是单一属性内部还是各属性之间都存在不同的张力。只有保持理论逻辑的一致性才能实现其合理性。在思想政治教育属性中，政治性主要代表大局观与整体观，规定思想政治教育的实践方向，决定其他属性的运作。意识形态性更多表现为处理真实性与虚假性，它总是在真实性与虚假性的游标上不断根据统治阶级的需要而滑动。思想政治教育的实践性主要表现为实现主客观的统一，主客观的完全统一是实践性的最高境界，但实践性有时候未必就能实现主客观一致。关于思想政治教育的教育性，教育究竟是一门艺术，还是一门科学，曾经在教育学界引起争论，思想政治教育的教育性要在艺术性与科学性之间找到实现平衡的阿基米德点。同时，在政治性与知识性、意识形态性与科学性之间，它们各自在思想政治教育活动中所占的分量如何分配，各自发挥怎样的价值，价值实现的条件是什么？现有研究都还未涉及此系

① 〔德〕黑格尔：《小逻辑》，贺麟译，北京，商务印书馆 1980 年版，第 329 页。

列问题。不能正确认识思想政治教育多样属性间的关系，也就不能揭示决定思想政治教育的存在的本质属性。

（三）预设思想政治教育属性研究的理论体系

思想政治教育属性研究是认识思想政治教育活动特征、把握思想政治教育规律、揭示思想政治教育本质属性的重要基础理论。深化思想政治教育属性研究要着眼于提升思想政治教育属性间接性反思以实现自身自在自为的规定、揭示各属性的普遍规定以达成属性的概念、论证思想政治教育多样属性的关系以最终揭示思想政治教育的本质属性。

1. 提升思想政治教育属性间接性反思以实现自身自在自为的规定。思想政治教育活动实体属性揭示目前还停留在经验层面，经验具有直观性、丰富性，但缺乏抽象性，还不足以把握思想政治教育本质，因此，需要将思想政治教育的直接性规定过渡到间接性反思以抓住其本质，最后经后思实现反题的合题，即达到概念的统一。首先，界定思想政治教育属性的起点。所谓思想政治教育属性，即思想政治教育作为一种实践活动所具备的特征与性质。思想政治教育属性内含实践品性、内在规定性、关系属性三重规定。思想政治教育的实践品性是指思想政治教育最初以“解决问题”而诞生并随实践活动的变化而变化。思想政治教育内在规定性是指思想政治教育的所以成为思想政治教育的根据，它是共性与特性的统一，本质属性是内在规定中最重要、最关键的属性。思想政治教育是一种关系属性，意即思想政治教育属性总是在与他物的联系中彰显自身的价值，它要处理国家、社会与个人的关系；体现制度、价值与政策体系的协同关系；解决现代性的限度与张力的关系；等等。其次，揭示思想政治教育的本质属性。思想政治教育本质属性是对思想政治教育活动直接性的反思，政治性、意识形态性、实践性、文化性等直接反映思想政治教育活动实体，要达到对思想政治教育属性本质层面的把握，就需要实现对政治性、意识形态性、实践性、文化性等直接性规定的间接性把握。

2. 揭示各属性的普遍规定以达成属性的概念。从思想政治教育政治性、意识形态性等直接性规定过渡到间接性思考，最后回到思想政治教育活动的现实性，如此实现对思想政治教育属性真理的把握。揭示思想政治教育单个属性的普遍性，是形成思想政治教育属性真理的重要环节和基础。实现思想政治教育单个属性的普遍性，即是把握思想政治教育单个属性的现实展开，实现理论一体性。主要路径有：首先，借鉴其他学科相关理论知识以丰富和深化对思想政治教育属性的认识。如政治性就需要从学理层面作概念界定，这需要对政治相关知识作全面的理解和把握，而政治学、政治哲学等相关学科则积累了大量的理论知识。因此实现与其他学科交叉研究，以“他山之石攻玉”从而实现思想政治教育属性理论知识体系的完善。其次，从思想政治教育实践中凝练思想政治教育属性的理论知识。实践是产生真理的唯一源泉，从思想政治教育实践活动中，总结经验、设定概念、形成原理、经哲学思维提炼，最终完成思想政治教育属性理论的实现。最后，反思思想政治教育单个属性间的逻辑一致性。从逻辑与认识相统一的层面反思其理论体系是否具有一体性，据此以完成思想政治教育单个属性普遍性的理论体系建构。

3. 论证思想政治教育多样属性关系以明晰其本质属性。思想政治教育多维属性如何实现理论一体不仅是理论研究的需要，更是实践操作的需要。思想政治教育多样属性包含不同的特征与操作路径，它因满足不同的主体需要而产生，因满足国家需要而具有政治性与意识形态性，为满足社会的需要则需要整合性，为满足个人的需要则需要解放性，在这三者间是否能实现有机统一？具体而言，政治性与科学性、意识形态性与真实性、解放性与规范性、社会性与个体性等多样属性既同时存在思想政治教育活动中，又矛盾对立，实现思想政治教育属性的生态运行则为思想政治教育理论提出更深层次的研究课题。对此，思想政治教育关系论证的研究路径主要体现为：一是结合实践活动的内容、目的、任务、条件等要素，在对仗特征中把握好各自承载的比重。二是在对属性关系的论证中，找出最具稳定性的特征，即思想政治教育的本质属性，如此才能明晰特殊矛盾、解决问题。

三、写作说明

思想政治教育的政治属性、意识形态属性常常因为思想政治教育是“统治阶级向被统治阶级灌输意识形态”的实践活动而被认为理所当然，人们也因思想政治教育是一项实践活动便认为思想政治教育的实践属性是不言自明的。但这里需要追问的是思想政治教育作为思想政治的教育，它只是众多政治实践活动中的一种，作为思想政治教育的政治属性与意识形态属性，它究竟有什么特征？同理，思想政治教育的实践属性如果是不言自明的，那么，思想政治教育的实践属性与其他实践活动的实践属性有何区别？它遵循怎样的实践逻辑？现有研究从多视角揭示思想政治教育的属性，那么，确证思想政治教育属性是否需要相关的标准？研究思想政治教育属性是否有明晰的逻辑线索？思想政治教育众多属性究竟是何关系？这些问题是研究思想政治教育属性必须要解决的问题。相关的研究对这些问题有不同程度的阐释，我们需要就本课题的立论与研究作基本的写作说明。

（一）以现实问题解决为研究思想政治教育属性的目标追求

思想政治教育属性常被认为不言自明，政治属性或意识形态属性、实践属性也被认为是思想政治教育理所当然的属性。这种“不言自明”与“理所当然”让人们似乎忘记了思想政治教育属性研究的原本价值。观察现实，我们不难发现，人们对如何避免“泛政治化”与“去政治化”的苦恼，对如何避免“科学话语”与“意识形态话语”冲突的忧思，对如何扩大国家意识形态与社会文明及个人思想的交集的努力，其实都源于对思想政治教育属性的把握及运用不够深刻。就“泛政治化”与“去政治化”的苦恼来看，这一问题的核心在于思想政治教育的政治性是不可忽略的，但对思想政治教育的政治性应该有它适当的界限，这种界限在于不能因思想教育而忽略政治，但也不能因强调政治而忽视对人的自由全面发展的培养。当厘清这一问题的本质，我们发现，无论是避免泛政治化，还是避免去政治化，解决问题的前提是要明晰何为政治，政治何为，因此，对思想政治教育政治属性的研究便成为解决现实问题应有的理论指引。就“科学话语”与“意识形态话语”冲突的忧思来看，其问题的本质表现为思想政治教育作为观念的政治，一方面，它要从普遍性层面阐述政治价值，从长远目标来规划政治目标，但实际上，它时常又运用意识形态话语来掩盖其对某一特殊利益的维护以及对某一短期目标的落实，这其中的冲突常常使思想政治教育陷入不被信任的境遇。另一方面，要更好地处理这一冲突，就需要准确把握思想政治教育的政治属性与意识形态属性，思想政治教育的政治属性表现在把握政治大局，而思想政治教育意识形态属性则表现为服务政治属性的服务性。把握思想政治教育政治属性与意识形态属性的边界是化解科学话语与意识形态话语冲突的有力抓手。就国家意识形态与社会文明的交集扩充来看，它无非要尽可能达成国家、社会与个人对相应思想观念与价值理念的共识，其实，思想政治教育政治属性与思想政治教育社会属性，就是思想政治教育在解决政治关系与社会关系时所形成的自身的特性，把握思想政治教育政治属性与社会属性能更好地推动国家意识形态与社会文明的更大交集。由此可见，思想政治教育属性并非不言自明，它有自身的实践场域与运行逻辑。研究思想政治教育属性也并非无病呻吟，认定思想政治教育的主要属性以及其多维属性之间的辩证关系恰恰是解决相关实践问题的关键突破口。

（二）以思想政治教育发生为研究思想政治教育属性的立论点

思想政治教育属性的确定不是主观臆断或程序性设计，它应遵循思想政治教育自身的逻辑。思想政治教育发生决定思想政治教育发展的逻辑走向，是揭示思想政治教育属性的基本出发点。就思想政治教育发生而言，思想政治教育应满足现实社会关系的需求而发生，并在现实社会关系处理中确认、发展自身属性。在人类社会发展历程中揭示社会关系的发展脉络，也揭示思想政治教育属性发展的图景。关于人类社会的本质，马克思在《1844 年经济学哲学手稿》中从对异化劳动的剖析中指出人与类的异化，并提出这种异化劳动的消除只有在共产主义社会方能实现。这里，马克思所提出的在共产主义社会的前提下消除人与类的异化的实质即是指在消除私有制的前提下实现人向人应有的状态的回归及实现人以人的方式与人交往。在《德意志意识形态》中，马克思更明确地揭示人类社会在其现实性上是各种社会关系的总和，并在对人类社会生存的历史条件中论证新的社会关系的产生在人类社会发展中的重要作用。就马克思的观点而言，人类社会文明的发展就在于现实社会关系的不断扩展。在《家庭、私有制和国家的起源》中，恩格斯以生产发展为线索揭示私有制的产生以及人类社会结构的演变。从马克思恩格斯的观点而言，人类社会的发展就是现实社会关系的不断扩大，对人类社会的发展也必然需要回顾人类社会关系的变化，如易建平教授指出，“研究文明起源的重点只有一个，那就是社会及其管理结构的变化，也就是生活在一定地域范围之内的人与人之间的社会关系的变化”[①]。从人类社会发展来看，社会关系的发展总是呈越发复杂的趋势。从最初的血缘伦理关系到扩大的个人与公共之间的关系以及政治关系与经济关系等，其中政治关系、个人与公共之间的社会关系以及消除国家之后的公共关系始终是人类发展的主要的社会关系。思想政治教

① 易建平：《从词源角度看“文明”与“国家”》，《历史研究》2010 年第 6 期。

育始终以经济基础为依据，处理与人类核心利益紧密相关的社会关系，如政治关系、社会关系、公共关系等。思想政治教育也由此在满足现实社会关系的需求中呈现出政治属性、社会属性、公共属性等，但就政治关系运作而言，它还表现出通过意识形态维护权力运作，思想政治教育在提升某种思想体系为“占据统治地位”的过程中产生一定的影响力和作用，这种影响力和作用始终为政治服务，这表现为思想政治教育的意识形态性。另外，从思想政治教育的发生来看，它一开始就是为解决问题而发展，解决问题的实践向度也从一开始就使思想政治教育具有实践的特性。因此，以思想政治教育发生作为原点，探索思想政治教育的主要属性，并论证多维属性的辩证关系，不仅是把握思想政治教育本质属性的必经过程，也是全面认识思想政治教育的重要视角，这也是本课题研究的创新所在。

第一章　思想政治教育属性的学理阐释

当前，对思想政治教育属性的揭示达10余种，如政治属性、意识形态属性、社会属性、实践属性、公共属性、文化属性、人本属性、理性属性、实践属性、草根性、科学性、全民性等。面对众多属性，我们需要着手解决的问题是，什么是思想政治教育属性？确认思想政治教育属性的依据是什么？思想政治教育属性具有怎样的特征？思想政治教育属性是一维还是多维？如果是多维，那么多样属性有怎样的关系？对这些基本问题的追问，促使我们需要对思想政治教育属性做基本的学理阐释，其中包括阐释思想政治教育属性的概念、内涵与特征等。因为界定事物的概念，就其本质意义而言就是对事物下定义，其意旨在于揭示事物的本质。诚如亚里士多德所说，“定义乃是揭示事物本质的短语”[①]，而分析思想政治教育属性概念的内涵、特征则是试图建立确认思想政治教育具体属性的标准以及为论证思想政治教育多维属性的关系提供理论依据。

第一节　思想政治教育属性的哲学反思及概念辨析

对思想政治教育属性展开哲学反思及概念辨析是解决现有研究概念混淆、认证思想政治教育属性内容及定位功能价值的前提，具体侧重从思想史角度厘清思想政治教育属性的概念、特点及功能价值，能为构建思想政治教育属性的理论体系提供依据，也是本课题研究的出发点。

一、属性的概念及内在意涵

何谓属性？在汉语词典中，属性是指事物的性质与特征，而属性对应

① 苗力田:《亚里士多德全集》，北京，中国人民大学出版社1990年版，第357页。

的英译为 attribute 或 accident，即从属及偶然等义。关于属性，古希腊亚里士多德对其有专门的论述。在《范畴篇》中，亚里士多德提出实体、数量、性质、关系、地点、姿态、状况、活动、遭受等十大范畴，并将属性和实体相结合，认为“宾词的名称及定义两者必须都可以用来述说其主体”，“那些存在于一个主体里面的东西，大多数都不能用其名称和定义来述说它们存在于其中的那个主体”[①]，由此，亚氏从存在于本质属性和偶然属性与它们的主体之间的关系的差别来区别本质属性与偶然属性。亚氏接着指出，“除第一性实体外，任何东西或者是可以用来述说一个第一性实体，或者是存在于一个第一性实体里面”[②]，即是说一切不是第一性实体的东西都或者是第一性实体的一个本质属性或者是第一性实体的一个偶然属性。亚氏明确指出实体绝不是一种偶然属性，属的属差不是偶然属性。在此，亚氏将实体与属性相结合，从实体第一性与第二性的规定来确证本质属性与偶然属性存在的可能，即从对主词“是”者与谓词“如是者”的分析，以探求何者更稳固，这为固有属性及本质属性的出场奠定了基础。在《论题篇》中，亚氏将谓词分为 3 种，即属或种差，专门固有性，偶性。在谈论专门固有性时，亚氏进一步将其分为两种，一种是本质的属性，在此谓词就是下定义，本质即是要表示事物的“怎是”（吴寿彭译），另一种则是将专门固有性作固有属性理解，即主词必然有的且不会丧失，“既然在事物的特性中，有的表现本质，有的并不表现本质，那么，就可以把特性区分为上述的两个部分，把表现本质的那个部分称为定义，把剩下的部分按通常所用的术语叫做特性”[③]。关于定义事物的“怎是”，亚氏指出“因为如若既断言了这些谓项的每一个自身，又指出了它所规之的属，那就是表明了本质”[④]。在《后分析篇》中，亚氏从证明的角度阐述固有属性，他认为能够证明的属性都是固有属性，演绎推理都是固有属性决定的，“有待于证明的结论（它是就自身而归属于某个种的属性）”[⑤]，“只有当一个属性被证明是属于那个主体的例证，并且是在最初意义上属于那个

① 〔古希腊〕亚里士多德:《范畴篇　解释篇》，方书春译，北京，商务印书馆 1959 年版，第 13 页。

② 〔古希腊〕亚里士多德:《范畴篇　解释篇》，方书春译，北京，商务印书馆 1959 年版，第 13 页。

③ 苗力田:《亚里士多德全集》，北京，中国人民大学出版社 1990 年版，第 356 页。

④ 苗力田:《亚里士多德全集》，北京，中国人民大学出版社 1990 年版，第 362 页。

⑤ 苗力田:《亚里士多德全集》，北京，中国人民大学出版社 1990 年版，第 262 页。

主体时，它才是普遍属性”[1]。偶然属性是不可能参与到推理的，他认为“不依据自身的属性是不拥有证明知识的，因为它不可能对结论作一个必然的证明。偶然的属性可能不属于主体，而我所谈论的属性正归属于这种类型”[2]。

在此，固有属性的发现为亚氏在《形而上学》中从谓词与谓词的不同对属性作两方面的规定——偶然属性与固有属性提供有力的依据。亚氏指出“‘属性’<偶然>的命意（一）凡附隶于某些事物，可以确定判明为附隶，但其所以为的附隶者既非必须，亦非经常……凡属性都是附隶于主题的，但它们有些只是在某一时与某一地附隶于某一主题，以成其为一属性，并不是必此主题，也不是必此时或此地而后为的属性。所以，对于一个属性只有偶然原因，没有确定原因。”“‘属性’有（二）另一个命意，凡出于事物自身而并非事物的怎是者，这类也称为‘属性’……这类属性可以是永久的,别类属性均非永久”[3]。这里亚氏表达了属性的两种规定，一是事物的偶然属性，二是固有属性，这里的固有属性不是表示事物的“怎是”的本质属性。

从亚氏对属性的研究结果表明，作为属性，它首先是附隶于某事物的，它反映的是某事物的特征和性质。换言之，属性是事物本身内在的性质与特征，而不是外在的主观认定与任性叠加。其次，附隶于事物的属性有偶然属性与永久属性之分，偶然属性带有一定的随机性，可能随时间与地点的改变而进一步深化或彻底消失，“偶性就是可能属于也可能不属于某物的东西”[4],而永久属性是出于事物的自身规定。事物的永久属性分为两种，一种是本质的属性，定义事物的“怎是”，另一种是固有属性。由属性的偶然属性、固有属性、本质属性之分，亦可知属性具有多维的特征，且随条件的改变而发生改变，其中稳定存在并始终反映事物自身特征的属性则为事物的固有属性。本质属性决定着事物其他非本质属性，其他非本质属性受本质属性规定，抑或说其他非本质属性服务于本质属性。正如李秀林指出，所谓属性一般是指“一事物与他事物在相互联系中表现出

① 苗力田:《亚里士多德全集》，北京，中国人民大学出版社 1990 年版，第 256 页。

② 苗力田:《亚里士多德全集》，北京，中国人民大学出版社 1990 年版，第 261 页。

③〔古希腊〕亚里士多德:《形而上学》，吴寿彭译，北京，商务印书馆 1959 年版，第 131~132 页。

④ 苗力田:《亚里士多德全集》，北京，中国人民大学出版社 1990 年版，第 415 页。

来的质，本质属性一般指的是对事物的质具有决定作用的属性”[①]。

二、本质属性的相关概念辨析及论证路径

确证本质属性是属性研究的其中目标。本质属性就是多维属性中对其他属性发挥决定作用的属性。在研究中人们常将思想政治教育本质属性与思想政治教育本质、思政本体作区别对待，如此，从思想史角度，辨析本质属性、本质与本体概念的意涵，给思想政治教育本质属性概念以语义证明是厘清思想政治教育本质属性与思想政治教育本质是否同一的基础，也是回答思想政治教育本质属性是什么的根本。

（一）本质属性与本质的区别与同一

何为“本质”？在汉语词典中，所谓“本质”是指事物本身所固有的根本属性。中文“本质”一词一般与英文“essence”对应，该词来自拉丁文“esse”，“esse”这一词根本身就包含“本质，是什么”的意思，本质的最初意涵即指事物的真正所是。早在古希腊时期柏拉图以“理念论”来表征事物的确定所是，亚里士多德用“本体”作为事物的本质，这表明西方世界最初就力图把握事物确定性的意愿，亦即探究事物的本质。也正因为柏拉图与亚里士多德开启的以概念来把握事物本质，导致西方哲学史上关于一般概念究竟能否表达某种实在东西的争论，这也隐含了事物究竟有无本质之争，这一问题发展到近代哲学则衍生为是否存在普遍知识、是否能把握普遍知识，如康德把对事物本质的追问转换成关于事物普遍知识的追问，即把本质问题置于认识论的讨论中。黑格尔试图去超越传统哲学关于本质与现象二分的局面，认为“本质映现于自身内，或者说本质是纯粹的反思；因此本质只是自身联系，不过不是直接的，而是反思的自身联系,亦即自身同一”[②]。对事物本质的讨论在哲学史上也存在本质主义与反本质主义。可以说本质学说贯穿整个西方哲学史。在西方哲学史上，本质的观念最初出于对事物真正的追求，为此而区分事物中决定性和非决定性的性质，旁及个体事物和类的关系问题，逐渐牵连出本质与现象的关系，作为抽象同一的本质（本体）和辩证统一的内在关系的本质等问题[③]。可见，对本质的探究，其核心议题关乎事物是什么、起决定性作用的性质是

① 李秀林等:《辩证唯物主义和历史唯物主义原理》，北京，中国人民大学出版社 2004 年版，第 173 页。

② 〔德〕黑格尔:《小逻辑》，贺麟译，北京，商务印书馆 1980 年版，第 248 页。

③ 俞宣孟:《“本质”观念及其生存状态分析》,《学术月刊》2010 年第 7 期。

什么以及本质与现象同一问题。对于本质概念，据说在中国思想文化领域中是一片真空，由于西方哲学的引入，“透过现象看本质”的说法激起人们对事物真相的探究，本质概念也被迅速接受。马克思主义本质观揭示，所谓本质，它是与现象相对的范畴，是某事物得以存在的根据。

由此可见，如果从概念的核心要义与逻辑推演出发，本质属性就是本质，它们共同表达一事物区别于他事物的专有特质，这一专有特质决定该事物是其所是。“固有属性是一谓词，它不表示一事物的本质，却是此事物专门具有的，并且可以和它互相换位述说”[①]，“数之所以为数具有特殊属性，如‘奇’或‘偶’”[②]。

（二）本质属性与本体的区别与同一

思想政治教育本质属性是否是思想政治教育本体，是关于思想政治教育本质属性概念的另一争论焦点，如“本质问题说到底是本体问题”[③]，“把思想政治教育的本质概括为意识形态性，实际上是混淆了本质属性和本质这两个不同概念，把二者等同看待了”[④]。由此可见，有关思想政治教育本质属性是否是本体的争论，其症结就在于本质属性是否是本体，明晰本体概念的内涵成为解答这一问题的关键。

所谓本体论（Ontology），又译为“存在论”“存有论”“是论”，它在西方哲学中有着丰富的谱系，古代本体论主要从自然存在去解释世界存在的根据，当代本体论一般从社会存在去认识世界存在的缘由，在西方哲学史上，哲学家们分别提出了宇宙本体论、物质本体论、理性本体论、神学本体论、意志本体论、实践本体论、社会存在本体论、社会生产关系本体论、人学本体论等。这一丰富的发展脉络也彰显本体论在西方哲学中的核心地位。在这里，追溯本体论发展脉络的重点在于弄清究竟何为本体论，本体论的核心是否就是“本体”。在西方哲学中，所谓本体论，就是“运用以‘是’为核心的范畴，逻辑地构造出来的哲学原理系统”。究其基本特征，“实质上，本体论是与经验世界相分离或先于经验而独立存在的原理系统；方法论上，本体论采用的是逻辑方法；而形式上，它是关于‘是’的学说，‘是’经过哲学家改造以后而成为的一个具有最高、最普遍的逻辑规定性的

① 苗力田：《亚里士多德全集》，北京，中国人民大学出版社1990年版，第357页。

② 〔古希腊〕亚里士多德：《形而上学》，吴寿彭译，北京，商务印书馆1959年版，第68页。

③ 李忠军、牟霖：《思想政治教育本质认知理路探析》，《思想理论教育》2012年第13期。

④ 宇文利：《论思想政治教育本质：政治价值观的再生产》，《马克思主义与现实》2013年第1期。

概念，它包含其余种种作为‘所是’的逻辑规定性”[①]。因此，所谓本体论，更准确的是关于“是”的学说，“‘是’是本体论的核心范畴”[②]，而“是”的核心要义就是指事物存在的根据以及区别于他者的规定性。

本体论在中国文化传统中也颇有渊源，“体用论”是本体论在中国文化传统中的对应语词，实体则是本体（substance）的中文对应语词。在中国文化传统中，“体用论”源于佛教学说，经宋明后在中国思想中占据重要一席之地，其关系也纷繁复杂，有实体与功用之别，有潜能与现实之意，有主次之分。“中体西用”一词在近代的使用使得“体用”概念延续至今，也彰显“体”的主体、根本与承载传统的意。所以，中国文化传统中的“体用论”与西方文化中的本体论的共同之处都在揭示事物存在的根本。但二者也存在不同，西方哲学家面对多样的世界往往采取多中求一、变中求不变的方式以期寻得普遍定律。在中国，先哲们面对纷繁的世界也采取由繁而简以期达到“一”，但较之西方的区别在于，中国哲学在追求事物的所以然时不在于事物的普遍本质，而在于其来龙去脉。因此，“西方哲学的‘一’是对作为‘多’的现成已然事物的概括，中国哲学的‘一’则是指‘分’而成为‘多’的事物的同一来历”。这两种不同的认识路径，也为研究思想政治本质属性提供了方法借鉴。

上述论证了本体论的核心是研究“是”，那么究竟何为本体？只有揭示何为本体才能进一步明晰相关学者提出的思想政治教育本体概念。亚里士多德在《形而上学》中对本体作了研究，“‘本体’一词，如不增加其命意，至少可应用于4项主要对象；‘怎是’与‘普遍’与‘科属’三者固常被认为每一事物的本体，加的第四项‘底层’”。所谓“底层”，“一个想法是以物质为底层，另一个为形状，而第三个想法则是两者的组合”[③]。在论证中，亚氏否认物质就是本体的观点，原因在于，“本体主要地是具有独立性与个别性”，“所谓本体，与其认的为物质，毋宁是通式与通式和物质的组合”[④]。如此，就相关学者提出的“思想政治教育本体才是揭示思想政治教育是其所是”的观点，从亚氏对本体的论述中所得到的启示，对思想政治教育本体的认识如下，即思想政治教育本体要彰显其独立性与个别性，如此才能区别思想政治教育与他者的不同。同时，思想政治教育本

① 俞宣孟：《本体论研究》，上海，上海人民出版社2012年版，第20页。

② 俞宣孟：《本体论研究》，上海，上海人民出版社2012年版，第25页。

③〔古希腊〕亚里士多德：《形而上学》，吴寿彭译，北京，商务印书馆1959年版，第143页。

④〔古希腊〕亚里士多德：《形而上学》，吴寿彭译，北京，商务印书馆1959年版，第144页。

体从“怎是”即思想政治教育是什么这一层面来论述的话，其初级原义就得隶属于本体。毋庸置疑，从思想政治教育的存在种属来说，它既不属于人，也不属于物，它是一种实践活动，在众多实践活动中，怎样的实践活动才是思想政治教育，这就需要对实践活动作次级规定，这种从抽象到具体的思维方式随着意识逐渐缩小普遍性范围的活动进展，也就愈加接近对思想政治教育“恰恰地是这一个事物”的本质。由此可见，思想政治教育本体这一概念，其核心也是在探究思想政治教育何以是思想政治教育。思想政治教育是什么的问题，就是揭示思想政治教育本质属性的问题。

综上，我们考察了本质、本体与本质属性的渊源及核心要义，三者共同之处在于都试图揭示事物存在的根据以及事物之所以为此事物的本质特征。在3个概念中，本体更加侧重于表达事物存在的依托、存在的基础，在本体的核心语义“是其所是”的另一种表达“存在的存在者”更为清楚地表达了本体的研究侧重，即揭示存在者的存在根据。而本质属性与本质都侧重于研究事物存在的特殊性质，这一性质不仅为事物客观存在，也是事物区别于他物的根本，并且它随事物的发展而呈动态发展。就语义分析而言，本质是本质属性的简略表达，二者具有相同的含义，但要进一步论证思想政治教育本质属性是本质，还需以思想政治教育自身为基础，确认符合认识思想政治教育的事物观。

（三）辨别不同事物观，给本质属性以唯物主义事物观的理论指导

事物观是指人们认识事物所持的观点和理念。事物是人们认识的对象，但什么是事物，该如何认识事物，这是从古希腊柏拉图就开始论证的问题。柏拉图认为一切的哲学问题都可以归结为“一”与“多”的问题。据此“一”与“多”的问题就成为西方哲学史上不可绕开的重要命题。关于对事物的认识，围绕“一”与“多”的处理方式存在“实体加属性”事物观、“属性的集合”事物观、还原论事物观与“多样性的统一”的唯物主义事物观等。

还原论事物观是将事物等同于它的种种属性，坚持事物就是一种属性，如苹果是红的、甜的、有水分的，还原论者直接将苹果与苹果的各种属性等同，认为苹果就等于红的或苹果就等于甜的。显然，苹果是甜的，或者说苹果是有水分的，这里的“是”是断延的“是”，即这里的“是”不能表示事物为事物的根据，换言之，事物的本质，即任何事物不可能是它的性质之一，“甜的是甜的”，但很显然苹果不是甜本身，因为各个属性是有区别的，当说苹果是甜的时候，也就否认了苹果是有水分的或苹果是

红的，因为红的属性与有水分的属性或与甜的属性是相互区别、相互否定的。所以，认识事物不能仅仅停留在它的直接性之上，而必须进入间接性，而后通过间接性再达到直接性，这种过程就是作为反思本身的本质的进展过程，并最终走向哲学的认识。

“实体加属性”事物观是亚里士多德以来非常盛行的一种事物观，这种事物观认为，事物总存在一个基座或者说载体，这个基座或载体上有各种性质，如苹果它总存在一个“苹果”的载体，当属于苹果的圆的、甜的、红的、有水分的等这些属性加在这个载体上面时，苹果就成了苹果。对实体加属性的观点，黑格尔认为，这种观点不把事物与属性相等同，认识到事物是超属性的整体，但这里仍存在属性是属性，事物是事物的二分，仍不能解决事物是“一”还是“多”的问题。正如黑格尔在论述知觉的认识形式不能达到认识事物时指出，“意识以交替的方式，时而把它自身时而又把事物认作这两方面：时而认作纯粹的、不包含众多的单一体，时而又认作一个消融为诸多独立的质料或特质的集合体”[①]。对此，有观点认为，如果事物就是实体加属性，那么从逻辑层面而言，就存在一个纯粹实体，即没有任何属性的实体，但却没有不依赖于实体而存在的属性。在此逻辑推演下，出现事物就是属性的集合的观点。

休谟提出了事物是所有属性的集合的观点。他在《人性论》中指出，“没人会说：实体或是一种颜色，或是一个声音，或是一种滋味……因此，我们的实体观念，只是一些特殊性质的集合体的观念，而当我们谈论实体或关于实体进行推理时，我们也没有其他的意义。”[②]从逻辑上说，如果事物是实体加属性，那么就可以存在纯粹的实体，我们的实体观念就是这些特殊性质的集合体的观念。休谟由此走到了一个极端，认为实体就是属性的集合体，这也同样忽视了相互否定的不同属性统一为一事物的机理，即是说事物包含不同的属性，但不同属性之间却是相互否定的，在这相互否定的属性之间通过何种方式实现了事物内部的有机统一，这是“属性集合论”忽视的重要观点。

还原论将事物简单归于单一的属性，很显然，事物不是事物的属性之一。实体加属性的观点尽管能够较好地认识事物，但如果承认事物是“一”，属性是“多”，事物的多属性之间相互区别、相互否定，要统一于

---

① 〔德〕黑格尔：《精神现象学》（上），贺麟、王玖兴译，北京，商务印书馆1979年版，第92页。

② 〔英〕休谟：《人性论》（上），关文运译，北京，商务印书馆1980年版，第28页。

一事物显然不是各属性的机械相加所能达到的。事物就是属性的集合体的观点，忽略了多个属性集合在一起是代表一个特定的事物，所以事物不能简单地看作是属性的集合体，集合的背后一定存在必然性，但是这个必然性从哪里来却不得而知。对此，黑格尔认为，不能把事物等同于属性，事物和属性确实不是一回事，如果事物与属性等同，就依旧不能解决事物究竟是“一”还是“多”的问题。对此，黑格尔认为，事物本身是“一”也是“多”，要达到“一”与“多”的统一就需要更高层级的普遍性，即事物是有差别性的统一。黑格尔试图克服认识事物二元对立的思想。

马克思主义唯物史观进一步提出，事物的属性是事物本身所具有的，它是事物的一部分，事物是“一”，它包含“多”，事物是多样属性的统一。关于事物的普遍性与特殊性，唯物史观认为，事物的普遍性总是通过特殊性表现出来，而这一特殊性就决定了它是事物之所以为事物的最佳论证。由此，我们探寻思想政治教育的本质，不应只停留于对经验的认识，应该深入间接性，达到对经验的认识或者说达到对客观知识的认识，这样，在否定的否定中最终实现主客观的统一，达成对思想政治教育本质概念的认识。

（四）回到本质的双重含义，给本质属性提供论证路径

通过上述语义论证与对诸事物观的辩证分析，可以明确本质、本质属性以及本体的核心都是同一指向。回到本质的双重含义，从方法论层面给本质属性以证明。

在西方哲学史上，人们普遍认为本质就是指确定事物存在的特殊性质或认为本质就是“普通的东西”（“共相”），这种视本质为“普通的东西”的理念指导自然科学对普遍性规律的追求。但需追问的是这种视本质为“普通的东西”的思想是否涵盖了本质的完整要义，这种追求普遍性规律的理念能否成为揭示思想政治教育存在的研究路径。早在古希腊时期，亚里士多德在对本体一词的论述中就揭示了本体具有个体性与独特性，“本体主要地是具有独立性与个别性”，不难看出亚里士多德对本质的理解既包含对普遍的归纳也包括对个体性的观照。“‘普通的东西’并不能涵盖亚里士多德对‘本质’的界定和表述：本质是使一事物‘恰恰地是这个事物’的东西。‘本质’的深层含义应是‘个体性’”[①]。因此，对本质含义的

① 张世英：《“本质”的双重含义：自然科学与人文科学》，《北京大学学报（哲学社会科学版）》2007年第6期。

揭示不仅包含对普遍规律或最根本原理的揭示，还在于对“个体的东西”（“这个”）的观照。由此，一事物本质的显现过程似乎就经历了最初感性简单个体的显现，到事物的共相的显现，最后为高一级的个体性显现（所谓高一级则是经历了普遍性与特殊性的统一）。这犹如黑格尔在《精神现象学》中对本质显现过程的描述，“实体本质上就是主体”[①]，即表明作为主体认识对象的实体，在意识中被认识的过程，也是该对象的本质显现的过程。黑格尔由浅入深将这一过程划分为5个阶段：意识、自我意识、理性、精神与绝对精神，在意识阶段，对象“这一个”由在感性确定性阶段仅仅表现为纯粹的“这一个”向知觉、知性阶段发展，从而显现出“这一个”是什么，即由最初事物的性质什么也不是，显现出某些具体的性质，如对象是红的、咸的等，进而显现为普遍的东西或普遍的规律，但黑格尔认为，仅仅认识到这样的普遍性并未达到事物的绝对本质，因为这一阶段所达到的本质（普遍抽象的东西）太一般而不能揭示事物的个体性。意识还向自我意识、理性、精神、绝对精神发展，方能达到事物的绝对本质，揭示事物“恰恰是这一事物”。诚然，黑格尔的绝对本质存在唯心的一面，但其追求达到的绝对本质却也体现了普遍与特殊的统一，是具体的个体性，而这一从普遍到个体的研究路径，完善了本质的双重含义，即本质包含由具体到抽象以及由抽象到具体的双重规定。本质的双重意涵也为揭示思想政治教育本质属性提供证明路径。

三、思想政治教育属性的概念及内在意蕴

从上述对属性概念普遍意义的揭示，我们由此可以推导出思想政治教育属性的定义。所谓思想政治教育属性，即是指思想政治教育在与他事物相互联系中所体现出的自身固有的特征与性质。思想政治教育作为一种包含思想教育、政治教育、道德教育、法制教育等元素的实践活动，它作用于人思想的形成与发展并以最终使共同体成员形成符合一定社会的意识形态为总目标，思想政治教育属性由此彰显其自身的特殊性规定。

（一）思想政治教育属性是思想政治教育自身的性质与特征

思想政治教育属性是思想政治教育的一部分，还是说思想政治教育属性的叠加就构成了思想政治教育？这一问题其本质是要追问思想政治教育

① 〔德〕黑格尔：《精神现象学》（上），贺麟、王玖兴译，北京，商务印书馆1979年版，第17页。

属性与思想政治教育究竟是怎样的关系。思想政治教育属性并非传统事物观所认为的它是思想政治教育的一部分，所谓部分，即指属于整体的局部，然而思想政治教育属性并非思想政治教育的一部分，它是附隶于思想政治教育且是作为思想政治教育的一个要素而存在，多维属性有差别的辩证统一共同形成思想政治教育。传统的事物观还包含“实体加属性”“属性的集合”“还原论”与“多样性的统一”等事物观。“实体加属性”事物观认为，事物总存在一个基座或者说载体，这个基座或载体上有各种性质，当这些属性加在这个载体上，事物变成了事物。“属性的集合”事物观认为，事物就是所有属性的集合，如休谟在《人性论》中指出，“没人会说：实体或是一种颜色，或是一个声音，或是一种滋味……因此，我们的实体观念，只是一些特殊性质的集合体的观念，而当我们谈论实体或关于实体进行推理时，我们也没有其他的意义”[①]。“还原论”事物观将事物简单还原为事物的属性，认为事物就是一种属性，如苹果是红的、甜的、圆的，还原论者直接将苹果与苹果的各种单一的属性等同，认为苹果就等于是红的、甜的或圆的。对思想政治教育这一活动的认识，我们认为，思想政治教育属性是思想政治教育本身所具有的，思想政治教育是“一”，它包含众属性的“多”，思想政治教育是多样属性有差别的辩证统一，并非事物与属性等同的二元分离。

（二）思想政治教育属性是多维属性

思想政治教育属性包含偶然属性与永久属性。思想政治教育的偶然属性，即是指不固定属于或不永久属于思想政治教育活动但却也表征思想政治教育特点的属性。其中，不固定属于思想政治教育的属性，即是指这种属性它既属于思想政治教育，但同时也是其他事物所反映的属性；而不永久属于思想政治教育，即是指这种属性具有随机性，它可能随着时间的推移或实践活动条件的变化而变化，或发展为其他样态或不再属于思想政治教育的属性。思想政治教育永久属性，即是指必然属于思想政治教育并且能反映思想政治教育特性的属性，它包括思想政治教育的固有属性与思想政治教育的本质属性。思想政治教育固有属性是指最初意义上属于且始终属于并能反映思想政治教育的特征的永久属性。思想政治教育本质属性是指决定其他属性并定义事物的“怎是”且决定思想政治教育的存在的属性。

---

① 〔英〕休谟：《人性论》（上），关文运译，北京，商务印书馆1980年版，第28页。

思想政治教育活动处理多重社会关系决定思想政治教育属性的多维性。思想政治教育在处理现实的社会关系中必然面临政治关系、社会关系、公共关系、实践关系等，思想政治教育在与现实社会关系的相互作用中不断生成自身属性，如政治属性、意识形态属性、社会属性、公共属性、实践属性等。思想政治教育在满足社会关系中也形成包含政治教育、思想教育、道德教育、法制教育等形式的多元素实践活动，不同的实践活动都有其中心目标，这也推动思想政治教育活动多维属性的生成与实践彰显。但值得注意的是，这些实践活动尽管具有各自的中心目标，如政治教育注重突出政治意识的培养、道德教育突出道德意识的形成、法制教育突出法治意识的养成，但这些不同的实践目标并不是各行其是，原因在于人的意识本身就具有多维性与整体性，政治教育、道德教育、法制教育等活动应是多元统一的精神生产过程。

（三）思想政治教育本质属性对思想政治教育的质起决定性作用

思想政治教育本质属性是思想政治教育对其自身的反思。所谓反思，其原本意思就是指太阳光直线式地射出，碰到镜面时从镜面反射回来，亦即反映。除此之外，反思还有反省的意思，即是说人除了有外在的经验，还有内省的经验。而本质，“本质的观点一般地讲来即是反思的观点”，“反思作用或自身映现构成本质与直接存在的区别，是本质本身特有的规定”①。从本质的特性来看，思想政治教育本质属性首先抑或说最基本的特质就在于它对自身的反思。就反思的现象而言，它至少包含两层意思，一是光的直接存在，二是光经过镜子这一中介反映的现象，概括而言，反思既体现了事物的直接性和间接性，更强调了直接性与间接性的统一。由此，思想政治教育本质属性作为思想政治教育对其自身的反思，彰显出不断达成直接性与间接性的统一，抑或主观性与客观性的统一。思想政治教育主观与客观统一的特性对思想政治教育的质起决定作用，同时它也支配思想政治教育的其他属性。

第二节　思想政治教育属性的特征

思想政治教育的特征关系对思想政治教育属性的深入认识，也关系思

① 〔德〕黑格尔:《小逻辑》，贺麟译，北京，商务印书馆1980年版，第243页。

想政治教育多维属性的关系确认。从种（所谓种，即是“表示在属上相区别的若干东西的本质的范畴”[①]）而言，思想政治教育是以人的思想形成与发展为对象的实践活动。因此，思想政治教育属性不是人的属性或物的属性，它主要关涉事的属性、关系的属性。要深化对思想政治教育属性的认识需进一步阐释思想政治教育属性的特征，如此，方能为准确揭示思想政治教育属性的表现形态提供标准。思想政治教育属性就其普遍性而言，它既表现为实践品性、内在规定性，同时在与他事物的相互关联中还表现为关系属性。

一、思想政治教育属性是一种实践品性

品性的意涵主要是指人的品质与性格，对思想政治教育属性作实践品性的论断旨在论证思想政治教育属性所透视的实践特征。何为实践？马克思的实践批判论指出了思想、观念与现实世界的关系，将现实实践作为一个生活世界来理解，即“全部社会生活在本质上是实践的”[②]，这亦表明实践乃是创立或改变社会关系的活动。思想政治教育作为一种实践活动最初以解决现实生活世界中的现实问题为目标而存在，并在实践发展中逐步形成思想政治教育本体的“是”。因此，“解决问题”的目的预设思想政治教育属性的最初规定，思想政治教育属性也在实践展开中呈变动性发展。

（一）“解决问题”预设思想政治教育属性的最初规定

“解决问题”预设思想政治教育属性的最初规定，即是指思想政治教育最初是在一定目的指引或是问题倒逼的情况下发生发展的，人们根据所要解决的问题人为地规定思想政治教育的属性。其中，“解决问题”指明思想政治教育作为实践活动总是具有实践活动主体性与目的性的普遍特征，同时也指明思想政治教育活动产生的根源。就如何认识运动事物的根据，古希腊亚里士多德曾为此作出“四因说”，即物因、本因、动因和极因。对亚里士多德而言，“物因”则是指可感事物的“物质或底层”，“本因”旨在阐明“本体亦即怎是”，“动因”则为事物“动变的来源”，“极因”则为“一切创生与动变的终极”[③]。将亚氏关于原因的知识脉络、结构作为总合形态则表现为“以终极（目的）因，去统辖其余的因，达成最

① 苗力田:《亚里士多德全集》，北京，中国人民大学出版社1990年版，第358页。

② 《马克思恩格斯文集》（第1卷），北京，人民出版社2009年版，第501页。

③ 〔古希腊〕亚里士多德:《形而上学》，吴寿彭译，北京，商务印书馆1959年版，第7~8页。

高原因的囊括宇宙——世界的万事万物，成为合理地展示一切‘是’者，何以能‘是其所是’，为何必然地‘是其所是’”[①]。马克思也曾指出：“一切划时代的体系的真正的内容都是由于产生这些体系的那个时期的需要而形成起来的。”[②]外在目的的指引总是一定活动存在的根本依据。因此，以思想政治教育产生的最初目的或根源为原点为探索思想政治教育属性提供存在论依据和历史依据。现实社会关系的需求揭示思想政治教育产生的根源，思想政治教育的实践属性主要表现在：

1. 以现实的社会关系为探索思想政治教育根源的切入点，思想政治教育的实践属性体现为满足人们维护、发展或调整、改变现实社会关系的需求。思想政治教育是“以人的思想为实践对象，以思想与思想的交流碰撞为实践内容，以思想的生成为实践追求”[③]的反映人与人之间实践关系的实践活动。故而人的存在是揭示思想政治教育根源的切入点。存在问题是西方哲学史的核心问题，黑格尔总结前人研究指出，尽管人们讨论了很多存在问题，但却不知存在的根本问题是人的存在，人的存在是一切存在意义的原点，也是世界的原点。人的生活与人的存在都是由人在社会生活中是什么来确定的。早期柏拉图和亚里士多德都主张城邦合理存在的必然性，亚里士多德明确提出，“人类天生是政治的”。但主张“自然法”的早期哲人却提出与此不同的论断，他们认为人类天生是独立个体的存在，社会是单个的个人缔结的契约与联盟并以此实现仅凭自身无法获得的生存与发展。他们主张，自然状态中的人是相互隔离的个体，如霍布斯在《利维坦》中指出人类的自然状态就是“每一个人对每一个人交战”[④]，而与霍布斯对人的状态描述不同的卢梭认为，自然人很孤独，但并非野蛮而是胆小恐惧的，由此他们相互依赖形成了人与人之间奴役状态的政治社会。现代生物学的论证为我们理解人的存在提供了认知依据，他们得出与坚持自然法的哲人们不同的结论，即人类在进化过程中并未经历隔离状态，人类灵长目先驱早已开发出共同生活的规则和技巧，展开社会合作是人类天然的秉性。对人的存在，马克思提出，“人的本质不是单个人所固有的抽象物，

---

① 劳承万：《亚氏四因说与西方本体论思维方式之发生——兼论康德对西方传统本体论之批判》，《学术研究》2011年第9期。

② 《马克思恩格斯全集》（第3卷），北京，人民出版社1960年版，第544页。

③ 白显良：《彰显思想政治教育学科的思想性特征》，《学校党建与思想教育》2015年第1期。

④ 〔英〕霍布斯：《利维坦》，黎思复、黎廷弼译，北京，商务印书馆1996年版，第98页。

在其现实性上，它是一切社会关系的总和”[①]。所谓“社会关系的总和”，即指人与人之间相互交往所建立的各种联系，而“在其现实性”上，即是指社会关系总是建立在一定的经济基础之上，社会关系因经济基础不同而呈现差异，如原始社会的社会关系自然不同于现代社会的社会关系。人们生活于一定的社会关系之中，总是希望维护、发展良好的社会关系，改变或更正不合理的社会关系。思想政治教育作为一种实践活动，它总是满足人们对社会关系进行维护、发展或调整、改变的需求。从这个意义而言，现实的社会关系是思想政治教育产生的内生根源，因为它始终反映人作为社会性存在的内在需求。

人作为社会性存在，总是在现实社会关系的基础上组建共同的人类生活，而共同的人类生活必然需要特定的秩序，因为“没有基本的秩序，就没有社会生活和社会制度，每个人都无法安排自己的生活，无从理解自己生活的意义”[②]，而通过接受教育是人们获得维护社会秩序、确认社会规范的思想基础的重要方式。思想政治教育作为一种实践活动，它始终通过构建社会价值并施以教育的方式满足人们对现实社会关系维护、发展或调整、改变的需求。社会关系的历史性发展论证了这一判断。

关于社会关系产生的历史性，马克思揭示人类历史得以存在和延续源于四个历史条件：首先来自人自身生活条件的生产。其次是新的感性需要的产生。再次是家庭的生产，“每日都在重新生产自己生命的人们开始生产另外一些人，即繁殖。这就是夫妻之间的关系，父母和子女之间的关系，也就是家庭。这种家庭起初是唯一的社会关系，后来，当需要的增长产生了新的社会关系而人口的增多又产生了新的需要的时候，这种家庭便成为从属的关系了（德国除外）”[③]。最后，通过第三个方面看出生命的生产立即表现为两个关系，一个是自然关系，一个是社会关系。在这里，马克思所指的社会关系即是指许多个人的共同活动，要确认的自然关系同时也是社会关系，生产离不开交往，生产和人的感性交往同时出场，感性交往就是共同活动，即是指社会关系。马克思所讲的第四个原初历史关系，指的是新的社会关系的产生，即突破家庭范围的那个感性交往的生产创造感性存在和感性需要的活动在人与人的关系中发生，即在社会关系中

① 《马克思恩格斯文集》（第1卷），北京，人民出版社2009年版，第501页。

② 苏力：《纲常、礼仪、称呼与秩序建构——追求儒家的制度性理解》，《中国法学》2007年第5期。

③ 《马克思恩格斯文集》（第1卷），北京，人民出版社2009年版，第80页。

发生。从社会关系的历史发展来看，最初的社会群体总是以血缘为基础，但以血缘关系组建的社会群体因利益冲突的存在使其可行却并不坚实，甚至核心家庭内也时有利益冲突，因此，血缘不能自动发生作用，社会层面的血缘关系、亲缘关系是在人类社会发展中不断被确认的，它们大量依赖人们的认知和教化。

思想政治教育就是这样的教化活动，它通过把握蕴含社会关系中的核心利益从而构建社会核心价值并通过教育的方式树立人们在现实社会关系中应具备的认知、情感与行为等。在社会关系的历史发展中，新的需要的产生一定会改变他的满足方式也会改变社会关系，感性需要的必然展开和发展规定社会关系的必然改变。思想政治教育属性在现实社会关系的满足中不断获得认证与发展。具体表现为：

一是思想政治教育在确认最初社会关系的血缘伦理关系中获得其存在，表现为蕴含公共性的社会性教育。血缘关系是人类社会发展的最初的社会关系。正如马克思所言，家庭起初是唯一的社会关系，在人类每日都重新生产自己生命的同时开始生产另外一些人，即繁殖，也因此产生了夫妻之间的关系、父母和子女之间的关系。这样的关系规定相互的义务和规则，如父亲仁义、母亲慈爱、兄长友爱、弟弟谦恭、子女孝顺等。恩格斯曾指出，“父亲、子女、兄弟、姊妹等称呼，并不是单纯的荣誉称号，而是代表着完全确定的、异常郑重的相互义务，这些义务的总和构成这些民族的社会制度的实质部分”①。血缘家庭逐渐扩大为血缘家族、血缘团体，成为原初相对稳定的社会组织，并在社会生产与公共生活中形成一定的习俗，而这种不断积累的传统习俗也成为确认、维护血缘伦理关系的重要手段。在人类社会早期，思想政治教育表现为依靠日益积累的传统习俗、宗教信仰等维持血缘伦理和社会组织的规则秩序。就宗教而言，对自然与死去祖先的崇拜是原初宗教产生的重要根源。这是人类在意识到自身个人之外的其他人和其他物种中产生的自我意识，这种自我意识最初是狭隘联系的一种意识。但人类社会独有的自我意识，“意识到必须和周围的个人来往，也就是开始意识到人总是生活在社会中的”②。在原初以血缘关系而存在的集体中，培养人们对自然的敬畏、树立人们对死去祖先庇佑活人的信奉是凝聚早期人类群体共识、维护群体规则、调节群体行动不可或缺的动

① 《马克思恩格斯文集》（第4卷），北京，人民出版社2009年版，第40页。

② 《马克思恩格斯文集》（第1卷），北京，人民出版社2009年版，第534页。

力和途径。正如马克斯·韦伯指出，“没有一种共同体行动，也没有一种个人的行为，是可以没有其对应的特定神祇的”，“在家族祭典与家父长祭司制的权力与重要性尚未遭到破坏的地方，它们自然形成一种极端强固的人际结合关系，对家族及氏族有巨大的影响力，将成员牢固地团结为一个坚强凝聚的团体。这种凝聚力对家族内部的经济关系也有重大的影响。它有效地决定及固定家族内所有的法律关系，妻子与继承者的正当地位，儿子与父亲、兄弟之间的关系”[①]。可以说，在人类社会很长一段时间，对集群体、家庭与个人的关系于一体的社会，类似教育性质的活动都由传统习俗和宗教信仰完成，其教育的内容在人类社会开始之初就表现为对社会关系的处理——明确个人之间的辈分（如在古时社会日常生活中，称呼就不仅具有指称功能，还隐含称谓者与被称谓者之间相对稳定且固化的权利和义务，教育称呼人是比任何教育都重要的教育）、巩固家族与氏族之间的团结、协调和约束群体之间成员的关系、培养集体观念、养成道德风尚等，这种教育活动其主要目的就在于明确个人义务、确认个人与他人的关系、维护群体秩序、调节共同行动、传承集体规则、帮助个体实现与集体的一体化，它是彰显公共属性的社会性教育。

二是思想政治教育在扩大的社会关系中规范个人与公共的公共伦理关系并日益彰显规范性与意识形态性。公共伦理关系，即指个人超出家庭关系而与公众、组织间发生的就某种目标达成相互理解而进行的各种有计划的沟通联系。人类的共同活动使生产率日益提高、人口逐渐增多、社会组织不断扩展、社会结构越发复杂以及社会关系不断多样化，对社会的公共管理也因此不断精细化并出现专职机构及专职人员。思想政治教育在不断扩大的社会关系中以道德为目标和手段规范个人与公共的伦理关系，并从“大一统”的社会教育中逐渐分离而彰显自身独立姿态。中国古代史著名专家林志纯教授考察了古代中国城市国家制度，他指出，“当氏族社会末期，所谓军事民主制阶段，帝、王、天子，都是从生产部门（农耕、畜牧、手工业）分出的管理人员，从事宗教、司法、政事、军事的工作，为公社（农村公社、城市公社，即邦），也为公社人员服务。随着分工的确立和发展，专职的人员就有了专职的名称”[②]。但原始社会末期并未就分工的出现而出现专制，如《尚书》记载，“天秩有礼，自我五礼有庸

① 〔德〕马克斯·韦伯:《宗教社会学》，康乐、简惠美译，桂林，广西师范大学出版社 2014 年版，第 19 页。

② 林志纯:《孔孟书中所反映的古代中国城市国家制度》,《历史研究》1980 年第 3 期。

哉！”即指明上古时代已出现人的尊卑等级，但这时的等级并没有出现专制[①]，此时的教育旨在与社会结构的协同中规范个人与公共之间的关系、维护社会秩序并保证社会和谐运行。以中国周朝为例，周朝是较成型的社会，无论官制、教育都出现一定程度的分工。据《周礼》记载，当时的社会将官制分为六官——天官、地官、春官、夏官、秋官、冬官，在六官中，大官主管宫廷，地官主管民政，春官主管宗族，夏官主管军事，秋官主管刑法，冬官主管营造。对民政的事，地官中的大司徒主管天下各国土地的地图并记载人口数量以辅助王安定天下。在人民管理中，大司徒根据以上不同地形的生长物所形成的人民的不同生活习惯施以12个方面的教育。“因此五物者民之常。而施十有二教焉：一曰以祀礼教敬，则民不苟。二曰以阳礼教让，则民不争。三曰以阴礼教亲，则民不怨。四曰以乐礼教和，则民不乖。五曰以仪辨等，则民不越。六曰以俗教安，则民不愉。七曰以刑教中，则民不虣。八曰以誓教恤，则民不怠。九曰以度教节，则民知足。十曰以世事教能，则民不失职。十有一曰以贤制爵，则民慎德。十有二曰以庸制禄，则民兴功”[②]。在上述12个教育中，社会管理者用礼（祭祀礼、阳礼、阴礼、礼仪）、制度、刑法等来规约人的行为，其中对人民思想、道德、法律的分类教育已凸显。在各诸侯国内，社会管理者将社会编制一定结构，“令五家为比，使之相保；五比为闾，使之相爱；四闾为族，使之相葬；五族为党，使之相救；五党为州，使之相赒；五州为乡，使之相宾”，教育则为实现这样的社会功能服务。在此基础上，社会管理者将对各诸侯国内人民的教育分为3个方面：“以乡三物教万民而宾兴的：一曰六德：知、仁、圣、义、忠、和。二曰六行：教、友、睦、姻、任、恤。三曰六艺：礼、乐、射、御、书、数”[③]。其中，六德：明白事理、仁义爱人、智识预见、适时决断、言谈随心、张弛有度，六行：敬爱父母、友爱兄弟、和睦家族、诚爱婚姻、信任朋友、救济贫穷……在周朝社会，

① 在摩尔根、恩格斯等学者看来，阶级社会伴随氏族的消失而出现，阶级社会的出现与专制政治相随。但新近大量史料的出现，证明在氏族与阶级之间还存在一个历史时期，即阶等社会。新进化论代表人物之一弗里德曼指出，在阶等社会里不存在什么强制性的权力结构，“在阶等社会里，领导可以是领导，但是追随者也许不追随。命令下达了，但有时不被服从。……几乎没有什么有效的强制手段，用来强迫人们顺从”（转引易建平：《从平等社会到国家》，《怀化学院学报》2009年第12期）。因此，在这里我们更多考虑的是在扩大的社会关系中，思想政治教育在处理个人与公共关系之间的实践目的、实践内容与实践样态。

② 《周礼·大司徒》。

③ 《周礼·大司徒》。

大司徒担任教育民众的主要任务，在各诸侯国内族长、党长、州长、乡长等担任对人民的教育任务。由此显示，当时的周朝社会从六德、六行、六艺不同维度对人民进行教育，一方面塑造了个体的道德，另一方面也形成社会群体的伦理规范，其中用被社会承认并确定的礼、制度教人民明德、知礼、通事，并对父母以敬爱、兄弟以友爱、邻人以和睦、朋友以真诚、婚姻以诚爱等，这些道德观念、规范与原则的总和形塑了日臻成熟的规范形态与社会意识形态的思想政治教育。

三是思想政治教育在专制社会中协调政治关系并蜕化出政治属性与意识形态属性。政治关系是指人们在社会生活中基于特定利益要求而形成的以政治强制力与权利分配为特征的社会关系。专制国家的出现，需要血缘制度的外的强制性权力去维持分层秩序。所谓国家，即是指“这个社会陷入了不可解决的自我矛盾，分裂为不可调和的对立面而又无力摆脱这些对立面。而为了使这些对立面，这些经济利益互相冲突的阶级，不致在无谓的斗争中把自己和社会消灭，就需要有一种表面上凌驾于社会之上的力量，这种力量应当缓和冲突，把冲突保持在‘秩序’的范围以内”[①]。从恩格斯对国家的定义来看，社会因经济的发展而不断分层，在复杂的分层社会中，至少蜕化出两个新兴的社会阶级，即统治阶级和被统治阶级，早期国家应调控分层社会关系的需要而产生。但早期国家的合法性如何而来，长期从事国家起源研究的克赖森教授（Henri Joannes Maria Claessen）指出，“早期国家的合法性在于共同的意识形态”，但他所说的共同的意识形态并非指“上层和下层拥有完全等同的意识形态。它只是说，在上层与下层各自的思想意识之间，存在着足够的重叠区域，这使得这两个阶层之间的互相理解成为可能”[②]。因此，拥有共同的准则和价值标准是维持统治阶级统治地位的必要条件，而调节统治阶级与被统治之间的政治关系以达成两个阶级之间的同意和共识就成为思想政治教育的内容规定和主要目标。

首先，思想政治教育帮助统治阶级寻找统治合法性的意识形态根据。马克思曾指出，“一个阶级是社会上占统治地位的物质力量，同时也是社会上占统治地位的精神力量”[③]。统治阶级要实现其统治，其中非常重要的条件就在于论证自身统治的合法性并寻找意识形态依据以实现被统治阶级

① 《马克思恩格斯文集》（第4卷），北京，人民出版社2009年版，第189页。

② 〔荷〕亨利·克赖森：《关于早期国家的早期研究》，胡磊译，《怀化学院学报》2007年第1期。

③ 《马克思恩格斯文集》（第1卷），北京，人民出版社2009年版，第550页。

对其的统治认同。如中国秦朝统一六国之后，“琅琊刻石云：‘古之帝者，地不过千里，诸侯各守其封域，或朝或否，相侵暴乱，残伐不止，犹刻金石，以自为纪。古之五帝三王，知教不同，法度不明，假威鬼神，以欺远方。实不称名，故不久长。其身未殁，诸侯倍叛，法令不行。今皇帝并一海内，以为郡县，天下和平。昭明宗庙，体道行德，尊号大成’。”[①] 此意即是向民众表明灭六国是为天下赢太平，明法度、建郡县是有利民众的规范方式，并且还表达了统治者必以德统治，符合传统伦理习俗以安抚、教育民众从而培养认同感。实现被统治阶级对统治阶级的认同是维护统治地位的关键因素，在此基础上，确立民众对统治阶级价值取向的认同是实现规范民众日常生活的重要引领。思想政治教育则以统治阶级的主流价值为依据实现对被统治阶级的教育。

其次，思想政治教育在定位统治阶级与被统治阶级的权利享有与义务承担中实现二者的意识形态共识。在社会出现阶级后，权利与义务往往二分，统治阶级享有绝大多数的权利，而义务则往往由被统治阶级承担，正如恩格斯指出，“一个阶级的任何新的解放，必然是对另一个阶级的新的压迫”，“因为它几乎把一切权利赋予一个阶级，另一方面却几乎把一切义务推给另一阶级”[②]。但要实现国家组织的稳定，除权力、强制力等因素外，实现同意和共识成为两个阶级之间的主流关系。但这里的同意和共识也并非统治阶级与被统治阶级思想的完全等同，它主要是指两个不同阶级之间的“思想重叠区域”。因此，思想政治教育则需要在统治阶级与被统治阶级权利与义务规定的基础上形塑、引导共同的准则与价值标准，教育人们承担政治责任，思想政治教育也依此蜕化出以维护政治权力为目的的政治属性与意识形态属性。

四是经济关系是思想政治教育满足现实社会关系需要的重要基础。经济关系，即是指人类社会在物质资料生产过程中所发生的关系，它是人类社会的基本关系。诚如马克思指出，人类社会得以延续和发展的第一个历史条件就是人自身生活资料的生产，生产离不开交往，它总是许多个人的共同活动，基于生产而形成的许多个人的交往就是人类社会关系形成的重要基础。同时，人类新的需要的产生必然改变他的满足方式，也改变社会关系。因此，人类总是在不断重复地生产、分配、交换产品的行为及相应

① 吕思勉：《秦汉史》，上海，上海古籍出版社 1983 年版，第 5 页。

② 《马克思恩格斯文集》（第 4 卷），北京，人民出版社 2009 年版，第 197 页。

的社会行为中形成相关带共同性的、普遍性的规则与规范以使人们服从生产、交换和分配的相关条件，如此便产生了对经济关系进行调节和处理的相关伦理规范和制度规定。

思想政治教育根据经济基础规约人们对经济关系的认识。生产是人类社会生存和发展的必要条件，规范意识的产生原初就从调节生产活动出发，抑或说生产活动为规范意识提供实体性基础。马克思就此曾指出，"人们在自己生活的社会生产中发生一定的、必然的、不以他们的意志为转移的关系，即同他们的物质生产力的一定发展阶段相适合的生产关系，这些生产关系的总和构成社会的经济结构，即有法律的和政治的上层建筑竖立其上并有一定的社会意识形式与之相适应的现实基础、物质生活的生产方式制约着整个社会生活、政治生活和精神生活的过程"[①]。由此，经济基础规定人们对经济关系的认识。如在人类社会早期，人们的生产与分配属原始公共性，对生产与分配的规定与调节来自日常生活的伦常规则。而进入奴隶社会、封建社会、资本主义社会后，统治阶级与被统治阶级之间的利益分配因生产方式的不同而出现大的更改，而每个历史时期都有相应的经济秩序与经济交往规则。思想政治教育正是以此为依据抽象对经济关系认识的核心价值并教育人们以期解决主客观矛盾。

综上，人的存在就是社会生产关系的存在，个人总要面对与家庭的伦理关系以及个人与共同体之间的公共关系。自然状态下的人具有社会性基因，人在家庭中的伦理关系产生情感的需要，人在共同体中的公共关系产生公平与正义的需要。思想政治教育在原初的历史中，首先就面临处理伦理关系与公共关系的问题，它关系自然状态中人与人之间的沟通与交往，也关系在不同关系中价值秩序如何支配个体的行为。满足现实社会关系的需要规定思想政治教育的诞生，思想政治教育应人们建立合理社会关系的需要规定实践属性。

2. 以现实的社会关系为探索思想政治教育根源的切入点，思想政治教育的实践属性体现为维护既有的、良好的社会活动规则。人的社会性以及与人合作的秉性决定共同体生活的必然性。人与人之间的交往与合作催生不同的合作方式。这种合作方式即是公共组织的前生。换言之，共同体生活催生各种不同的交往方式和合作方式，而不同的交往方式和合作方式天然地形成于人类的共同生活中，由此，日益成熟的公共组织也自然被孕

① 《马克思恩格斯选集》(第1卷)，北京，人民出版社1995年版，第32页。

育于人类生活中。合作形式是人类行为的基本形式，在合作过程中，“亲戚选择”和“互惠利他”① 是合作行为的自然来源。但不论是亲戚选择还是互惠利他的合作来源都需要合作规则的保证，如此才能形成和维持稳定的社会秩序。原初思想政治教育也为建立和维护社会关系秩序而诞生。思想政治教育的实践属性体现为努力实现规则制定的正义性与方向性。

就规则的正义性而言，从人类合作来源看，亲戚性选择是第一选择。亲戚性选择合作更多是在伦理关系中，伦理关系范畴使得人们行为的公平性都处于一种关怀伦理中。但家庭与家庭的交往、部落与部落交往催生新的社会关系。在新的社会关系中其合作更多地体现为一种互惠利他性合作。社会关系中互惠利他性合作的产生催生合作群体的逐渐扩展，如此，在合作中出现的问题，如搭便车以获利的行为促使理性的人们设计社会规则以保证合作的公平的实现，并最终维持社会关系秩序的良好运行。原初思想政治教育参与规则制定的沟通与博弈并在维护既定的良好的社会规则中彰显其实践属性。

原初思想政治教育维护良好的社会规则还体现为引领社会发展的方向。所谓引领社会发展，即是指思想政治教育参与规则制定的沟通与博弈，并赋予自身规范性。这就使得思想政治教育的实践活动必定以规则的核心理念为基本准绳，如此才能实现社会秩序的稳定运行。但人类实践本性不断扩大实践领域，生产的扩大，生产关系的复杂化不断催生社会新的生产力与生产关系。思想政治教育一面参与共同规则的制定，同时也作用于共同体成员思想共识的形成，如此，把握社会发展规律、掌握人类社会现实必然性规定思想政治教育的实践属性。

3. 以现实的社会关系为探索思想政治教育根源的切入点，思想政治教育的实践属性体现为实现社会的整合。从人类社会发展来看，规则的制定是维持社会和发展社会秩序的需要，如原初的宗教就发挥着加强规范和维持社会秩序的功能，以基督教的起源和早期历史演变为例，基督教从最初代表穷人的宗教，并在发展过程中遭遇罗马统治者的迫害，但最后在罗马统治者的新政中成为维护统治的工具，公元 313 年，罗马统治者君士坦丁堡颁布的“米兰敕令”使基督教成为合法宗教，同时基督教也成为君士坦丁堡的支持者。但宗教的产生与发展及其之所以能得到人们的认可与

① 〔美〕弗朗西斯·福山：《政治秩序的起源：从前人类时代到法国大革命》，毛俊杰译，桂林，广西师范大学出版社 2012 年版，第 30 页。

遵从，其深层次原因表现为对宗教的意义赋予与阐释，使其理念符合人类由外向内的认知模式。宗教的理念体系增加了人类社会群体的团结。在宗教发展的过程中，人类不仅发展宗教理念，同时还将其与礼仪相结合，礼仪同样被赋予极大的内在价值并将其变成目的本身，如此以达到社会整合的目的。

原初的宗教、礼仪与思想政治教育有着极其相似的亲缘性。人类之所以是人类，就来自其语言和意识的发展，“只有现在，在我们已经考察了原初的历史的关系的4个因素、4个方面之后，我们才发现：人还具有‘意识’”，“语言和意识具有同样长久的历史”，“语言也和意识一样，只是由于需要，由于和他人交往的迫切需要才产生的”①。由此，人类因为语言和意识而产生对外部世界、对自身的认知模式。这样的特殊性使得人类能够将自己的实践形成观念并以文化的方式赋予其意义。赋予共同体规则以意义、培养对共同体规则的共同情感，这不仅是社会整合的需要，也是人类精神世界发展的需要。就社会整合而言，“思想可增加集体的团结”②。在共同体之中，规则是维护共同体秩序的需要，价值赋予与意义阐释并获得共同体成员的认同是规则发挥作用的核心要素。同时，“规范的独特内容由文化决定（不吃猪肉、尊敬祖先、宴会上不点香烟）”③，独特的规范内容对外表现为裁决他人的内在价值与人为规范，对内而言却起着社会凝聚的作用。对人类精神世界发展而言，人总是存在在现实的实践性与理想目标性的指引之间。除了服从外部规则的刚性管理，还需要注入规则情感与信仰。如此才能满足人的存在的特殊秉性。原初的思想政治教育由此被赋予为规则生产意义、注入情感与信仰等，这是思想政治教育属性具有实践品性的又一证明。

（二）思想政治教育属性随实践发展而具有变动性

思想政治教育属性包含思想政治教育偶然属性与固有属性，其中偶然属性可能随实践条件的改变或层级实践目标的实现而消失或不再属于思想政治教育，而思想政治教育固有属性则随实践条件的变化、实践方式的变化或其他社会实践活动的变化等而具有变动性。这样的变动性体现为思想

① 《马克思恩格斯选集》（第1卷），北京，人民出版社1995年版，第57页。

② 〔美〕弗朗西斯·福山：《政治秩序的起源：从前人类时代到法国大革命》，毛俊杰译，桂林，广西师范大学出版社2012年版，第38页。

③ 〔美〕弗朗西斯·福山：《政治秩序的起源：从前人类时代到法国大革命》，毛俊杰译，桂林，广西师范大学出版社2012年版，第39页。

政治教育属性呈现新的内容与实践样态。

1. 思想政治教育属性随实践发展呈现新的内容。思想政治教育作用于人思想的形成与发展，原初思想政治教育是在人类处理个人与公共事务的关系中并试图实现公共管理而产生，它表现出一定的规则性，这样的规则性反映公共管理的理念，也实现个人对公共管理理念的认同。进入阶级社会以来，人类原始社会的规则逐渐演变为代表一阶级统治另一阶级的权力工具，思想政治教育也彰显代表一定阶级利益、维护一定阶级权力的政治性。经济生产力的发展必然生发不同的社会形态与社会结构，人们的思想也总是因不同社会形态与社会结构的变化而彰显不同，诚如马克思指出，“每一历史时代主要的经济生产方式和交换方式以及必然由此产生的社会结构，是该时代政治的和精神的历史所赖以确立的基础，并且只有从这一基础出发，这一历史才能得到说明”[①]，因此，统治阶级面对由新的生产方式产生的人们的新的思想必须探寻新的路径以实现社会整合。原有的以政治权力实现的统治需要新的阐释与言说以论证其自身的合法性。诚如马克思在批判青年黑格尔派时指出，“这种改变意识的要求，就是要求用另一种方式来解释存在的东西，也就是说，借助于另外的解释来承认它”[②]。凭借政治权力融合宗教、社会习俗、惯常礼仪等则成为社会秩序维护的新方向，思想政治教育在维护统治阶级权力的目标实现中处理思想观念的真假博弈及价值理念的整体与部分的分配。由此，思想政治教育也生长意识形态性以增添自己的功能价值。进入现代民族政治国家，国家权力与个人自由之间的张力是政治的核心问题，社会结构的分化促使人们探求社会秩序的合法基础。实现社会认同成为思想政治教育维护权力要解决的核心问题，思想政治教育的社会性在现实民族政治国家中彰显其突出的地位。

综上可知，在经济生产力的发展下，社会结构的变迁、人们思想体系与价值观念的多元，都要求思想政治教育以权力为导向在新的实践中增强自身的实践能力。从思想政治教育政治性的确定、思想政治教育意识形态性的出炉到当下思想政治教育社会性的凸显都表明思想政治教育属性随实践活动的变化而具变动性。就思想政治教育政治性、意识形态性与社会性而言，其本身也必然随社会实践的变化而呈现新的内容。

---

① 《马克思恩格斯选集》(第1卷)，北京，人民出版社1995年版，第152页。

② 《马克思恩格斯选集》(第1卷)，北京，人民出版社1995年版，第50页。

2. 思想政治教育属性随实践发展创造新的实践方式。思想政治教育作为一种实践活动，它以权力目标作为实践活动的行进方向。纵观思想政治教育的发展历史，思想政治教育曾以政治权力为力量，直接对人施以教化，这种教化活动以理论教育、习俗礼仪规训等方式不仅直接反映权力阶级或领导力量的意志并且直接规定教化对象的无条件接受。在发展过程中，人的生存方式催生不同的生活形式，理论的丰富、技术的发展、艺术的创作都为思想政治教育增添新的实践方式。就理论发展而言，人类社会系统不断分化出政治系统、经济系统、文化系统、生态系统、社会系统等，这些构成社会系统的子系统言说自身的存在价值与功能彰显，搭建各自的舞台，丰富自身的理论体系，并攀沿各自的实体要素展示自身的理论魅力以获取认同。如马克思曾指出，"青年黑格尔派同意老年黑格尔派的这样一个信念，即认为宗教、概念、普遍的东西统治着现存世界"[①]，从马克思的批判中，也可发现统治力量在精神创作过程中其理论体系更加以趋向普遍、概念等形式改变思想政治教育理论的实践方式。就技术发展而言，以信息技术发展为例，思想政治教育的实践方式经历了最初人与人之间的直接言说，以宗教、礼仪、习俗等方式对思想的控制与对行为的规范，进入现代社会，互联网的兴起开拓了人们新的存在空间，以传媒为媒介开展思想政治教育成为重点把握的实践方式。就艺术而言，艺术往往是来自生活实践并引领生活实践的创作活动，它是人们生活方式的反映。现代社会中，音乐、舞蹈、绘画等艺术活动不仅带给人们美的内容与感受，也从形式上创造美的形式以感染人的精神。美的形式成为思想政治教育在现代社会中从事实践活动的必要方式。综上而言，思想政治教育不断在实践活动中改变自身的实践方式，试图实现形式的美、内容的真与行为的善相统一，这是思想政治教育在现代多元社会中努力的新方向。

二、思想政治教育属性是思想政治教育内在规定性的丰富表现

事物本身是有规定的，作为思想政治教育这一事物本身就应该有自身的属性，否则就不能区分思想政治教育这一实践活动与其他实践活动，如苹果就应该是圆的、甜的、有水分的，如果缺掉了这些规定，就只能变回到"感性确定性"，即事物就只是由"这"规定，但"这"是什么却不能得到说明。因此，思想政治教育之所以为思想政治教育，就应规定其自身

① 《马克思恩格斯选集》(第1卷)，北京，人民出版社1995年版，第65页。

属性，使之成为思想政治教育本身。思想政治教育规定自身属性应坚持共性与特性的统一，其中本质属性是内在规定性中最重要、最关键的属性。

（一）思想政治教育属性是共性与特性的统一

所谓共性，即是指事物从自身自我分化出诸多特殊性，并从诸多特殊性不断向自身回复的具体的全体。所谓特性，即是指事物自我分化、自我否定的初步结果。关于普遍性、特殊性、个体性以及三者之间的关系，黑格尔在分析概念论时作过详细的阐述。黑格尔认为任何一个真正的思辨概念都应该包含 3 个相互联系的环节——“普遍性、特殊性、个体性”，且这 3 个环节共同构成概念的整体。就黑格尔的思想而言，思辨概念的普遍性，“这是指它在它的规定性里和它自身有自由的等同性”，“特殊性、亦即规定性，在特殊性中，普遍性纯粹不变地继续和它自身相等同”，“个体性,这是指普遍与特殊两种规定性返回到自身内”[①]。黑格尔对思辨概念的定义，即要表明概念的普遍性强调概念经过自身分化之后回复到自身，这种普遍性必须要不断地将自身特殊化，经过不断地特殊化概念，才能变成一个具体的全体，才能成就概念的个体性，而个体性也成为思辨概念与其他概念的区别，且这种区别既体现了思辨概念的特殊性，也体现思辨概念的普遍性。因此，黑格尔强调，每一个具体的思辨概念，它本身就是一个全体，且它是已经被自我区分和自我分化出来的诸多特殊规定性，通过自我返回、自我中介、自我否定而形成的一个具体的全体，“这种自身否定的统一性是自在自为的特定东西，并且同时是自身同一体或普遍的东西”[②]。对于思辨概念这 3 个环节的关系，黑格尔接着指出，“但普遍性乃是自身同一的东西，不过须明白了解为，在普遍性里同时复包含特殊的和个体的东西在内。再则，特殊的东西即是相异的东西或规定性，不过须了解为，它是自身普遍的并且是作为个体的东西。同样，个体事物也须了解为主体或基础，它包含种和类于其自身，并且本身就是实体性的存在”[③]，如此表明，思辨概念的普遍性不能脱离特殊性与个体性而存在，而概念的特殊性也离不开普遍性与个体性，概念的个体性在一定程度上是概念普遍性和特殊性的统一。普遍性、特殊性与个体性自身否定地统一在一起，使概念成为具体的概念。

就思想政治教育实践活动而言，思想政治教育属性的共性与特性的统

① 〔德〕黑格尔:《小逻辑》，贺麟译，北京，商务印书馆 1980 年版，第 333 页。

② 〔德〕黑格尔:《小逻辑》，贺麟译，北京，商务印书馆 1980 年版，第 333~334 页。

③ 〔德〕黑格尔:《小逻辑》，贺麟译，北京，商务印书馆 1980 年版，第 337 页。

一决定思想政治教育何以如此。思想政治教育属性的共性强调同一性，其特性强调差异性，而思想政治教育本身是思想政治教育属性的共性与特性的有机统一。思想政治教育属性的共性，不仅要看到其自身同一性，同时要理解其共性中包含特性。思想政治教育属性的特性，不仅强调诸环节之间的差别，同时也强调每一个差别的规定都是普遍的，它们共同地成为一个更高的有机体的环节，因为这些特殊的规定同时是普遍的，也是具体的。思想政治教育作为一种实践活动，它是“一”，因此它必须看到思想政治教育的自我分化和自我回复的统一是具体的统一，思想政治教育作为一种实践活动，它包含于组合内及其自身中，分化出一些具有普遍性与特殊性的环节，基于这样的认识基础，明确认识思想政治教育在各个环节之间的必然性和整体性。简言之，思想政治教育属性实现共性与个性的统一即是要实现思想政治教育实践活动在主观与客观、理论与实践上的统一。

（二）思想政治教育本质属性是内在规定性中最重要、最关键的属性

思想政治教育属性有偶然属性与永久属性之分，其中永久属性包含固有属性与本质属性，固有属性反映思想政治教育特征并长久属于思想政治教育，而本质属性是反映思想政治教育特征并决定思想政治教育是其所是的属性。思想政治教育本质属性决定其他属性并实现思想政治教育各种属性的有机统一。

1. 思想政治教育本质属性决定思想政治教育真正所是。本质属性是认识事物的关键。所谓本质属性，即是指“作为通过对它自身的否定而自己同自己中介着的存在，是与自己本身相联系，仅因为这种联系是与对方相联系，但这个对方并不是直接的存在着的东西，而是一个间接的和设定起来的东西”[①]。其中，“间接的”和“设定的”是指相对于存在论的直接性，本质属性是发展了的，经过中介化的间接的东西。如果说思想政治教育最初是应“解决问题”这一外在目的而诞生的，那么思想政治教育的诸多属性来自外在性的规定，外在规定的诸多属性都具直接性，是对思想政治教育经验性的认识。停留于单纯的直接性和经验性认识不能真正把握思想政治教育的真正所是，因此必须进入间接性以达到对思想政治教育真正所是的准确认识。思想政治教育本质属性以否定直接存在着的外在规定为中介，并以相互映现的新的方式显示具体内容，“本质是映现在自身中的

① 〔德〕黑格尔:《小逻辑》，贺麟译，北京，商务印书馆1980年版，第242页。

存在”[①]。因此,思想政治教育本质属性既是对有限的思想政治教育现象直接性的扬弃，同时也在思想政治教育现象中获得自我意识和确证，从而获得与他物的区别性并最终确定思想政治教育的是其所是。

2. 思想政治教育本质属性决定其他非本质属性并实现各种属性的有机统一。思想政治教育属性具有多维性，最初外在规定的诸多属性具有相对的独立性，彼此之间保持一种外在性的假象。如苹果，就具有有水分的、甜的、圆的等多维属性，但决定苹果之所以是苹果的是“苹果性”，即苹果的本质属性，它不仅决定其他属性，还需将苹果的多维属性有机统一于苹果中，如此苹果才能是苹果。同理，思想政治教育诸多属性需要一种有机的方式实现思想政治教育的“一”。思想政治教育本质属性反映思想政治教育真正所是，在对有限思想政治教育现象直接性的扬弃中获得内在规定，它是思想政治教育自身运动的环节，包含自我否定与自我联系。思想政治教育非本质属性反映思想政治教育的特征，却并非自身独立，在思想政治教育本质属性规定中，其他非本质属性都是相对的，每个非本质属性离开对方或者与之相关的属性都失去确定的含义，它们不再是单一的直接规定性，而是在本质属性的自身否定与自身联系中实现诸多属性的有机统一。

三、思想政治教育属性是以他事物为中介达到自身规定的关系属性

所谓关系，即是指事物与事物之间，事物内部各要素之间相互影响、相互作用。一切实存的事物都存在于关系中，这种关系乃是每一实存之物的真实性质。实际存在着的东西不是抽象、孤立的，而只是在他物之内，因此与其他实存之物间的关系和与全体的关系是实存之物获得具体性的重要根据。思想政治教育作为一种实践活动，它在与其他实存事物的相互联系、相互作用中反映自身并达到内在规定的属性。

（一）思想政治教育属性是处理国家、社会、个人关系所反映的特征

现实的个人、社会与国家之间的关系，是思想政治教育面临的核心问题，思想政治教育也在处理三者关系中，确证自己的属性。关于国家、社会与个人之间关系的论证，存在多种主张。社群主义主张个人依附于共同体，强调国家的作用，认为只有国家所代表的政治生活才能促进公共善的实现，并且坚持为了国家与共同体的利益可以牺牲个人的利益；与社群主

① 〔德〕黑格尔:《小逻辑》，贺麟译，北京，商务印书馆1980年版，第242页。

义相对，自由主义坚持个人自由是第一要务，国家的存在是为促进个人利益的实现，必要时坚持无政府主义。平衡个人自由和公众平等是现代政治哲学的核心问题。原始社会与早期国家都以人们生存的共同体为基础，个人融于共同体之中，这时候的社会状态几乎没有社会的存在，共同体的利益消解了个人的利益，个人与社会共同地融于国家之中。首次提出社会的当属黑格尔，他在《法哲学原理》中采用逻辑方式，将法分为抽象法、道德与伦理 3 个部分，其中伦理被看作是有自己生长过程的现实性，并将其过程分为家庭、市民社会与国家。其中家庭以完成教育子女成为独立人格为重要环节，以此过渡到市民社会，市民社会是个人与家庭的集聚，个人与市民社会最终在国家中实现普遍性与特殊性的统一。与此相反，马克思在批判黑格尔的基础上以经济发展为线索指出，就现代政治国家而言，它不过是一个阶级为统治另一个阶级所使用的工具，“由于国家是从控制阶级对立的需要中产生的，由于它同时又是在这些阶级的冲突中产生的，所以，它照例是最强大的、在经济上占统治地位的阶级的国家，这个阶级借助于国家而在政治上成为占统治地位的阶级，因而获得了镇压和剥削被压迫阶级的新的手段”[①]；现代社会是经济发展的结果，货币成为资本是现代社会的真正起点；关于个人，马克思指出个人并非传统哲学研究的个人而是现实的个人，所谓现实的个人即表现为他们的感性活动和物质生活条件。国家、社会与现实的个人的和解，即在“代替那存在阶级和阶级对立的资产阶级旧社会的，将是这样一个联合体，在那里，每个人的自由发展是一切人的自由发展的条件”[②]。因此，就马克思的国家观而言，国家是历史的产物，最终随着阶级的消失而消失，现实个人的自由权利最终在共产主义社会中得以实现。

在阶级对立的社会中，思想政治教育代表权力阶级的利益，总是力争通过各种实践活动以实现共同体成员对权力阶级意识的认同。在不同的历史阶段或在不同的社会形态中，思想政治教育在分配代表国家、社会与个人利益时的比重也有所不同。在现代社会出现以前，人的存在状态就是在共同体之中，思想政治教育几乎也在教育这一大范围中帮助人们实现与共同体思想的一致性。如在古希腊时期，亚里士多德就曾指出政治教育具有对人是善的目的，但城邦的善高于个人的善，“为一个人获得这种善诚然

① 《马克思恩格斯选集》（第 4 卷），北京，人民出版社 1995 年版，第 172 页。
② 《马克思恩格斯选集》（第 1 卷），北京，人民出版社 1995 年版，第 294 页。

可喜，为一个城邦获得这种善则更高尚（高贵）、更神圣”[①]。自现代社会产生以来，货币成为资本催生现代社会的萌芽与发展，人与人之间的经济交往以及由此出现的各种社会组织催生人们多元思想的出现，个人自由与主体性在现代社会的呼喊，使国家、社会与个人之间的关系出现新的博弈。资本主义社会宣扬个人的自由与平等，在资本主义社会形态中，思想政治教育宣扬人的自由、平等、民主、博爱等为核心价值以期实现维护资产阶级的统治与利益。在共产主义社会中，思想政治教育代表现实个人的利益，并在自由人的联合体中实现人与人之间特殊性与普遍性的真正统一。

（二）思想政治教育属性是在制度实施、价值引领、政策执行与行为规范的协同关系中所反映的特征

人的思想形成、行为养成总是多种要素共同作用的结果。思想政治教育着眼于对人的价值引领，但价值引领的实现需要发挥协同制度实施、政策执行与行为规范的合力作用。因为“富有洞察力的思想和原则不能替代系统的微观制度实践”。[②]

避免规则困境、达成社会共识需要制度实施、价值引领、政策执行与行为规范的协同合力。所谓协同，它内含整体性、动态性、开放性与创新性理念。自人类文明社会产生以来，任何社会都体现不同层次、不同作用范围的规则系统，制度、政策、行为规范如出现对行为具体规定的不一致就容易导致规则困境，如阿奎那在判断是否存在这种困境时指出，“某人发现只有违背一个戒律他才能服从另一个戒律”[③]。这样的规则困境来自不同规则之间的冲突性，如就制度而言其自身有自身的系统，它需要实现系统内部自身的普遍性，但制度同时与政策、行为规范共同属于规则这一普遍性中，如不能实现三者的协同并达成整体性就会导致规则困境的出现。因此，实现制度体系、政策体系与行为规范体系的协同是避免规则困境的保障。

就制度而言，对制度的研究从最初政治学的“专利”不断被引入到经济学、社会学等领域。在对制度的研究成果中，学者们从不同角度阐释了

① 〔古希腊〕亚里士多德:《尼各马可伦理学》，廖申白译，北京，商务印书馆 2003 年版，第 4 页。

② 苏力:《纲常、礼仪、称呼与秩序建构——追求儒家的制度性理解》，《中国法学》2007 年第 5 期。

③ 转引自〔美〕A. 麦金泰尔《价值困境》，夏伟民译，《哲学译丛》1992 年第 2 期。

制度与人的行为之间的关系。在政治学领域，如亨廷顿从人类行为视角出发指出，“制度就是稳定的、受珍重和周期性发生的行为模式”①。罗尔斯指出，“现在我要把一个制度理解为一种公开的规范体系，这一体系确定职务和地位及它们的权利、义务、权力、豁免等等”②。在社会学领域，法国社会学家涂尔干主张，“社会结构的基本构成便是‘规范’，即为共同价值观所支持并用以指导个体行为的准则，而‘规范’在某个领域的集结和体系化便是‘制度’”。经济学对制度的研究经历了从传统制度主义到新制度主义的转变，新制度主义或者从中观层面将制度视为一种行为结构，或者从政治行为视角将制度视为一种行为规则，或者从过程与结果的转换视角将制度定义为一种行为结果的转换机制。但新制度主义中无论哪个流派都坚持一个共同的信念，即制度规制个体的选择方式并有效塑造其行为。从对制度的现有研究而言，制度存在的目的就在于调整人的行为以及人与人之间的互动行为。

就政策而言，政策是一种社会实践性活动，协调冲突性或为集体活动建立激励机制是政策产生的来源。对政策的研究，美籍加拿大裔学者戴维·伊斯顿从传统政治学原理视角提出，“政治系统的主要功能是根据社会系统的需要，通过政策的制定和执行对全社会的价值进行权威性的分配。而这种权威性的政策制定和执行其实是一种政治现象”③。中国台湾学者伍启元先生认为，“公共政策是政府采取的对公私行动的指引；公共政策是与价值有密切关联而受社会价值影响的；公共政策是具有拘束性而为大多数人所接受的行动指引”④。显然，所谓政策，即是在社会生活中，权威机构为一定的社会目的而采取的一系列行动方案或行动准则。政策的制定与执行即是要指引社会大众的行为方向。政策相较制度而言，它们共同作用于规范或塑造人的行为模式，而政策相对制度是更具体的行动准则，它有着较为具体的目标性。

行为规范，则是指个人或群体在参与社会活动中所遵循的被社会认可、被人们普遍接受的规则与准则的总称，它包括社会公德、职业道德、

---

① 〔美〕萨缪尔·亨廷顿：《变化社会中的政治秩序》，王冠华等译，北京，生活·读书·新知三联书店1989年版，第12页。

② 〔美〕约翰·罗尔斯：《正义论》，何怀宏等译，北京，中国社会科学出版社1988年版，第54页。

③ 转引自谢明《公共政策导论》，北京，中国人民大学出版社2012年版，第6页。

④ 伍启元：《公共政策》，中国台北，台湾商务印书馆1985年版，第4页。

家庭美德等内容。行为规范以维护社会秩序为理念，引导、规范和约束社会成员的行为，它是社会价值观的具体体现和延伸，恰如吉登斯指出，“规则在一方面与意义的构成联系在一起，另一方面则牵涉到对各种类型社会行为的约束”[①]，这里吉登斯意在表明个体之间的行为既构成一定规则同时又受规则的制约。行为规范较制度、政策而言，是指引、规范、约束个体与个体间行为的最具体的操作规范。

对价值的认识，经历了漫长的历史，价值哲学对价值定义的研究最初经历了“价值能否定义”到“价值是否属人”的追问。我们认为，价值是属人的范畴，如马克思以客体具有的属性满足主体需要为衡量标准以定义价值，这即表明价值的存在前提来自主体——人的确认。韩东屏教授直接定义“价值是人赋予对象的好坏意义”[②]。我们认为，所谓价值，就是包括人自身在内的一切物质现象和精神现象的抽象和概括，在与人交互作用的结果所具有的满足人的需要的意义。这里的人，包括个体、群体、社会或人类，这里的一切物质现象和精神现象与人的交互作用体现出对人的需要满足的特性，且暗含一种具体的价值关系，主体一旦完成价值选择，确定价值关系，主体就需接受由这一选择所建立的价值关系的客观结果。

综上，制度体系、政策体系、行为规范这 3 个要素，不仅共同体现为对个体行为与个体间行为的规范与塑造，同时也反映这样一个共同的事实，即制度、政策、行为规范的形成和建立都是一定社会、组织、社群在共同文化、共同习俗等因素下的结果，其自身也包含一定共同体的价值理念，抑或说制度、政策、行为规范内涵价值理念，它们是价值主体的价值选择，如一旦价值主体制定了某种制度、实施了某项政策、下达了某些行为规范，那么价值主体就只能接受由这一选择所建立的价值关系的客观结果。同时，价值理念本身也反作用于制度、政策和行为规范的形成。概言之，制度、政策、行为规范、价值本是相互影响、共同作用的结果。正如哈贝马斯指出，“法律的合法性根据，如果不想导致认知矛盾，就必须同普遍正义和团结的道德原则和个体和集体层次上自觉筹划的、负责的生活形式的伦理原则协调一致”[③]。思想政治教育以追求合理价值体系为着力

① 〔英〕吉登斯：《社会学方法的新规则：一种对解释社会学的建设性批判》，田佑中、刘江涛译，北京，社会科学文献出版社 2003 年版，第 81 页。

② 韩东屏：《人是元价值：人本价值哲学》，武汉，华中科技大学出版社 2013 年版，第 50 页。

③ 〔德〕哈贝马斯：《在事实与规范之间：关于法律和民主法治国的商谈理论》，童世骏译，北京，生活·读书·新知三联书店 2014 年版，第 122 页。

点，以实现“个人的自由全面发展”为终极价值目标，而这一终极价值目标的实现需要合理制度、科学政策、可行行为规范与正确价值的协同作用。

（三）思想政治教育属性是在把握现代性的限度与张力的关系中所反映的特征

所谓现代性，即是指现代社会的本质特征。以现代性为本质特征的现代社会打破传统社会的一体化格局而呈现人与世界二分的局面。人与世界的分化带来系列现代问题，主要表现为理性与信仰的冲突、个人与社会的冲突、人与自然界的冲突、真善美的分裂等，这样的冲突与分裂也表明内存于现代性的张力与限度。思想政治教育需要在把握现代性的张力与限度中树立正确看待世界的方式，即树立正确的世界观，重构合理的价值体系，如此，思想政治教育也在其中反映自身整体性的特征。

第一，现代性的张力诉求思想政治教育建立整体性属性。关于现代性，其概念具有庞大的谱系，“当我们把现代性现象课题化时，在我们的视域中呈现出来的是一组现象：‘现代化’（modernization）、‘前现代’（pre-modern）、‘现代’（modern）、‘后现代’（post-modern）、‘前现代性’（pre-modernity）、‘现代性’（modernity）、‘后现代性’（post-modernity）、‘现代主义’（modernism）、‘后现代主义’（post-modernism）。事实上，当我们对这九个现象中的任何一个进行考察时，其他八个现象都会以共现的方式呈现在我们的视域中”①。正因如此，人们对现代性的把握与理解也存在不同的视角。有学者把现代性与指称历史时期的现代等同，提出“现代性一词指涉各种经济的、政治的、社会的以及文化的转型。正如马克思、韦伯及其他思想家所阐释的那样，现代性是一个历史断代术语，指涉紧随‘中世纪’或封建主义时代而来的那个时代”②。吉登斯将现代性理解为一种独特的社会生活和制度模式，认为“现代性是现代社会或工业文明的缩略语。比较详细地描述，它涉及：（1）对世界的一系列态度、关于实现世界向人类干预所造成的转变开放的想法；（2）复杂的经济制度，特别是工业生产和市场经济；（3）一系列政治制度，包括民族国家和民主。基本上，由于这些特性，现代性同任何社会秩序类型相比，其活力都大得

① 俞吾金：《现代性现象学：与西方马克思主义者的对话》，上海，上海社会科学院出版社2002年版，第26页。

② 〔美〕道格拉斯·凯尔纳、斯蒂文·贝斯特：《后现代理论》，张志斌译，北京，中央编译出版社2001年版，第2~3页。

多"[①]。利奥塔将现代性理解为一种特殊的叙事方式,指出"在《后现代状况》中我关心的'元叙事'(meta-narratives),是现代性的标志,理性和自由的进一步解放,劳动力的进步或灾难性的自由(资本主义中异化的价值来源),通过资本主义科学技术的进步推动整个人类的富有,甚至还有——如果我们把基督教包括在现代性(相对于古代的古典主义)之中的话——通过让灵魂皈依献身的爱的基督教叙事导致人们的得救"[②]。哈贝马斯从现代性与启蒙运动的关系指出,"18世纪由启蒙哲学家们建构的现代性事业包含了这样一些方面:按照其内在逻辑努力发展客观科学、普遍道德和法律、自律性艺术,同时还要把这些领域中的认知潜能从奥妙的形式中解放出来"[③]。关于现代性,国内学者也对其做过大量研究。俞吾金教授指出,"'现代性'关涉到的应当是现代社会生活中的一个最抽象、最深刻的层面,那就是价值观的层面。作为现代社会的价值体系,'现代性'体现为以下的主导性价值:独立、自由、民主、平等、正义、个人本位、主体意识、总体性、认同感、中心主义、崇尚理性、追求真理、征服自然等"[④]。贺来教授指出,"'现代性'乃是我们这个时代占据霸权地位的意识形态和主导话语,是现代人生存命运和现代社会基本构架最为重大的塑造力量"[⑤]。吴晓明教授指出,"就我们讨论的范围而言,现代性(modernity)意味着现代世界(现代社会或现代文明)的实质、基础、核心,意味着全部现代世界围绕着旋转的那个枢轴,一句话,意味着作为这个世界的本质的根据","资本和现代形而上学"是现代性的两个基本支柱[⑥]。

综观对现代性的研究表明,现代性是一个整体性概念,其内容主要包括两个方面:其一是将现代性理解为现代化,即外在的一种以"自由、平等、博爱"为理想的政治制度,市场经济、工业革命、现代科学、现代技术等为特点的社会;其二是将其理解为一种观念形态,具体指人类对世界所持的一种总体观念,包括人对世界、对他人以及对自己的看法。肇始于

① 〔英〕安东尼·吉登斯:《现代性:吉登斯访谈录》,尹宏毅译,北京,新华出版社2001年版,第69页。

② 包亚明:《后现代性与公正游戏》,上海,上海人民出版社1997年版,第167页。

③ 〔德〕哈贝马斯:《现代性:一项尚未完成的事业》(下),行远译,《文艺研究》1994年第6期。

④ 俞吾金:《现代性现象学:与西方马克思主义者的对话》,上海,上海社会科学院出版社2002年版,第26页。

⑤ 贺来:《"现代性"的反思与马克思哲学研究纵深推进的生长点》,《求是学刊》2005年第1期。

⑥ 吴晓明:《论马克思对现代性的双重批判》,《学术月刊》2006年第2期。

欧洲的"'现代性方案'则意味着现代人要重新设定世界观和历史观，通过承诺一个目的论式的、总体性的宏大叙事来获得生活的意义和社会的目的，这种宏大叙事最重要的无疑就是'理性主义'，它相信，社会组织的理性化和人的理性能力将克服宗教、愚昧、迷信等对人的压抑，科学技术对自然的支配将把人们从匮乏、灾难中解放出来，使人获得终极的自由和幸福"[①]。人们一般认为，启蒙运动在现代性的形成中起支配性作用，其所倡导的现代性价值理念，无论是对人的解放的追求，还是关于对美好社会秩序安排的构想都充满积极的意义。但也正因为理性主义与科学自然主义的盛行而导致现代社会分化并总处于对立二分中。如马克思指出，"在我们这个时代，每一种事物都包含有自己的反面。我们看到，机器具有减少人类劳动和使人类劳动更具成效的神奇的力量，然而却引起了饥饿和过度的疲劳。财富的新源泉，由于某种奇怪的、不可思议的魔力而变成贫困的源泉。技术的胜利，似乎是以道德的败坏为代价换来的。随着人类愈益控制自然，个人却似乎愈益成为别人的奴隶或自身的卑劣行为的奴隶。甚至科学的纯洁光辉仿佛也只能在愚昧无知的黑暗背景上闪耀。我们的一切发现和进步，似乎结果是使物质力量成为有智慧的生命，而人的生命则化为愚钝的物质力量"[②]。在现代性社会中，理性与信仰的对立二分、个人与社会的对立二分、人与自然界的对立二分以及个中存在的张力都需要思想政治教育以整体性思维建设新的合理的价值体系。

首先，理性与信仰的张力诉求思想政治教育以整体性思维建设新的合理的价值体系。一般认为，启蒙运动在现代性的形成中占重要的比重。启蒙运动以理性批判和自然科学主义为旗帜，其目的是打击过去的一切宗教、权威等对人的统治。理性一方面提倡用证据来证明人类生活的方方面面，包括人类生活的各种信念以反对宗教、权威对人类的任意统治；另一方面，理性把所有事物都看作是有规律可循。但理性主义发展到18世纪末，人们发现理性主义并没有达到人能认识一切的目的，在理性主义不断发展的同时导致怀疑论和机械唯物主义。理性的批判能力使人们怀疑一切东西，由此导致的怀疑主义瓦解一切现有的东西包括信仰，它让整个牢固的世界都崩塌了，如马克思在《共产党宣言》所言，"一切坚固的东西都烟消云散了"，吉登斯也针对现代性特征提出"风险社会"，即现代社会一

① 贺来：《"现代性"的反思与马克思哲学研究纵深推进的生长点》，《求是学刊》2005年第1期。

② 《马克思恩格斯文集》（第2卷），北京，人民出版社2009年版，第580页。

方面是固有价值的瓦解，另一方面是无数变化的事物导致现代社会的不确定性。如此，理性的逻辑得不出理性的承诺。同时更为严重的是，理性批判与自然科学主义正逐渐削弱道德和国家的基础。理性使道德不再是神圣的，传统朴素的“天人一体”的道德观让位于“趋乐避苦”、让位于“功利主义”与实用主义道德观，以规则定义道德的方式消解道德本有的德性。自然科学主义倡导的以规律把握一切事物逐渐消解人类生活的基本基础。现代性倡导理性以消除人的蒙昧，但也意识到信仰缺失带给人的危险性。如何统一理性与信仰的张力，是思想政治教育面对现代性建立合理价值体系的重要课题。

其次，个人与社会的张力需要思想政治教育以整体性思维建设新的合理的价值体系。在传统社会中，个人融于社会之中，人就是一个共同体，家庭是这个共同体的核心词汇，从整体而言，整个共同体都是相互联系的。以现代性为根本特质的现代社会倡导对人的解放，个体的自由意识便是现代性的重要产物。现代性主张个体自由意识即是在批判传统文化的基础上废除宗教、权威等对个人的统治，试图将个体从一体化的社会中独立出来，实现个体之间的自由、自主与平等。个体的自由意识在现代社会更明确地表现为法律意义上的个人自由权利，即西方话语中的原子式的单独个体。毋庸置疑，现代性倡导的对个体自由意识的追求彰显了对人的解放，但其也在一定程度上割裂了人与人之间的内在联系，社会仅仅成为人与人之间的集合体。现代人之间的关系更多表现为利益的纠葛，契约关系成为维持原子式个人之间最可靠的关系。由此，无数单个个体普遍性总是与社会的普遍性形成冲突，二者之间的张力消解了人与社会的整体性。黑格尔就曾把其所处的时代称为分裂的时代，他批判现代性所导致的主观自由、批判人在主观自由下的生活方式，并提出恢复人类伦理生活的整体性。马克思也在接受黑格尔的这一观点上，通过批判资本主义社会制度、批判维护资本主义制度的意识形态试图从制度上消除个人与社会的冲突并主张建立真正共同体以实现自由人的自由联合。

最后，人与自身的张力。现代性主张人的解放，追求个体的理性、自由和责任，但现代社会的不断分化，政治、经济、法律等相关机构的发展协同大众传媒将个体卷裹于社会组织的复杂网络中。现代性从“吞噬”个体的社会中使个体得到解放，但同时也使人处于任意的主观自由中，使人的精神无家可归。现代性以理性作为现代人的价值标准和尺度，但工具理性被推至极致而造成现代“单向度的人”。追求人的自由解放的崇高理念，却在现代资本的支配下让位于奴役、贫困和颓废。自由追求的背后却导致现代人的各种焦虑而使心灵得不到安放。现代性带来的理性与信仰的张力、人与社会的张力、人与自身的张力需要思想政治教育一面坚守传统生活价值体系的合理成分，另一面也要求思想政治教育在现代社会生活的历史境遇中修复并构建新的合理的价值体系。

第二，现代性的限度呼吁思想政治教育追求现代性的合理价值体系同时修正不合理因素。首先，自然的限度呼吁思想政治教育把握合理的价值体系。在古代社会中，无论是西方文明还是东方文明都表现出，人类将自然看作母亲，主张人与万物一体。如《论语·述而篇》中记载，“子钓而不纲，弋不射宿”。但在现代化过程中，科学、技术的发展大大增强了人类征服自然和改造自然的能力，人类以主客二分的方式将自然仅仅看作是被征服的对象，现代性的扩张必然因地球的限度而失去根本冲力，正如英国社会学家马丁·阿尔布劳指出，“不是别的，而是地球的限度使现代性的扩张力量遭到挫败”[①]。恩格斯也告诫我们，“我们不要过分陶醉于我们对自然界的胜利。对于每一次这样的胜利，自然界都对我们进行报复”[②]。因此，面对自然的限度，思想政治教育必然倡导正确的世界观、人生观与价值观，教育人类正确认识世界、认识自然，把握正确的生态观。其次，社会的限度诉求思想政治教育彰显追求合理的价值体系。在古代社会，无论是古希腊城邦还是古华夏的家国一体，都体现人与生存的共同体的整体性关系，人在共同体中追求自己的价值和归宿。人与他人的关系更多体现直接的人与人之间的友好、互助关系。如古语指出，“老吾老以及人之老，幼吾幼以及人之幼”便是对古时社会人们之间友好社会关系的真实写照。自启蒙以来，现代性以实现人的自由解放为理念信念，毋庸置疑，现代性对人的解放、实现人的主体地位、倡导人的自由，推进了人之为人的进程。但同时应注意，人的自由并非无限制的，政治的、经济的、文化的等组织结构将个体拉入各种组织网之中。社会的存在体现了个体与他人的私人性与公共性的对立。因此，现代性的社会限度也呼吁思想政治教育构建正确的世界观、人生观与价值观来正确处理个人与他人的关系、个人与社会的关系，正如马克思所言，“人的本质不是单个人所固有的抽象物，在

① 〔英〕马丁·阿尔布劳：《全球时代》，高湘泽、冯玲译，北京，商务印书馆2001年版，第180~182页。

② 《马克思恩格斯选集》（第4卷），北京，人民出版社1995年版，第224页。

其现实性上，它是一切社会关系的总和”[①]。

综上，现代性的张力与限度，需要人类追求一种合理的现代性价值体系，去正确地看待世界、看待社会、看待他人、看待自己，掌握正确的世界观、人生观与价值观，以维护自然环境与人之为人的高贵与尊严。同时，在解构与重构的现代性的双重特征中，合理对待信仰与文化传统，用整全的方式认识世界与改造世界。思想政治教育在把握现代性的张力与限度中反映自身把握价值体系的属性。

第三节 思想政治教育属性的功能价值

对思想政治教育属性的已有研究，人们更多的是回答思想政治教育属性是什么？尽管人们也提出了研究思想政治教育属性的重要价值，“思想政治教育的本质决定了思想政治教育与其他一切形式教育的根本区别，制约和影响思想政治教育的结构、规律、机制、原则和方法，贯穿在思想政治教育的一切方面和思想政治教育一切过程的始终”[②],也提出“本质理论与实践工作之间的影响或作用是双向的”，并坚持“思想政治教育本质理论的功能定位应放置在整体性的思想政治教育学科知识体系结构中进行考量”[③]。对此,我们需要清楚的是承认了思想政治教育属性的重要地位并不等于掌握了思想政治教育属性的功能价值；将思想政治教育属性的功能价值仅仅是放置在思想政治教育学科知识体系结构中思考，这是对思想政治教育属性功能价值的窄化，因为思想政治教育学科的建设活动仅仅是思想政治教育这一实践活动的一个维度。关于思想政治教育属性的功能价值，我们认为至少可以从思想政治教育活动的实践方向、关系抉择以及行动能力等方面展开思考。

一、思想政治教育属性能明确思想政治教育的实践方向

思想政治教育属性的功能价值主要体现在，思想政治教育本质属性内在规定思想政治教育在满足多样主体需求的价值生成中的内在路径和轨迹。思想政治教育的价值生成至少需要具备思想政治教育的属性与社会主

---

① 《马克思恩格斯文集》(第1卷)，北京，人民出版社2009年版，第501页。

② 陈秉公:《思想政治教育本质研究现状及建议》,《思想教育研究》2014年第6期。

③ 金林南:《思想政治教育本质研究的前提性问题》,《思想理论教育》2017年第5期。

体对思想政治教育的需求这两个要素，其中，思想政治教育的属性是价值生成的客观基础，而各种社会主体，如国家、政党、各种社会共同体与个体等的若干需求是价值生成的主观尺度。思想政治教育属性能满足社会主体对思想政治教育的需求，则思想政治教育价值形成。照此言说，思想政治教育活动的价值就是思想政治教育属性与社会主体需求及其满足状况的统一。但就现实实践来看，这两者实际上又呈现对立的状态，即是说思想政治教育属性不可能与社会主体的需求及其满足状况完全一致，而是呈现出大量的属性不能对位社会主体的需求、不能全面满足社会主体的需求，甚至与社会主体需求大相径庭，但思想政治教育属性又必须尽可能去接近社会主体的需求、去满足社会主体的需求，正是在这种属性与社会主体需求两者之间对立又统一的关系发展中，规定并指引着思想政治教育活动的演进路线，因为思想政治教育活动的最终目的是要为多种社会主体满足与发展需要服务，而不是让它们为思想政治教育自身服务。在思想政治教育属性满足社会主体的多样需求中，思想政治教育本质属性作为决定其他属性的核心要素，它在多种路径选择中决定思想政治教育的实践方向。这里，思想政治教育存在的价值特征，也规定与制约着思想政治教育的作用与地位。

二、思想政治教育属性能引导思想政治教育处理其面临的各种关系

思想政治教育属性是在思想政治教育与他物的相互联系中对自身的映现，思想政治教育属性的关系性特质使得它善于准确把握并处理好实践中面临的各种关系。通过思想政治教育过程，思想政治教育在实践中面临的关系，我们至少可以通过如下几个层面进行把握：

（一）宏观层面：思想政治教育与社会诸子系统之间的相互关系

思想政治教育存在于社会系统中，它作为社会系统中的一个子系统，势必要与社会系统中的其他子系统，如政治系统、经济系统、文化系统以及社会系统等发生作用。具体而言，即表现为思想政治教育与政治系统的关系、思想政治教育与经济系统之间的关系、思想政治教育与文化系统之间的关系以及思想政治教育与社会系统之间的关系。在思想政治教育与政治系统的相互作用中，它具体还分化出思想政治教育“柔性”的运行方式与“刚性”的运行方式的相互关系，思想政治教育与制度实施、政策执行、行为规范与价值引领之间的相互关系；在思想政治教育与经济系统的相互作用中，它具体分化出经济系统与上层建筑之间的关系，以及它们的

相互作用中所彰显的工具理性与价值理性之间的关系；在思想政治教育与文化系统的相互作用中，它具体包含多元文化之间的关系，以及思想政治教育与价值观（伦理及行为准则）、哲学观（自然观、方法论）之间的相互关系；在思想政治教育与社会系统的相互作用中，它具体还包含思想政治教育与社会意识、社会文明之间的关系，从社会意识与社会文明的主体来看，还彰显思想政治教育深入不同社会群体之间的关系、思想政治教育与不同社会空间的思想政治观念之间的关系。从宏观层面来看，思想政治教育面临多样，甚至多元的关系，思想政治教育本质属性通过把握宏观层面的“一”来辩证把握多样关系，同时，思想政治教育本质属性也通过在对多样关系的把握中，普遍抽象具有统摄作用的“一”的思想关系，从而在诸多系统的多样关系中生成思想政治教育的核心内容。

（二）中观层面：思想政治教育施教系统中诸要素的相互关系

在思想政治教育施教过程中，思想政治教育者的“教”与教育对象的“学”是核心的矛盾关系。“教”与“学”之间的相互作用集中表现为同时作为具有主体性人格的教育者与教育对象之间的关系、教育内容的供给与学生的需求之间的关系、教育方法的选择与教育对象接受方式之间的关系、教育目标的设定与教育对象实际思想品德水平之间的关系，等等。在上述关系中，它们之间可能是对位的关系，也可能是矛盾的关系，这些关系的合规律性的处理是施教系统有效展开的前提。这里的合规律性的处理，一方面是要观照教育者与教学对象的社会需求，另一方面则是要在把握思想政治教育本质属性中明确其方向。如人们常说社会性是人的本质属性，似乎思想政治教育实践活动的唯一目标就是要提升教育对象的社会化，但实际上，就作为现实个人的教育对象而言，它不仅具有社会性，还具有最基本的自然属性，在不同的具体情境中，是要满足教育对象的自然属性，还是社会属性却需要合理科学的把握。这里的合理科学把握就来自思想政治教育本质属性在与社会主体需求的相互作用中产生，它们的相互作用规定思想政治教育在实践活动中的内在要求。如在2019年的新冠疫情的防控中，面对社会的多样需求，思想政治教育必须要具有大局观与大局意识，突出政治纪律与政治要求，但还必须突出强烈的服务意识。

（三）微观层面：思想政治教育内部多样属性之间的相互关系

思想政治教育本身的发展也是思想政治教育过程的重要影响要素。在思想政治教育的发展中，它不断演化出实践属性、社会属性、公共属性、政治属性与意识形态属性等。这些多样属性，一方面是思想政治教育与自身联系中的自我演化，另一方面它也是思想政治教育在处理其与外部事物的关系中所形成的内在性质。这随即也反映出，思想政治教育的自身映现就是思想政治教育多样属性的辩证统一，思想政治教育本质属性统摄并决定思想政治教育的其他非本质属性。这同时也规定思想政治教育在与外部事物的相互关联中的实践选择。

综上可见，思想政治教育过程关涉宏观、中观与微观等关系性过程，它们所涉及的诸多要素，以及这些要素之间的相互联系却需要作出合规律的科学抉择。思想政治教育属性正是通过与他事物联系所表现出来的质，它的多维属性能助推多样关系的辩证统一。

三、思想政治教育属性能增强思想政治教育的行动能力

思想政治教育属性不仅能预示思想政治教育实践的方向，也彰显在多元关系中的指引能力，更为重要的还在于它能增强思想政治教育的行动能力。一方面，思想政治教育属性能反映和体现思想政治教育实践活动开展的目标追求。目标的明确是活动实效展开的关键要素。思想政治教育属性通过不断扬弃自身，在主观与客观的统一中明晰思想政治教育活动的状况，并折射或反映出思想政治教育活动的目标体系。思想政治教育价值的生成源于思想政治教育属性对社会主体需求的满足。但在实际中我们又不难发现，思想政治教育不仅自身存在多样属性，同时，思想政治教育的多样属性又面对各种不同主体的多样需求，如政治需求、精神成长需求、道德需求、心理需求等，这些多样的需求既存在着共性，又存在着大量的个别差异。思想政治教育希冀自身在同一时空条件下满足多种主体的不同需求是有难度的。因此，它只能以本质属性为依据而选择需重点满足的方向和路径。如此，思想政治教育围绕其本质属性既构成了丰富化与多样化的目标体系，更为重要的是它以其本质属性为依据规定着思想政治教育活动目标的重点性和选择性。值得重视的是，这里存在的目标追求，实际上也规定着思想政治教育活动的主要任务与教育内容等。另一方面，思想政治教育属性在明确思想政治教育实践活动中的主要矛盾中明晰思想政治教育活动的重点，并以此为思想政治教育活动提供有效的实践方法，从而提高思想政治教育的行动能力。

第二章　思想政治教育的政治属性

思想政治教育政治属性常因思想政治教育中的“政治”，因思想政治教育被定义为是“统治阶级向被统治阶级灌输意识形态”而被认为是思想政治教育理所当然的属性；也因为思想政治教育被看作是中国共产党的特殊创造而认为思想政治教育的政治属性就是要坚持中国共产党的领导，坚持马克思主义的指导地位，如此，在对“泛政治化”与“去政治化”的忧思中，人们认为只要讲授马克思主义的指导思想，中国共产党的领导地位就坚持了政治正确，保全了思想政治教育的政治属性。然而，这里需要追问的是，思想政治教育仅仅是中国语境中的产物，还是它原本就是人类社会普遍的实践活动？对坚持中国共产党的领导地位、坚持马克思主义的指导思想是否还有更普遍层面的认识？面对这种追问，当我们从政治出发来理解思想政治教育，我们发现，思想政治如同政党政治、伦理政治、政府政治等一样是政治的运作过程，它从一开始就伴随政治的发生而发生。从政治存在的时空维度来看，思想政治教育普遍存在于人类社会中。如此，对思想政治教育政治性作坚持中国共产党的领导、坚持马克思主义的指导思想的解读，也是存在于中国语境中的思想政治教育的特殊表现，同时，不难发现，思想政治教育政治属性在中国语境中的特殊表现其实蕴含着代表性等普遍层面的意涵。针对上述问题，我们认为，对思想政治教育政治属性的解读应从特殊向普遍升华，从政治“一般”来探索思想政治教育政治属性的自身规定。

就政治“一般”而言，它既表现为要从大局出发的原则要求（正如列宁所指出“政治是对经济的集中反映”），又表现为对价值的权威性分配（即如戴维·伊斯顿所言：“为了使一个政治系统具有更大的效用，可以把它看作一些互动，一个政治系统通过这些互动为一个社会权威性地分配价值”[1])。因此，政治要求时刻关注大局性的当下和趋势，尽管这种“大局”可能在一定条件下是相对的。同时，政治必须谋求最大的合法性和正当性，这样才可能真正体现“权威性”，很显然，如果没有大局观，就可能有失公正公允，就难以获得正当性，即便原先拥有的合法性资源也会逐步流失。就这一意义来说，思想政治教育的政治性品格应该是绝对的。明晰思想政治教育政治属性的内在意涵、把握思政政治属性的历史演变、概括思政政治属性的特征，是掌握思政政治属性实践要求的必要内容。

第一节　思想政治教育政治属性的内在意涵

对思想政治教育政治属性内在意涵的探索，离不开对政治的把握。对政治的把握主要体现在两方面：一是从政治的定义对政治本身的概括与抽象；二是从政治运作看政治涵括的主要要素。关于政治的定义是丰富的，如政治是“权威性政策的决定和执行活动”“人与人之间关系的权力现象”“国家统治活动的全体”“对社会价值的权威性分配”，等等。马克思主义认为，政治是各阶级之间的斗争、政治是经济的最集中表现、政治是参与国家事务，等等。从定义出发，我们至少可以认证，思想政治教育的政治属性也具有政治的一般性质。从政治运作来看，它包含制度、政策、伦理、法律等相关要素，如果制度、政策都作为硬件支持政治的运行，那么伦理等意识形态则是政治不可或缺的软件要素。思想政治教育便是支持政治运作中的软件要素。当把思想政治教育作为思想政治的教育来理解，思想政治教育的政治属性就表现为一方面它蕴含政治的普遍性质，另一方面它又表现为思想政治在支持政治运作过程中所生成的自身独特的性质。

一、政治的内涵是解读思想政治教育政治属性意涵的基础

政治是一种复杂的社会现象，无论是理论研究还是实践运行都有着长久的历史，因此，我们坚持历史与逻辑相统一的方式在把握政治概念的历史演变中去概括政治的一般内涵，并由此去分析作为一种包含政治因素的思想政治教育实践活动，它又彰显怎样的政治属性。

---

① 〔美〕戴维·伊斯顿：《政治生活的系统分析》，王浦劬等译，北京，人民出版社2012年版，第20页。

(一)政治概念的历史演变

不同学科从不同的视角揭示了政治的内涵。如经济学重视政治的功能,认为政治是建立在一定经济基础、一定生产关系基础之上的上层建筑,是一定时期内经济关系的集中表现,他们把政治看作是经济利益实现的保卫者。社会学者同样从政治的功能视角认识政治,但他们不再把政治仅仅局限于经济领域,而是将政治的功能指向整个社会,认为政治的存在是为维持社会的协调运转。法学视角下的政治被看作是一种法律现象,认为政治是立法、守法和执法的过程。人类学视角下的政治具有自身的意义,他们坚信“一个国家的政治反映着它的文化格式”[①],因此,政治被认为是一种特定的信仰体系、仪式、符号和象征活动,是发现和阐释意义的场所。而对于政治学来说,政治是政治学科的研究对象,但对政治的理解却在流变之中,经历了传统政治学“政治是制度”向行为主义政治学“政治是权力”的转变,而新制度主义政治学的兴起将对政治的研究重新定义为政治制度的研究。诚然,不同的学科依据不同的视角可以对政治作出不同的解释,正如古语云,“横看成岭侧成峰,远近高低各不同”,“政治是一种活动,它支撑着人类生活的框架;但政治并不等于生活”,因此,把不同视角下对政治的认识相加并不必然就是政治的全貌抑或就必然具有政治的整体性,因为“要了解政治就必须懂得,政治是随着时间和地点的不同而千变万化的”[②]。因此,我们认为在思考政治概念这一问题时,借鉴不同学科的研究成果并通过历史的巡礼以通达探寻政治的道德品性和经验生活双重境遇的路。

1.政治内涵在西方历史中的演变。理解古希腊以理性为基石,以培养好公民维护城邦秩序为政治主题。现代汉语中“政治”一词与英语“Politics”相通,而“Politics”源于古希腊的城邦之中。因此,探寻西方文明中的政治源头,应从其奠基者古希腊人开始。在古希腊的政治语汇中,政治一词源自“Polis”,在荷马史诗中指“堡垒”或“卫城”之意,同“乡郊”相对。“堡垒周遭的‘市区’称‘阿斯托’。后世把卫城、市区、乡郊统称为一个‘波里’,综合土地、人民及其政治生活而赋予了‘邦’或‘国’的意思”[③]。由“波里”衍生出几个重要的名词:公民、政

① 〔美〕克利福德·格尔兹:《文化的解释》,纳日碧力戈等译,上海,上海人民出版社 1999 年版,第 381 页。

② 〔英〕肯尼思·米诺格:《政治的历史与边界》,龚人译,南京,译林出版社 2013 年版,前言。

③ 〔古希腊〕亚里士多德:《政治学》,吴寿彭译,北京,商务印书馆 1965 年版,第 113 页。

治制度、政体或政府、政治家、政治学。公民、政治制度、政体支撑希腊政治的主要架构。由此，古希腊政治包含这样几个内容：其一，就主体而言，“政治是专门由新出现的被称作‘公民’的人们从事的活动”[①]。此时的公民是排除了奴隶和劳动阶层的自由民，这些公民被认为是理性的人并且相互之间是平等的关系，而被认为理性的人被赋予的基本理念则是把实践自己的理想看作是人类生活的意义，因此，走进公共领域、参与政治生活、在探讨法律和公共政策中寻找并享受自我表达的快乐是古希腊人的理念追求。如此，人也被赋予双重身份，即家庭中的人与城邦中的人。尽管家庭在程序上先于城邦，但城邦却在本性上优于家庭。过一种城邦生活是古希腊人最高、最终的归宿。那时的城邦秉承正义的原则，正义被看作是建立城邦秩序的基础，同时由正义产生的礼法维护城邦的秩序。其二，“在城邦内部服从法律和在成员之间的关系中去除暴力”[②]，说服是他们所坚持的理性人之间唯一合理的关系。总体而言，古希腊人从城邦是自然产物还是人工创造这样的矛盾关系中去思考政治，其政治的主题就落脚于“人是什么”以及“值得人类追求的是什么”，如亚里士多德就曾提出，“一个好公民能同时做一个好人吗？”

古罗马以爱为基石，以爱国主义为政治主题。拉丁语作为讨论政治的语言不仅流行于罗马统治时期，还延续至16世纪现代国家出现之时。且在当代很多国家政治构建与政治术语使用中都含有罗马政治语汇的影子，如“礼貌”“公民”“文明”等。总结罗马历史，爱国是其政治建立的基石。王权于古罗马人而言等同于奴役，在政治实践中，他们废除王权并在共和时代用两名执政官取代国王，由他们共同执掌国家最高权力，同时设立保民官，最终建立共和的形式在社会结构上维护不同阶级之间的和谐，在政体建制上确保不同权力代表机构之间的权力平衡。共和国的建立和维持构成罗马政治的核心。罗马共和制的建立以订立章程的方式解决危机、规定官员在职责范围内的权限并实现现实权力与合法权力的区分，而“权威”概念的确立也表征罗马政治与宗教的结合。也正是由于罗马政治中独具特色的权威，使罗马人将崇尚权威的精神变成自身的信念，即国家的利益高于个人的利益。诚然，古罗马人的政治信念中也包含通过社会内部的利益和观点的自由竞争来决定国家的政策。概括而言，罗马的政治内涵即

---

① 〔英〕肯尼思·米诺格：《政治的历史与边界》，龚人译，南京，译林出版社2013年版，第12页。

② 孙关宏：《政治学概论》，上海，复旦大学出版社2014年版，第2页。

是在确立国家整体利益高于个人理念的基础上，通过社会内部的自由竞争实现国家政策的制定。

中世纪基督教与个人主义兴起带给政治新的内容。揭开中世纪的神秘面纱，抛开对中世纪固有观念重新辩证地审视这一段历史，我们发现从罗马帝国崩溃到现代社会产生的这 1000 多年的历史尽管存在黑暗，但这段历史也是现代政治结构发展的重要一环。在这段历史时期，特有的文明因素使得必须重新建立公民秩序，对公民秩序的重新构建也反映此阶段政治的主要内涵：一是从野蛮人身上继承下来的对自由的热爱与忠于自己族群而漠视族群以外的其他人的同时存在使得人们必须依靠立法才能解决暴力和动乱；二是在政治活动展开中，政治由最初只是小型部落国王与他的重要封臣的博弈逐渐扩展了管辖的范围并分化为国王、领主与佃户之间的利益分配，此时的政治由古典的以“公民德性”展开的政治活动逐渐蜕变为利益政治，如此必须订立协议以建立社会秩序；三是基督教伴随西罗马帝国的灭亡和蛮族的入侵而兴起，并很快形成一个包括信仰、情感、仪式、戒律在内的复杂体系。基督教对道德提出严格要求，在对人的命运的探索中为世界的人类生活定格基调。基督教强调上帝面前每个人平等，16 世纪的宗教改革促使基督教将人们的注意力从政治征服和凡尘俗世转向内心世界的修养。这也影响现代社会的形成过程，即人们能将外部世界的活动与人们对内心世界的关怀相互观照。基督教在信仰领域宣扬人的平等，但人在世俗生活中却饱受严格的等级秩序，如此中世纪的政治生活存在神圣与世俗、信仰与政治难以弥合的张力。世俗的王权与宗教教皇的权力之间也需要重新建立公民秩序。这 3 个催生现代民族国家、促使公民秩序重新建立的文明因素共同构成中世纪的政治景观。

以国家为中心、以主权为核心的现代政治。现代政治是以现代国家为中心的政治，它源于国家以一种方式走向分裂同时又以另一种方式走向统一的对立，以及在中央集权的君主获得集中王权的同时个人和既有阶级也得以捍卫自己的特权与利益的对立运动中。在现代国家政治中，统治者与被统治者表面和谐的面纱下掩盖一条无法逾越的鸿沟，一种热心公益的精神可以为古希腊、古罗马的统治者与被统治者之间提供一个可行动的基础，但在现代国家中却无可能，一方面由于个人主义社会的多元化倾向，另一方面由于统治者用抽象的法律以维护社会秩序。如何掌握权力抑或说围绕权力争夺而展开的谋略活动赋予现代政治新的内容。如此，现代政治显示以主权为核心的特性。人们普遍认为，遵守法律是自由实现的保障，但法律由人制定，法律制定者的权力应如何规约才能真正实现人的自由权力成为必须追问的问题。随着中世纪王国的逐渐衰弱，国家的诞生席卷世界，国家被认为是人类所创造的最接近最高权力的产物。对国家的认识产生两种不同的观点，一种是坚持自然法原则，认为国家存在的合法性源于先天神圣不可侵犯的人权，国家的功能仅仅在于保障每个人自由权利的实现；另一种则是强调国家是人为建构的，国家的建立需要依靠集体的政治意志，现代政治在这两种具有代表性的观点中沟通平衡。另外，对于现代政治而言，现代国家总是与私有制相连，恩格斯在《家庭、私有制和国家的起源》中揭示经济如何在国家的建立中发挥作用，马克思也因此提出，政治是建立在一定经济基础之上的上层建筑，国家是该市民社会获得集中表现的形式。因此，现代政治内涵不仅以主权为核心，同时也被赋予经济的含义。

综上，在古希腊时期，政治的全部意义在于让人们表现自己的理性，做一个好公民，古罗马的政治在于实现为共和国服务，而对于现代政治而言，古典意义中追求至善生活的政治价值理念逐渐退出历史舞台，政治被赋予经济含义并围绕权力竞争展开各种政治活动。

2. 政治内涵在东方社会历史中的演变。“政治”一词在古代中国政治中也蕴含丰富的内涵。在描述远古生活的《尚书・毕命》中曾记载“道洽政治，泽润生民”，意即表明对人民的教导普遍了，政事被治理好了，散播恩泽，人民就能安居乐业。在《周礼・地官・遂人》中也曾记载“掌其政治禁令”，即指在有兴建工程的事或征伐、田猎的事时就分别召集野地的役徒、民众，率领他们到来，并掌管有关他们的政令、治理和禁令。这里的“政治”包含“政”与“治”两层意思，与现代政治不同，在中国古代文化中，“政”与“治”更多分开使用。概括而言，“政”在中国古代文化中主要包含4层含义：一是指一定朝代的制度与秩序，如“启以商政，疆以周索……启以夏政，疆以戎索”[①]，“大乱宋国之政”[②]等，这里“商政”“夏政”与“宋国之政”皆表示一定朝代的制度与政令。在《论语》中也记载，“道之以政，齐之以刑”，此处的“政”所表示的也主要是管理百姓的法制禁令。二是指统治阶级的统治和管理活动。《宋史・欧阳修传》记载，“其在政府，与韩琦同心辅政”，这里的“政”主要指统治阶级的

① 《左传・定公四年》。

② 《左传・襄公十七年》。

政务活动。三是指统治者的修养和教化。古人认为外在的政治权力的确是社会治理的一种方式，但不是唯一的方式，也不是最重要的方式，在他们看来，最重要的是通过对人的教化并完成从自然人向政治人才的转化更为重要。如《论语》记载，“政者正也，子帅以政，孰敢不正”，“政”在此处表明为政者自身的修养是影响百姓言行的重要因素，为政者应该使自身的言行符合礼仪规范。荀子曾说，仲尼之门，五尺的竖子都羞言五伯，其原因就在于“彼非本政教也，非致隆高也，非綦文理也，非服人之心也”(《荀子·仲尼》)，这即反映儒家对政治教化的重视并把其作为治国的根本。四是指实行政令的一种手段，“礼乐刑政，其极一也”，这里的“政”即是指与礼、乐、刑并列的一种施行统治的一种手段和方式。“治”在中国古代文化中主要包含两种含义：一是指与动荡相对的一种安定和谐的状态，“天下兼相爱则治，交相恶则乱”，这里的“治”便是与“乱”相对的一种状态。二是指统治、治理或管理活动，“以正治国，以奇用兵”及“修身、齐家、治国、平天下”则表明“治”所包含的统治、治理或管理的意思。

近代中国被卷入世界现代化进程中政治内涵的变化。近代中国被迫卷入世界进程，国家发展、社会运动、教育活动等都被纳入救亡图存这一主题。引进科学技术、国家学说等几乎都以探讨救国之治为当时重要的方式。英文中的“politics”一词经日文翻译后传入中国，但人们发现中文语汇中并未有与之完全相对应的词。孙中山先生认为，“政治”一词能与之对应并提出，“政就是众人的事，治就是管理，管理众人的事，便是政治”①。孙中山先生对政治一词的解释在近代产生很重要的影响,这与他所坚持的政治理念即建立共和政体相一致，试图通过政治的管理功能实现大众的利益。但他所坚持的政治理念在其去世后被国民党的专制独裁政治所取代，逐渐壮大的中国共产党接受马克思列宁主义的政治观。马克思、恩格斯的政治内涵主要包含“一切阶级斗争都是政治斗争”，而列宁对政治内涵阐述主要体现在“政治是经济的最集中的表现”“政治就是各阶级之间的斗争”“政治就是参与国家事务，给国家定方向，确定国家活动的形式、任务和内容”“政治是一种科学，是一种艺术”等。新中国成立，“政治是各阶级间的斗争”的观点在很长一段时间都占据主导地位，并造成人民内部关系阶级斗争扩大化。改革开放以来，党的领导人逐渐扭转了把政治单纯视为阶级斗争的观念，并使当代中国的政治转向经济建设。

① 《孙中山选集》(下)，北京，人民出版社1981年版，第661页。

邓小平立足新的时代发展背景，总结新中国成立的经验教训并提出“政治是社会主义现代化建设大局”的思想。

综上，我们梳理了不同文化背景中不同历史时期政治的主要内涵。对于中西古代政治而言，有学者以是否存在公共领域与私人领域为标准，认为中国古代没有西方意义上的政治，尤其是没有古希腊意义上的政治，并进一步指出中国古代政治很大程度上是一种上承天命而行的抚民和安民的活动并且政治生活与日常生活没有明显界限，而西方政治更多是区分公共领域与私人领域的人为建构的政治①。诚然，中西文化不同空间中生成不同的生活方式，而不同的生活方式必然产生不同的政治生活。但通过中西古代政治内涵的梳理我们发现，尽管二者有不同的政治表现形态以及不同的政治话语，但仍具有一般政治普遍的特点。一是从政治实体的功能而言，共同体现为建立与维护社会秩序并实现对社会的管理。二是政治的功能运作受一定政治价值的引领，如古希腊政治中所体现的“善治”，而中国文化中同样也提倡“德治”。“善治”与“德治”中包含政治的伦理性。三是中西政治中都共同存在一种“教化”政治。在帮助政治实体维持人类共同生活秩序的手段使用中，除了法律和制度外，同样还存在教化类的政治实施方式，这类政治运作方式以思想作用于人的思想的形成与改变，思想政治教育就是如此。政治内涵中所蕴含的这3种内涵不仅为理解思想政治教育的政治提供了研究路径，同时也为理解思想政治教育的政治提供了理论与实践根据。

（二）思想政治教育的“政治”的内涵及阐释

自思想政治教育学科建立以来，很长一段时间，人们把思想政治教育政治性直接理解为阶级性，认为“思想政治教育具有鲜明的阶级性，不仅这一实践活动的实施者代表着一定的阶级意志，而且其表达的思想内容与社会主导的意识形态相一致”②。且传统的思想政治教育往往把阶级性片面阐释为思想领域的阶级斗争，并将其与强制性的、暴力的国家机器相等同。思想政治教育的政治属性被片面阐释为阶级性，并表现为阶级斗争是一定历史时期的特殊产物。随着21世纪开启，政策的变革、经济的发展、人的自主性的提高，社会整个系统处于转型之中，传统思想政治教育实践效果式微使人们开始反思思想政治教育的本质属性。这一时期人们也逐渐

① 孙关宏:《政治学概论》，上海，复旦大学出版社2014年版，第6页。

② 张耀灿等:《现代思想政治教育学》，北京，人民出版社2006年版，第51页。

拓宽对思想政治教育的政治的研究视野。我们在梳理最具代表性研究成果的基础上继续开拓对思想政治教育的“政治”的探索，以期实现对思想政治教育的“政治”的合理界定。

1. 思想政治教育的“政治”的现有阐释。思想政治教育学界对思想政治教育的“政治”的研究主要有如下观点。

（1）“思想的政治”和“意识的政治”。在对思想政治教育的“政治”的已有研究中，邱柏生教授与金林南教授有着类似的观点，尽管前者命名为“思想的政治”，后者称其为“意识的政治”，但二者都将思想政治教育的“政治”看作是政治活动的一种实践方式，并且这种方式是通过作用并改变人的思想意识来实现的。

邱柏生教授是国内较早界定思想政治教育“政治”概念的学者。他在2002年发表的《思想政治教育新解》一文中解析了“思想政治教育”。邱教授认为应把思想政治教育看作是一个偏正结构，即把“思想政治”看作一个集合性的核心概念，如同“政党政治、公民政治、政府政治、司法政治、选举政治、伦理政治等都是施行政治治理的一个方面”，思想是“政治运作过程中的一个变量，是影响‘政治’作用的要素之一”[①]。该文通过对一般政治的剖析指出，政治运作有不同的方式和工具，在这些不同的统治工具和手段中，有显性的、体制性的和制度性的形式，也有隐性的、柔性的形式，如宗教、伦理等，其中也包含思想和价值，如此则形成了思想政治。因此，思想政治，既是指“统治阶级运用社会意识形态来进行权力运作和社会控制的状况和方式”，“也指国家意识形态与社会、个体之间发生的各种认知、情感、评价、意愿的总和”，“也指占统治地位的社会意识形态对该社会各种利益关系及其社会矛盾的调整状况与程度，即研究一定思想观念对人们思想与行为的统摄力、吸引力、感召力和改变力”[②]。综上，我们不难发现把“思想政治教育”概念理解为“‘思想政治’的教育”，把思想政治教育的“政治”理解为是与公民政治、政党政治等平行并列的“思想的政治”具有合理性。因为，将政治理解为“思想的政治”规定了思想政治教育的“政治”的性质与地位。思想政治教育的“政治”的特殊性质在于，它是与其他刚性政治不同的一种以思想发生作用的政治，它包含国家意识形态与社会、个人之间发生的思想层面的意识总和，最终由

① 邱柏生、张怡：《思想政治教育新解》，《思想教育研究》2002年第9期。

② 邱柏生、董雅华：《思想政治教育学新论》，上海，复旦大学出版社2012年版，第10页。

占统治地位的思想意识发挥统摄力和改变力。同时，思想政治教育的“政治”尽管是以思想作用于改变人的思想为表现形式，但它同时与政治系统中的其他子系统平等并列为权力运作与社会控制方式中的一种，它在政治系统中具有独立的地位，如此阐释则可匡正思想政治教育只具“依附性”的论断。

金林南教授在探索思想政治教育本质过程中论证了思想政治教育的“政治”，其思想集中体现在《思想政治教育学科范式的哲学沉思》中。该著作将思想政治教育的本质确认为“意识的政治”，“所谓意识的政治，就是将对人的思想、观念、意识的影响活动作为政治实践的一种形式”[①]。他指出，思想政治教育首先是一项政治活动，并且是通过思想影响与观念影响来完成的政治活动，它聚焦人的意识领域，有着特殊的规律，故而不能将思想政治教育简单地等同于政治“一般”。因此，金林南教授从中国政治形态史的“文化的政治”和西方政治形态史的“信仰的政治”来解读不同时空领域中共存的精神性政治，得出“精神性政治的存在恰恰表明了人类在政治领域的文明程度”，政治活动“不是主要依靠强制性的物质力量来完成，而是通过说服、引领、教育、沟通的方式来完成，显示了政治主体极高的自觉性”，“思想政治教育应该放在这样一种土壤中寻找自己的本体”[②]。在这里，金林南教授把强制性的物质力量与通过以说服、引领、教育、沟通等形式为主要内容的精神性政治看成是政治活动展开的两种并列的实践方式，并认为精神性政治是孕育思想政治教育本体的土壤。由此，他从政治活动展开方式的层面为思想政治教育的“政治”作了定位。

通过对上述极具代表性观点的分析，我们认为将思想政治教育的“政治”理解为一种“思想的”政治抑或“意识的”政治把握住了思想政治教育的“政治”的核心，这对科学认识思想政治教育具有重要意义。对思想政治教育的“政治”作“思想的”或“意识的”政治的论证无疑丰富了对思想政治教育的政治的理解，但我们认为还有进一步探讨的空间，理由是，将思想政治教育看作是以思想意识发挥作用的一种权力运作和社会控制方式，仅仅是揭示思想政治教育的政治的工具性价值，如此，我们要追问，思想政治教育的“政治”是否只具有工具性价值，如果答案是否定的，那么思想政治教育的“政治”的目的性价值是什么，它又是如何表现

① 金林南：《思想政治教育学科范式的哲学沉思》，南京，江苏人民出版社2013年版，第107页。
② 金林南：《思想政治教育学科范式的哲学沉思》，南京，江苏人民出版社2013年版，第107页。

和运作的？

（2）从一般政治的起源规约思想政治教育的“政治”。在这类观点中，极具代表性的是张澍军教授的观点。张教授在《论“政治”在思想政治教育中的规范规约作用——“思想政治教育观”创新探讨之二》中系统论述了思想政治教育的“政治”的概念与功能。张教授认为思想政治教育的“政治”概念不定义清楚就极易沦为思想政治教育研究中的一块短板，而这一问题的要害在于“政治与阶级及阶级社会的关系问题”[①]，因为它关系思想政治教育的源起与历史“上线”，还关系思想政治教育原理体系与学科体系构建。因此，他从界定一般政治出发试图去解决这一重大问题。对政治的理解，他作出如下判断，“第一，政治发端于‘人类社会’公共生活管理的需要……第二，政治的基本功能和价值，在于以公共权力和习俗权威规范、调节与整合人们的全局性的核心利益关系……第三，在社会常规性稳态运行时期，政治的基本形式是人类生活有序运行的组织管理体制和体系。第四，在阶级社会，政治基本被纳入了阶级轨道，被纳入了阶级性的矛盾、冲突、斗争以及缓和、调节的轨道，‘政治’充满了阶级的内容。第五，阶级乃至国家消亡以后，政治应当回归它的非阶级形态。第六，在我国社会主义初级阶段，政治现象如同国家一样，应当有双重属性，应具有过渡性质。”[②]在对政治源起、功能、不同历史条件的表现形态的判断中，张教授得出结论：一是“政治的基本规定性——无论在无阶级社会，还是在阶级社会——都呈现为关乎社会有序运行的根本、长远、全局性的高端规范和管理形式，呈现为经济利益关系的集中表现”[③]；二是“政治并不是阶级社会独有的现象，而是伴随人类社会始终的”[④]。如此，从政治与阶级及阶级社会的关系而言，他对思想政治教育的历史“上线”作出判断，即“人类的思想政治教育，无疑是贯穿人类历史的始终的”[⑤]。同时，张教授从对政治本身的

① 张澍军：《论“政治”在思想政治教育中的规范规约作用——“思想政治教育观”创新探讨之二》，《东北师大学报（哲学社会科学版）》2015年第1期。

② 张澍军：《论“政治”在思想政治教育中的规范规约作用——“思想政治教育观”创新探讨之二》，《东北师大学报（哲学社会科学版）》2015年第1期。

③ 张澍军：《论“政治”在思想政治教育中的规范规约作用——“思想政治教育观”创新探讨之二》，《东北师大学报（哲学社会科学版）》2015年第1期。

④ 张澍军：《论“政治”在思想政治教育中的规范规约作用——“思想政治教育观”创新探讨之二》，《东北师大学报（哲学社会科学版）》2015年第1期。

⑤ 张澍军：《论“政治”在思想政治教育中的规范规约作用——“思想政治教育观”创新探讨之二》，《东北师大学报（哲学社会科学版）》2015年第1期。

基本定位，指出思想政治教育的“政治”应当具有重要的整合作用，即“政治及其教育在思想政治教育中具有‘管’立场、观点、方向、原则等规范规约作用，在思想政治教育系统中占有‘统摄’地位，从而规定了思想政治教育的特质是‘管’人的精神世界中较大的事情的，是以政治（包括广义政治、狭义阶级政治及其历史过程）的意义规范规约思想教育、政治教育、道德教育乃至法制教育、心理健康教育等的内涵边界的”[①]。

就张教授的观点而言，我们认为从政治的根源出发厘清政治与阶级及阶级社会的关系并以此为证来追溯思想政治教育的根源具有合理性。因为人类社会一开始就处于各种社会关系之中。思想政治教育的根源就来自对社会关系的处理，政治关系无疑是关乎人类社会秩序的重要根源。对维护人类社会秩序的需求与运用可以追溯到原初人类社会。因此，从一般政治的公共管理功能为切入点得出思想政治教育是贯穿整个人类社会发展的实践活动，不仅给思想政治教育的存在作出了历史定位，并且也为证成思想政治教育存在的合法性提供了历史依据。在张教授的观点中，还需值得关注的是关于“思想政治教育的政治具有统摄作用”的观点，从政治出发规定思想政治教育的特质以此界定思想政治教育的实践疆域。但这里我们需要思考的是如果从人类社会发展的历史来界定政治并以此来规定思想政治教育的“政治”，那么一般政治除了公共管理的职能、维护人类社会秩序的职能外是否还暗含其他的内容，而这些内容也反映思想政治教育的特质，更需值得关注的是政治在发展过程中的变化背后反映的本质的东西是什么，这对思想政治教育又当发挥何种作用？

（3）从政治的系统结构分析思想政治教育的“政治”内涵。在《政治性：思想政治教育的内容本质》一文中，孙其昂教授指出政治性是思想政治教育的内容本质，思想政治教育中的“政治”来源于政治，主要表现为3个方面：“其一，最高意义上的政治，即国家政治、政党政治、阶级政治、民族政治”，即“首先是大政治，是宏观的政治”；“其二，统治意义上的政治，表明它在政治体系中的地位，是指统治阶级的政治”；“其三，文化意义上的政治，这是指社会意识形态，是指政治思想，而不是指政治实体”[②]。从政治的不同层面去分析思想政治教育的“政治”：国家等宏观的政治、统治阶级的政治、社会意识形态政治具有一定的合理性。但我们

① 张澍军：《论“政治”在思想政治教育中的规范规约作用——“思想政治教育观”创新探讨之二》，《东北师大学报（哲学社会科学版）》2015年第1期。

② 孙其昂：《政治性：思想政治教育的内容本质》，《南京社会科学》2006年第3期。

认为这里对思想政治教育的“政治”的分析还只是单方面的，因为思想政治教育在统治的不同阶段表现不同的目的，在争取政权阶段，思想政治教育的“政治”更多表现的是对一种政治理想的诉说与追求，在取得政治权力阶段，思想政治教育的“政治”表现对国家政治的维护，即“大政治”。另外，政治的分层还需进一步厘清，如国家政治、阶级政治中就包含统治阶级的政治，在政治统治中也包含实体政治的控制与思想政治的控制。

通过对主要观点的梳理，我们发现学界对思想政治教育的“政治”内涵的理解已逐步从最初片面的阶级性阐释转向对政治内涵的全面理解，并以期去探索思想政治教育存在的合法性及在现代社会的实践疆域。正如上所说，现有研究尽管从思想的政治、意识的政治维度规定了思想政治教育的“政治”的性质，也从政治的公共管理职能与维护人类社会秩序的职能维度提供了思想政治教育始终贯穿人类社会的历史依据，也从政治的不同层面分析论述了思想政治教育的“政治”内容，但总体而言，对思想政治教育的“政治”的内涵揭示缺乏历史维度，也缺乏对思想政治教育的“政治”的目的性价值的探索。在此，我们认为从政治一般到思想政治教育的“政治”特殊，需要观照思想政治教育的“政治”的历史维度与目的性价值。

2. 思想政治教育的“政治”的内涵及阐释。思想政治教育在满足社会关系的需求中诞生，其中政治关系贯穿整个人类社会的存在。从思想政治教育较成熟的状态以及在今后很长一段时间思想政治教育将发挥的功能价值来看，政治是思想政治教育这一实践活动的主题。但思想政治教育的“政治”并非完全等同于一般政治。思想政治教育的“政治”的内涵主要体现在：一是思想政治教育的“政治”彰显政治的事实性与规范性；二是思想政治教育的“政治”是一种观念的政治；三是思想政治教育的“政治”以维护一定的利益为基本特征；四是思想政治教育的“政治”以政治权力为根本属性。

（1）思想政治教育的“政治”彰显政治事实性与规范性的统一规定。概括而言，政治的规范性是指政治权力并非一种任意的统治，它自身具有合法性，是一种合法性权力。政治的事实性是指政治凭借国家权力所彰显的必须完成的任务，即政治的功能性。权力是政治的核心，但“权力，尽管它是受到授权的，却被一个政治意志用作达到集体目标的手段”[①]，这即

① 〔德〕哈贝马斯：《在事实与规范之间：关于法律和民主法治国的商谈理论》，童世骏译，北京，生活·读书·新知三联书店2014年版，第169页。

表明政治总是具有双重维度，一方面权力并非任意，它必须是被授予的合法权力；另一方面，权力也被用作是达到集体目标的手段。从人类社会发展而言，不同历史阶段政治的事实性与规范性表现为不同的特征。在人类社会早期，社会基础是自然形成的，融法律、道德、政治等为一体的复合式规范发挥裁决冲突、形成集体意志的整合能力。“在氏族社会里，头人、祭司、特权家族成员等等以声望为基础的社会权力（Soziale Macht），同那些基于神秘力量、也就是宗教性背景共识而具有义务力量的被承认的行为规范结合在一起”[①]。这里表明，权力作为最初复合形态出现，一方面需要得到来自那些神秘力量（宗教性背景共识）的承认以获得合法性；另一方面，合法权力也面临现实情境中社会权力的干扰。这亦说明，在人类社会早期，权力就表现出事实性与规范性的双重维度。原初思想政治教育所体现的政治性就表现为：一方面基于权威、传统习俗的力量对共同体利益的维护，另一方面也面临现实情境中，如社会权力、道德力量的监督与评估。

在现代社会，复合式规则逐渐分化出法律、政治与道德等具体形态，而这些规则各自都赋予自身内在目标。法律提供一种公共仲裁，政治提供一种集体目标，而道德则体现一种普遍性的权利。但在现代社会中，传统伦理社会的解体、传统权威规范作用的消解致使规范面临被证明合法性的压力，同时来自现代性的要求还体现为任何规范都必须建立在合理性的基础之上。因此，道德、法律和政治都面临证明自身合法性存在的要求。就政治而言，自由主义认为，政治就是一种自我管理；共和主义认为，政治就是共同体的所有成员共同参与政治活动。诚然，这些观点都指出政治的具体表现形态，但这里缺乏对政治应当层面的揭示。现代法治国家包含人民主权的原则，“在这个原则中，既包含机会平等地参与民主的意志形成过程这种主观权利，也包含公民自决的建制化实践这种客观法的创造可能性作用”[②]。这即说明，政治是连接交往的日常权力与国家行政权力的渠道，它一头扎进人民的交往，需求共识；一头扎进政治制度，维护权力，彰显事实性与规范性的双重维度。

思想政治教育是以思想观念作用于人思想形成与发展的实践活动。一

① 〔德〕哈贝马斯：《在事实与规范之间：关于法律和民主法治国的商谈理论》，童世骏译，北京，生活·读书·新知三联书店 2014 年版，第 171 页。

② 〔德〕哈贝马斯：《在事实与规范之间：关于法律和民主法治国的商谈理论》，童世骏译，北京，生活·读书·新知三联书店 2014 年版，第 207 页。

方面它关注政治共识的形成，另一方面它也注重个人的全面发展。因此，在思想政治教育实践活动中，思想政治教育的“政治”也必然表现为两个方面：一是思想政治教育作为政治运作的一种手段维护政治权力或既定政治目标；二是思想政治教育在实践中接受道德的评判和监督。道德作为一种涉及人的普遍权利的规则，在很大程度上表现为人的尊严与价值。因此，道德有理由参与到政治权力中，当涉及人的权利、尊严、自由时便提供道德论证，如此给社会制度施加证明的压力。如在古代社会中，希腊政治文明将过一种怎样的生活作为政治与道德的共同目标，将做一个“好人”与“好公民”相统一，并探寻实现这一目标的途径即寻求一个最高的善，“尽管这种善于个人和于城邦是同样的，城邦的善却是所要获得和保持的更重要、更完满的善”[①]。而古代中国的政治探索则在于建立以“仁”为基础的正义共同体，“政者，正也”（《论语·颜渊》）便是对此很好的解释。

（2）思想政治教育的“政治”是一种观念的政治。思想政治教育的政治是不同于制度、暴力等刚性政治的柔性政治，它以思想观念的形式作用于人思想的形成与改变。目前，将思想政治教育的“政治”确认为一种观念的政治得到思想政治教育学界的认可，如研究者们相继提出“思想的政治”（邱柏生）、“意识的政治”（金林南）等。将思想政治教育的“政治”理解为一种观念政治主要体现在：

一是思想政治教育在实践中以观念的形式发生作用。说服教育对象接受教育者的思想观念是思想政治教育活动的具体表现。把思想政治教育确认为一种观念政治首先就应破解观念何以产生并发生作用。总体而言，观念的产生与作用机制总是与语言、意识紧密联系。“现实的个人”是马克思学说的重要发现，在《德意志意识形态》中，马克思分析了作为“现实个人”存在的4个历史条件后指出，“我们才发现：人还具有‘意识’”[②]。但马克思认为离开语言谈意识是没有的，“这种意识并非一开始就是‘纯粹的’意识。‘精神’从一开始就很倒霉，受到物质的‘纠缠’，物质在这里表现为振动着的空气层、声音，简言的，即语言”[③]。意识就是语言中的意识，谈意识首先就要说明语言是什么？语言作为“振动中的空

① 〔古希腊〕亚里士多德：《尼各马可伦理学》，廖申白译，北京，商务印书馆2003年版，第4页。

② 《马克思恩格斯选集》（第1卷），北京，人民出版社2009年版，第81页。

③ 《马克思恩格斯文集》（第1卷），北京，人民出版社2009年版，第81页。

气层”，即是人与人之间的感性交往。“语言和意识具有同样长久的历史；语言是一种实践的、既为别人存在因而也为我自身而存在的、现实的意识”[①]。“因而，意识一开始就是社会的产物”[②]，这里的“社会”即是指人与人之间的感性交往，即是表明人意识到自身，同时就是意识到“自身的个人之外的其他人和其他物”之间的联系，“也就是开始意识到人总是生活在社会中的”[③]。人与人的感性交往表明人总是在社会中，没有孤立的我，语言作为感性交往的意义保存了对存在的领会。关于语言，马克思进一步指出语言是感性意识，“就连作为思想的生命表现意识要素即语言也是感性的自然界”。语言之所以是感性的自然界，就在于语言表达的不是对外部世界的观念的规定，它所表达的是存在对人的本质的关系。“思想、观念、意识的生产最初是直接与人们的物质活动，与人们的物质交往，与现实生活的语言交织在一起的”[④]。如此，语言则是人们感性活动的最佳场所，包含物质生产与物质交往的感性活动和语言交织在一起，是语言和意识的最初生产。随着意识的发展，分工也发展起来，但真实的分工是物质劳动和精神劳动的分工，“人们的想象、思维、精神交往在这里还是人们物质行动的直接产物。表现在某一民族的政治、法律、道德、宗教、形而上学等的语言中的精神生产也是这样”[⑤]。这些语言获得自己的独立形式，如哲学有哲学的语言、宗教有宗教的语言、政治与法律也有自身的语言。在这种语言中展开活动就需要知识分子，脑力劳动者从事精神生产仍旧来自人们的物质生产交往，人们是自己观念思想的生产者，这个生产的过程就是语言，生产观念思想的活动就是语言活动。概括而言，语言就是一种实践的意识，“不仅为别人而存在，也为自己而存在”。上述通过对语言、意识的分析，我们可以证明语言作为人的交往媒介，作为意识的表达媒介总是与人的物质生产实践联系在一起，并以言说的方式表达人们的物质生产方式。

我们通过对语言和意识的分析揭示了思想政治教育作为一种观念政治运行的可行性。但还需进一步揭示，思想政治教育通过观念运行达到政治目的的内在运行机制，即思想政治教育作为一种观念政治与一般的观念或

---

① 《马克思恩格斯文集》（第1卷），北京，人民出版社2009年版，第81页。
② 《马克思恩格斯文集》（第1卷），北京，人民出版社2009年版，第81页。
③ 《马克思恩格斯文集》（第1卷），北京，人民出版社2009年版，第82页。
④ 《马克思恩格斯文集》（第1卷），北京，人民出版社2009年版，第72页。
⑤ 《马克思恩格斯文集》（第1卷），北京，人民出版社2009年版，第72页。

语言影响人、作用人的特殊性。哈贝马斯指出人是语言的动物，并通过语言来分析交往理性的有效性，他认为，“使交往成为可能的，是把诸多互动连成一体、为生活形式赋予结构的语言媒介”[①]。人们通过语言达成沟通和协调，通过语言达成目的，但语言的功能发挥都在习以为常的生活世界中进行。其中，生活世界包含文化、社会与自我3个部分。文化之维通过解释活动使人们分享知识满足人们认知的要求；社会之维则借助主体间共同规范协调其行为以形成合法秩序，满足规范符合的要求；而自我之维则通过将外部的社会规范内化于主体，满足自我表达的要求。为此，思想政治教育的“观念政治”的运行则表现为通过共同的文化背景，生产政治价值观并帮助个人实现政治社会化，最终达到社会整合的目的。“只要语言仅仅被用作信息和冗余信息的传递媒介，行动协调就是通过行动者们以目的合理的方式彼此影响而实现的。相反，一旦言语行动的语内行动力量承担协调行动的作用，语言本身将表现为是社会整合的首要源泉”[②]。由此得知，思想政治教育的观念政治本身就内含一定的目的性，通过文化、社会以及个人的社会化实现政治规定的权利和义务。当然，思想政治教育的政治作为一种观念政治，其运行还具体表现在通过语言的方式达成人们就某项公共事务的共识，即政治本身就包含人与人之间通过语言协商达成一致意见。正如阿伦特所言，政治就是“自由平等的公民以言行就重大议题进行协商讨论的活动，其目的一方面在于表达一己真性，展示真我风采，另一方面在于和他人进行交往沟通，寻求某种尽可能兼顾每个人意见的共识”[③]。

二是以言施为是思想政治教育的观念政治运行的核心思维。思想政治教育是一种观念政治，它通过语言、思想、观念等形式作用于人思想的形成与改变。其中以言施为是思想政治教育运用观念、思想、语言等发生作用的核心思维。所谓以言施为，即是指在关注说话者的言说的同时更应关注其言说对应的施行的行为。“谈论一句话的‘施为意义’，就是谈论说话者在说这句话时所施行的那种行为的意义；说一个人犯了‘施为性矛盾’，是说他所说的话的语义内容本身虽然没有矛盾，但这句话的语义内容与这

① 〔德〕哈贝马斯：《在事实与规范之间：关于法律和民主法治国的商谈理论》，童世骏译，北京，生活·读书·新知三联书店2014年版，第4页。

② 〔德〕哈贝马斯：《在事实与规范之间：关于法律和民主法治国的商谈理论》，童世骏译，北京，生活·读书·新知三联书店2014年版，第22页。

③ 陈伟：《汉娜·阿伦特的“政治”概念剖析》，《南京社会科学》2005年第9期。

句话的施为意义之间发生矛盾”[①]。概言之,以言施为内含践行性这一重要特征。哈贝马斯认为任何规范都有认为真理和规范的合理性都应是出于内在的理由，否则就会陷入一种矛盾中。如相对主义，它主张任何事物都是相对的，但如果这个理论成立就会得出结论，相对主义本身也是相对的，这消解了相对主义自身的理论体系。如此，也反映其存在以言施为的矛盾。思想政治教育的“政治”作为一种观念政治，通过语言、观念、思想等作为发生作用的媒介和手段，作用于人的思想形成与改变，最终落实为人的行为，它是一种实践性的活动。因此，就思想政治教育的语言体系、观念体系或思想体系而言，它首先应是从其内部构建自身的逻辑自洽，同时还需观照相关制度、政策、行为规范等是否与思想政治教育的观念形态所反映的相一致。如果思想政治教育的观念政治与制度、政策与行为规范相一致，则表现为施为意义，这有利于增加思想政治教育作为观念政治的实践效果。如不一致，则出现施为矛盾，思想政治教育的观念政治与制度、政策或行为规范等不一致，甚至相互冲突，则会消解思想政治教育的实践效果，同时也给政治共识的形成带来危机。因此，思想政治教育的观念政治需协同政治制度、公共政策与行为规范，如此达成思想政治教育的功能价值。

（3）思想政治教育的“政治”以运作政治权力为属性。思想政治教育作为观念政治，总是以运作政治权力为属性，是政治权力在意识形态领域的展现。传统的政治权力运作主要体现在以武力、交易、制裁、贿赂等方式诱导、胁迫或命令他人并实现他人行为的改变。被称为“软实力的父”的约瑟夫·奈通过对相关实力的比较评估后，发现传统的经济手段和军事资源已经不足以解释当下的种种现象，它们虽有助于理解强迫和收买如何发挥作用，但却无法理解吸收和说服的威力所在，于是他提出与硬实力相辅相成的软实力概念。所谓软实力，即“依靠一种不同寻常的手段（既非武力，也非金钱）促成合作，它依靠的是共同价值观所产生的吸引力，以及实现这些价值观所需要的正义感和责任感”[②]。软实力资源与同化力密切相关，而同化力则表现为“影响并塑造他人意愿的能力，依赖的是文化和价值的吸引力，或者通过操纵议程令人知难而退的能力”[③]。如此，劝服他

① 〔德〕哈贝马斯:《在事实与规范之间：关于法律和民主法治国的商谈理论》，童世骏译，北京，生活·读书·新知三联书店2014年版，第3页。

② 〔美〕约瑟夫·奈:《软实力》，马娟娟译，北京，中信出版社2013年版，第10页。

③ 〔美〕约瑟夫·奈:《软实力》，马娟娟译，北京，中信出版社2013年版，第10页。

人、以理服人以及吸引的能力则成为软实力的重要组成部分，软实力与硬实力相辅相成，不依附硬实力而存在。就运作方式而言与依赖资源而言，思想政治教育就是一种运用文化、价值观的吸引力而达到劝服他人、吸引他人的软权力运行方式。它“是在思想领域展开的以教育为主要形式的政治实践”[①]，“思想政治教育的过程就被认定为一种特殊的政治权力运作方式，是意识形态权力开展的政治实践活动过程”[②]。如此，思想政治教育与硬权力相辅相成，独立存在。

软权力与硬权力相辅相成，共同作用已有的历史。汉代贾谊在《新书・大政下》:“有教然后政治也，政治然后民劝之”。这里的“教”，即古代政治中通义的“教化”，“政治”即是政事的管理与治理，“有教然后政治也”并非阐释“教”与“政治”的时间先后，而是表明“教”与“政治”的相互协同与共同作用。教化的运作方式主要表现为通过权威、习俗、文化、价值观等去说服民众，其目的即是要培养民众的政治人格，实现民众理解并认同共同体的行动理念，也为公共行动或政事治理奠定基础，当然，“政治”也为“教”提供积极或消极的力量。正如约瑟夫・奈所言，硬实力和软实力总是表现为影响他人行为，但二者在行为性质和资源的有形程度方面体现差别，因此不同类型的行为与特定资源之间的不同组合总产生不同的效果。体现为意识形态权力运行的思想政治教育在实践过程中也应考察制度、政策、行为规范等资源，在与制度、政策、行为规范的合理组合中实现同化力的最大化。

（4）思想政治教育的“政治”以维护一定的利益为基本特征。马克思主义政治观指出，“政治是经济的最集中的表现”[③]，这论断并非单指政治与经济的关系，更为重要的是揭示分析政治特征的方式。“以一定的方式进行生产活动的一定的个人，发生一定的社会关系和政治关系。经验的观察在任何情况下都应当根据经验来揭示社会结构和政治结构同生产的联系，而不应当带有任何神秘和思辨的色彩”[④]。因此，政治是经济最集中的表现，其规定性要求人们：一是“在社会经济运动的规律性上认识政治……政治产生和发展的根源是社会的经济基础，对政治本质的认识有

① 金林南:《思想政治教育学科范式的哲学沉思》，南京，江苏人民出版社 2013 年版，第 152 页。

② 唐芳云:《遮蔽与解蔽：思想政治教育过程本质反思》,《学术论坛》2014 年第 6 期。

③ 《列宁选集》(第 4 卷)，北京，人民出版社 1972 年版，第 416 页。

④ 《马克思恩格斯选集》(第 1 卷)，北京，人民出版社 1972 年版，第 29 页。

赖于对社会经济运动过程的认识”，二是“政治在本质上体现了社会经济发展的利益要求和客观过程，反映了社会经济生活中各个集团、各个阶级的根本利益和利害冲突，没有纯粹的政治活动和政治关系”[①]。人类社会早期，整个社会凭借首领享有的威望和尊重以及习惯和原始宗教等来维持整个社会的利益。如恩格斯指出，人类社会在早期就存在一定的共同利益，且此时的共同利益是以整个社会为单位，所存在的最初的公共权力也为此服务。但随着生产力的发展，私有制的产生，原初的公共利益滋生私人利益，私人利益与公共利益共同存在，且发生矛盾。与私人利益相对存在的公共利益并非最初以整个社会为单位的公共利益，而是逐渐演变为在政治上占统治地位并代表社会的统治阶级的公共利益。如此，为解决公共利益与私人利益的对抗危机，代表特殊公共利益的国家权力应运而生。“正是由于私人利益和公共利益之间的这种矛盾，公共利益才以国家的姿态而采取一种和实际利益（不论是单个的还是共同的）脱离的独立形式，也就是说采取一种虚幻的共同体形式”[②]。如此，以生产力的发展为基础，现代国家的产生本就是应保护特殊公共利益的需要，政治无非就是代表不同利益的阶级、集团的博弈与较量。如肯尼思·米诺格在定义政治时明确指出，所谓政治，即“指君主、国会、部长们的活动，还包括那些帮助或阻碍这些人物取得权力政治参与者的活动”[③]。如此，政治也就是一定占主导地位的利益主体的权力行使与权力保护的活动，“政治的特性就是一种主体的存在，这种主体被其对于相反事物的参与所界定”[④]。如此，思想政治教育在代表权力运行的过程中也必然以一定的利益为基础，反映一定的利益也成为思想政治教育的“政治”的基本特征。

二、思想政治教育政治属性的内涵解读

定义思想政治教育的政治性，即是要揭示思想政治教育的“政治”所隐含的原则。所谓思想政治教育的政治性，即是指思想政治教育作为一种观念政治在政治实践活动中所彰显的性质与特征。就把思想政治教育狭义地理解为政治运行的手段或工具而言，思想政治教育的政治性亦可狭义地

① 王沪宁：《政治的逻辑——马克思主义政治学原理》，上海，上海人民出版社 2004 年版，第 5 页。

② 《马克思恩格斯选集》（第 1 卷），北京，人民出版社 1972 年版，第 38 页。

③ 〔英〕肯尼思·米诺格：《政治的历史与边界》，龚人译，南京，译林出版社 2013 年版，第 7 页。

④ 〔英〕雅克·朗西埃：《政治的边缘》，姜宇辉译，上海，上海译文出版社 2007 年版，第 121 页。

理解为思想政治教育在政治运行中作为一种观念政治究竟追求怎样的政治价值、发挥怎样的功能。从政治实践运行而言，思想政治教育的政治性主要体现为通过维护权力、集中反映经济利益以及对社会秩序的管理以把握政治大局。

（一）思想政治教育政治性是对权力的反映

权力是现代政治的核心主题。无论是传统经典政治对政治国家强制权力的揭示，还是现代政治对微观领域政治权力的关注，都彰显了权力在现代政治中的重要地位。思想政治教育的政治性彰显对权力的反映，这种反映既表现传统经典政治中对国家政治制度与国家政治权力的维护，也表现为对社会活动和日常生活层面微观化权力结构的诉求。

1. 思想政治教育政治性体现为对国家权力的维护。权力是现代政治谈论的重要内容。在人类思想史上，马基雅维利开启了将政治与权力紧密联系的历史，其著作《君主论》系统阐述了权力政治观，自此，人们开始从权力来说明和阐释政治，这也成为政治研究的重要线索，马克斯·韦伯、达尔、拉斯维尔、马克思等对政治的理解都深受其影响。其中，马克思在批判黑格尔国家理论的基础上吸收其把国家与社会二分的观点，通过对资产阶级社会的剖析，发现现代政治与国家强制力紧密相连，由此得出结论，现代政治的本质特征即是以国家为中心的现代国家政治。关于现代国家，马克思给出了与黑格尔把国家看作是“最高精神伦理实体”不同的理念，他认为，“国家是统治阶级的各个人借以实现其共同利益的形式，是该时代的整个市民社会获得集中表现的形式”[①]，在很长时间内它是“相对于个人而独立的虚假共同体”[②]。因为从“古代氏族制度被滥用来替暴力掠夺财富的行为辩护”开始，国家则被发明出来，一方面，“保障单个人新获得的财富不受氏族制度的共产制传统的侵犯，不仅可以使以前被轻视的私有财产神圣化，并宣布这种神圣化是整个人类社会的最高目的，而且还会给相继发展起来的获得财产的新形式，因而是给不断加速的财富积累，盖上社会普遍承认的印章”。另一方面，国家“使正在开始的社会划分为阶级的现象永久化，而且可以使有产阶级剥削无产者的权利以及前者对后者的统治永久化”[③]。因此，马克思反对把现代国家看作是社会共同体，因为在他看来隐藏在形式共同体之后的是国家的阶级本质，“是和人

① 《马克思恩格斯选集》（第1卷），北京，人民出版社1995年版，第132页。

② 《马克思恩格斯选集》（第1卷），北京，人民出版社1995年版，第124页。

③ 《马克思恩格斯选集》（第4卷），北京，人民出版社1995年版，第107页。

民大众分离的公共权力”[①]。

现代国家的实质是阶级专政。国家的政治权力始终掌握在统治阶级手中，“由于国家是从控制阶级对立的需要中产生的，同时又是在这些阶级的冲突中产生的，所以，它照例是最强大的、在经济上占统治地位的阶级的国家”[②]。由此，国家权力始终是用来为统治阶级服务的。国家权力一方面表现为通过暴力实现外在统治秩序的保障，另一方面表现为通过意识形态树立国家道义上的威望，为获得被统治阶级的认可奠定思想基础。从强制力与软控制力上实现政治统治的双重服从与认同，不仅实现统治阶级物质力量的统治地位，同时实现统治阶级精神力量的统治地位，因为“统治阶级的思想在每一时代都是占统治地位的思想”[③]。在阶级专政的现代政治中，一方面经济上的统治地位使统治阶级获得权力支配权，另一方面文化等非经济因素也影响统治阶级的阶级统治。因此，统治阶级必然通过双重路径来维护其统治，培养遵守其统治意志的人民大众，培养大众认同国家制度、服从国家公共权力的管理。思想政治教育原初作为人与人之间思想传导的实践活动被统治阶级运用，统治阶级通过有意识、有计划、有确定目标的方式向所属成员传导主导政治思想，以培养所属成员符合统治阶级需要的思想品质。因此，思想政治教育的政治性也由此突出地表现为对统治阶级政治权力的维护。

从阶级政治的构成而言，存在统治阶级就必然存在被统治阶级，我们认为思想政治教育反映追求权力的政治性，不仅表现为对统治阶级政治权力的维护，还表现为被统治阶级对现有政治权力的反抗、对符合被统治阶级权力的追求。马克思曾指出资产阶级社会被划分为两个阶级：一是资产阶级，二是无产阶级。在统治与被统治阶级中，双方都为了自身的存在而诉求自身的权力，如近代在资产阶级的统治下，尽管资产阶级用其主导政治思想教化其所属成员，但无产阶级也通过政治实践运动，创立自己的思想体系，为自己的合法权力，为整个社会的解放而斗争。无产阶级的思想政治教育体现了对无产阶级权力的追求。因此，思想政治教育政治性彰显对权力的反映还体现在被统治阶级运用思想政治教育对权力的集中表达。在现代社会，更直接表现为对社会活动和日常生活层面微观化权力的反映。

---

① 《马克思恩格斯选集》(第4卷)，北京，人民出版社1995年版，第116页。

② 《马克思恩格斯选集》(第4卷)，北京，人民出版社1972年版，第168页。

③ 《马克思恩格斯选集》(第1卷)，北京，人民出版社1995年版，第98页。

2. 思想政治教育政治性体现为对社会活动和日常生活层面微观化权力的诉求。关注微观政治现象和微观权力结构是当代政治哲学的发展趋势。当然宏观政治与微观政治并无截然不同或彼此完全分离，它们只是相对区分。较宏观政治而言，“微观政治关注日常生活实践，主张在生活风格、话语、躯体、性、交往等方面进行革命，以此为新社会提供先决条件，并将个人从社会压迫和统治下解放出来”[①]。微观政治在以自然经济为基础的传统社会中，主要表现为日常生活世界中的各种控制机制，这种控制机制既表现为政治权力的控制，也表现为文化权力的控制。现代社会的微观政治，除不同程度的生活权力之外，还体现为宏观权力向社会生活和个人生活层面的渗透所形成的控制机制，也表现为各种边缘化的微观权力结构。微观权力在现代社会中彰显日益重要的地位，其作用机制体现为：一是与宏观权力同构的微观权力，二是阻碍宏观权力机制更新的微观权力，三是反抗宏观政治霸权的微观权力。

思想政治教育政治性不仅表现为对宏观政治制度与政治权力的维护，还表现为对微观权力的诉求。传统思想政治教育在论及思想政治教育的主体时，无论是“单主体”“双主体”还是“主体间性”都是从思想政治教育的实施者与思想政治教育组织化的受众对象而言，“但这些讨论有一个还缺乏文化自觉，即思想政治教育的源发者——一定的社会或国家或阶级或政党或社会集团——是怎样现实地呈现出来的，教育源发者与教育实施者没有相对明确区分开来”，“思想政治教育源发者事实上是一定‘领袖（领导）集团’，即中枢领导集体”[②]。对思想政治教育源发者的发现，可以更好地帮助我们理解思想政治教育政治性对微观权力的反映，这也完善思想政治教育政治性的整体性。微观权力在运用中既表现为与宏观权力的同构，也表现为与宏观权力的阻碍与反抗。如此，我们发现思想政治教育政治性对微观权力的反映也体现为 3 个层次：一是思想政治教育通过微观政治权力或文化权力去支撑宏观政治权力，如在传统中国，思想政治教育则通过以家庭为本位，实现由家推至国家的“家国同构”制度，如此去建构超稳定的国家政权和行政管理体系。同时，这也表现为宏观政治权力机构渗透权力至学校、军队、监狱等社会各层面，实现由微观权力编制的“宰制社会”。二是现行宏观政治权力行使的思想政治教育与历史文化的对

① 〔美〕道格拉斯·凯尔纳、斯蒂文·贝斯特：《后现代理论》，张志斌译，北京，中央编译出版社 2001 年版，第 150 页。

② 张澍军：《论思想政治教育的历史定位与运行特征》，《教育研究》2015 年第 4 期。

冲，这表现为对传统政治权力或文化权力的维护。传统政治权力与文化权力也反映出传统思想政治教育活动的遗留。三是现代社会生活和生活世界各种微观权力的力量形成多元的社会调控体系。这样的调控体系涵盖生活的各个层面，它们反映人民大众对不同权力的诉求，这种对权力的诉求直接改变宏观权力结构的控制。如美国同性恋结婚合法化，则可说明思想政治教育政治性对权力的反映包含对微观权力的诉求，这种诉求反映社会的新力量的萌动。从宏观政治权力与微观政治权力两个维度去理解思想政治教育的政治性，既体现对思想政治教育政治性理解的完整性，也能更为科学地解释现实世界中思想政治教育的实践领域。

（二）思想政治教育政治性是利益的集中反映

所谓利益，从其存在论意义而言，即是人的感性需要异化的实现。思想政治教育政治属性集中反映利益，其中既包含物质利益，也包含文化利益。

论证政治观念与物质利益的联系与相互运作是马克思对政治概念认识的深化。在《莱茵报》时期，马克思发现社会实践的基础并非理性，而是物质生活关系。在《神圣家族》一书中，马克思、恩格斯在同鲍威尔的论战中指出，“历史的观念和行动就是群众的观念和行动”，同时，阶级在发动政治行动之前，必须认识自身的物质利益。因为政治观念反映阶级的物质利益，物质利益贯穿历史始终，总在登上世界历史舞台之初以概念或观念的形式超越它的阶级限制，并使之与人类的普遍利益等同。如此，政治观念一方面一致地反映物质利益，但同时也能够与物质利益相分离。如无产阶级的利益总是反映阶级的政治观念对真正共同体利益的一致表达；反封建斗争中资产阶级的利益则体现为政治观念部分地、暂时地表达整个社会利益；而一切占统治地位的剥削阶级的利益其政治观念通常与社会的利益相对立。在《德意志意识形态》中，马克思更加深刻地论述政治与物质利益的关系。首先，劳动的自发分工属性导致个人利益与集体利益的分离，并且集体利益表现为虚假的集体性，与真正的个体利益相对立；其次，任何意欲取得统治的阶级，在夺取政权的过程中，总是把隶属其阶级的阶级利益说成是普遍利益；最后，在私有制存在的情况下，由个人利益发展为阶级利益总是以普遍的形式与个体对立。而作为普遍利益的阶级利益，总被意识为理想的、神圣的利益。“从这里还可以看出，每一个力图取得统治的阶级，即使它的统治要求消灭整个旧的社会形式和一切统治，就像无产阶级那样，都必须首先夺取政权，以便把自己的利益又说成是普遍的利益，而这是它在初期不得不如此做的”[①]。如此，在阶级存在的社会里，政治观念始终是阶级的观念，反映这个阶级的物质利益。

思想政治教育政治属性是文化利益的反映。马克思揭示了资本的诞生如何在物质利益自身领域发生变革并带来资本主义。但与此不同，马克斯·韦伯认为资本在欧洲的诞生离不开基督教世界观按照自己的内在逻辑形成的合理化过程而产生的新教。根据马克思唯物主义观点，把文化看作是政治运动的决定要素是唯心主义的表现，然而恩格斯晚年提出意识具有独立性的观点，以及马克斯·韦伯所持的物质世界是在理性世界合理化世界之外的观点使得马克思与马克斯·韦伯存在对话的可能，二者对话的基础就在于经济是影响政治革命的决定因素，但不是唯一因素，观念的变革并非只是意识形态的修饰与美化，观念本身也蕴含实践力量。在马克斯·韦伯所著的《新教伦理与资本主义精神》中，我们清晰地发现，“把世俗的经济活动置于宗教控制之下，为新型的资本主义精神加上了宗教动力”[②]。思想政治教育政治属性由物质利益决定，反映物质利益的思想政治教育政治属性同样反映文化利益。一方面，文化利益是物质利益更加间接、隐约的表达；另一方面也来自文化利益可以填补物质利益需要的不足而使矛盾和冲突得到缓解。对文化利益的反映也彰显思想政治教育政治属性的丰富性与多样性。

（三）思想政治教育政治性是对公共管理的反映

综上所述，我们以国家政治为中心分析了思想政治教育政治性对权力、利益的反映，但诚如马克思所说，阶级政治只是人类历史发展的特殊表现。为此，我们需进一步追问，思想政治教育的政治性是否一直都存在，如果存在，在非国家政治社会中，思想政治教育的政治性又以何种状态存在。

站在现代性立场上，人们总是把政治与国家紧密相连。但对于国家的认识却也存在不同，早期的启蒙思想家们坚持自然法，认为人的自由、平等等权利都是天生的，但由于人自身的限度无法独自实现生存和发展而坚持用社会契约的形式相互让渡自己的权利以实现人与人的联合，形成某种形式的共同体，这种共同体即是现代政治国家。但黑格尔将国家与社会二分，把国家看作是社会的合题，并从理想层面把国家看作是“精神伦理实

① 《马克思恩格斯选集》（第1卷），北京，人民出版社1995年版，第84~85页。

② 〔德〕马克斯·韦伯:《新教伦理与资本主义精神》，阎克文译，上海，上海人民出版社2010年版，第37页。

体”，以此实现人自身个性与共性的统一。马克思继承黑格尔将国家与社会二分的观点，但不同之处是马克思认为把国家看作是“精神伦理实体”，并非能实现市民社会矛盾的统一，他坚持认为市民社会因原子式个人追求自身利益造成的分散形式只能由政治国家来解决，国家与社会的二分只能在社会与政治相融合的建构上得以解除，即国家成为真正的共同体。但马克思认为现代国家的消失，现代政治权力的消失抑或阶级的消失并不意味着政治的消失。代替国家政治的将是消除国家权力并与社会融合的政治，这样的政治不再以权力为本位，而是凸显个人的自由发展、自我管理的社会意义。“这种政治的首要的目的是促进和展现高度社会化关系中个人的自我发展——即个人社会化的交往能力和自主能力”[①]。具体言之，此时的政治致力于社会秩序的治理，是自由个性的人的自治状态。

从原初思想政治教育的产生而言，我们认为现实的社会关系是思想政治教育产生的根源，思想政治教育产生的缘由即是对社会关系的调整与维护。在消除政治权力的社会中，政治体现为社会秩序的管理，并同时要求吸纳更多的人参与社会治理。在马克思构建的理想政治中，不仅需要高度的物质基础，还需要自由独立的现实的个人，自由现实的个人需要共同的文化背景实现相互之间的顺利沟通，也需要现实个人的高度自觉，自觉地实现个人的自由全面发展，自觉地实现人与人之间相互共存的规则。“思想政治教育是主流思想文化或主流意识形态‘传导’‘承续’的基本载体和实现形式之一”[②]，它不仅能实现主流思想文化的传导与承续，同时也是达成人与人之间共存的重要力量之一。因此，在非国家政治社会，思想政治教育回到原初思想政治教育维护与调整社会关系的状态。当然，这样的社会关系是原初人类社会关系经历否定的否定后的自由个人之间的社会关系。诚如马克思指出，以承认个人自由为前提的自由联合体“（即更高级的社会制度）将是古代氏族的自由、平等和博爱的复活，但却是在更高级形式上的复活”[③]。

（四）意识形态性是思想政治教育政治性的最核心表现

人的社会性决定其所追求的并非只是物质，还有相互间的认可。人类政治活动被普遍认为是对政治权力、物质利益的追求，然而，人类政治活动的大部分都以寻求认可为中心。由此，意识形态性为思想政治教育政治

① 施惠玲：《马克思政治概念的双重维度》，《教学与研究》2012 年第 5 期。
② 张澍军：《论思想政治教育的历史定位与运行特征》，《教育研究》2015 年第 4 期。
③ 《马克思恩格斯全集》（第 45 卷），北京，人民出版社 1985 年版，第 398 页。

性提供合法支持。同时，因为人类遵循规则的本能往往基于情感而非理性，思想政治教育的政治性也凸显需要意识形态性帮助其实现情感与内在价值的传导与传承。

一是对认可的追求是政治活动的大部分内容，意识形态性为思想政治教育的政治性提供合法性。人们普遍认为，对物质利益和权力的追求是政治活动的全部内容，然而，对认可的追求也是政治活动的大部分内容。所谓认可，即是指对他人尊严、价值等非物质因素的承认。在人类政治活动中，“不管是寻求天命的中国未来君主，打黄巾或赤眉旗号的卑微农民，还是法国红帽起义军，他们都在追求认可。阿拉伯部落平息相互纠纷，征服北非和中东的大部，这是在为伊斯兰教寻求认可。欧洲战士征服新大陆，打的是基督教的旗帜”①。思想政治教育政治性不仅是对权力的反映，也是反映对社会秩序的管理，由此思想政治教育这一实践活动就不只是对理论的阐释，还需要给所属成员开出道德处方、塑造其价值体系，在权力阶级与所属成员之间寻求共同的意识，使所属成员承认权力阶级的合法性。此时，思想政治教育在反映权力的同时必须投入一定的特殊语境，即人们关于“天子”“上帝”“人生”“美德”等观念。这些价值、意识形态始终以政治为主轴，忽上忽下、忽左忽右。由此，意识形态性在政治活动中帮助人们实现对认可的追求。意识形态性为思想政治教育的政治性提供合法性。

二是政治活动的生物基础中人类遵循规则的本能往往基于情感而并非理性，思想政治教育在教化人们遵守制度或规则时往往赋予制度、规则等情感和内在价值，如此，意识形态性则帮助思想政治教育政治性实现传导与传承。理性被普遍认为是人类行动的基础，“经济人”假说把人的行动看作是以追求自身利益最大化为目的。但“建立在理性自利上的集体行动，解释不了世界上客观存在的社会合作和利他主义”②。在人类交往行为中，共同的目标与共临的难题往往能在文化、信念等因素的分享下增进人们的合作。规则的产生是人类关系不断扩大的需要，规则本身应特殊情形的需要而产生，但人类倾向于给规则注入内在价值与情感，如此各个社会尽管都存在规则，但却因思想不同而呈现不同的发展路径，同时各个社会

① 〔美〕弗朗西斯·福山：《政治秩序的起源：从前人类时代到法国大革命》，毛俊杰译，桂林，广西师范大学出版社2012年版，第432页。

② 〔美〕弗朗西斯·福山：《政治秩序的起源：从前人类时代到法国大革命》，毛俊杰译，桂林，广西师范大学出版社2012年版，第433页。

都存在竭力保存现行制度的普遍倾向。如马穆鲁克在欧洲人示范枪械的卓有成效后仍予拒绝，究其原因就是他们对骑士征战的特殊情感。无论它对权力的维护还是对社会的管理，思想政治教育都具有政治性，就权力阶级而言，它们不仅要阐释自己权力的合法性，获得所属成员的认可，更为重要的是使其统治或管理成为人们的信念，并且实现这种信念的传承。“思想政治教育的实践过程以人的思想为实践对象，以思想与思想的交流碰撞为实践内容，以思想的生成为实践追求，思想贯穿始终，本质上是思想与思想的交流、观点与观点的交锋、心灵与心灵的对话，是思想文化的传承、延续与创新”[①]。如就小孩来说，小孩总是基于遗传与赋予文化的规则来组织并表现自己的行为。如此也彰显意识形态性对思想政治教育政治性的支撑与巩固。

第二节　思想政治教育政治属性的历史流变

思想政治教育政治属性因社会存在的变化而呈现不同的内容。其中“教化政治”向“利益政治”的转变、以“阶级斗争为中心”向“以经济发展为中心”的转变、“统治”理念向“治理”理念的转变都彰显思想政治教育政治性不同历史时期的主要内容与目标。通过把握思想政治教育政治属性的历史变迁也帮助我们掌握思想政治教育政治属性的特征，以此更好地把握对思想政治教育的运用。

一、思想政治教育政治属性由“伦理政治”向“利益政治”的转变

翻开历史，我们发现无论是古希腊城邦政治还是中国先秦社会，都存在一个共同现象，即存在阶级的同时整个社会都呈现整体性。人们一般把古希腊的城邦政治归结为德性政治，把中国古代政治总结为道德政治。在整个社会为一体的城邦政治或“城市政治”[②]中，个人与城邦融为一体。就古希腊城邦政治而言，它以培养好公民维护城邦秩序为政治主题。公民之间的平等关系，要求以说服的方式开展政治实践。如此，古希腊城邦政治把追求城邦最高的善与培养公民的德性相统一。“只有具备了最优良政体的

① 白显良：《彰显思想政治教育学科的思想性特征》，《学校党建与思想教育》2015年第1期。

② 林志纯：《孔孟书中所反映的古代中国城市国家制度》，《历史研究》1980年第3期。

城邦，才能有最优良的治理；而治理最为优良的城邦，才有获致幸福的最大希望”[①]，如此，“我们的立法不是为城邦任何一个阶级的特殊幸福，而是为了造成全国作为一个整体的幸福”[②]。概括而言，古希腊对公民的教育总是将公民与城邦连接在一起，“一个城邦应常常教导公民们使能适应本邦的政治体系（及其生活方式）”[③]。这包括将追求灵魂正义与城邦正义相统一、将公民的政治生活与公共生活相统一以及将个体追求知识与承担家庭、城邦公共事务的责任相统一，如阿里斯托芬所主张，“无论是学校教育，还是诗歌教育，都应该与城邦的福祉相联系，而非个人的、与城邦福祉相脱离的兴趣偏好”[④]。古罗马政治也具有相同的性质，古罗马政治以爱为基石，爱国主义是其政治教育的主题。对以军事立国的古罗马而言，展示国家的强大是其思想政治教育政治性的核心表现。有学者从古罗马竞技庆典研究了帝国的秩序构建，指出古罗马“透过精心安排的仪式表演，竞技庆典体现出强烈的种族优越心理、社会等级仪式和尚武倾向，是震慑敌人、安抚贫民、塑造罗马身份、维护统治秩序的主要手段”[⑤]。这即表明对于古希腊、古罗马的政治特征而言，它们都以整个城邦或整个共和国、整个帝国为首，分别以培养好公民、培养公民的爱国主义以实现政治的德性。

古代中国政治亦是如此。关于中国古代究竟是专制主义还是非专制主义，林志纯先生以先秦思想家的作品为媒介，证明“中国最初的国家不是专制主义国家”，“在中国古代，统一的专制帝国只能从秦代算起”[⑥]。古代中国政治讲究德性主要体现为：一是对领袖的考核与选拔。孟子“言必称尧舜”（《孟子·滕文公上》）其缘由就在于尧舜时代“得乎丘民而为天子”，尽管这在一定程度上是孟子对尧舜时代民选制度的理想化。但这也在一定程度上反映出尧舜时代民的重要地位，以及由民选领袖而体现出的原始民主制度。关于民在社会秩序中的重要地位，在孔子时代就已存在，《论语·先进》记载“有民人焉，有社稷焉……”，此处的民人和社稷既反映民与社稷两个层次，也突出民决定社稷的思想。孔子主张“复周礼”，

① 〔古希腊〕亚里士多德：《政治学》，吴寿彭译，北京，商务印书馆1965年版，第388页。

② 〔古希腊〕柏拉图：《理想国》，郭斌和，张竹明译，北京，商务印书馆2002年版，第279页。

③ 〔古希腊〕亚里士多德：《政治学》，吴寿彭译，北京，商务印书馆1965年版，第412页。

④ 陈国强：《阿里斯托芬“教育政治学”探析——以〈云神〉和〈蛙〉为主》，《西南交通大学学报（社会科学版）》2014年第7期。

⑤ 李永毅、李永刚：《死亡盛宴：古罗马竞技庆典与帝国秩序》，《南京大学学报（哲学·人文科学·社会科学版）》2009年第5期。

⑥ 林志纯：《孔孟书中所反映的古代中国城市国家制度》，《历史研究》1980年第3期。

其意在于试图通过恢复周朝的制度，这包括民选制度所彰显的民主以及君臣之间、父子之间、夫妇之间等的有序状态。二是孔子提倡的“仁”明确彰显其道德政治的思想。在中国的历史中，家国同构的政治影响数千年，提倡仁性政治的儒家思想也在相当大的篇章中占据主要地位，但历史总是在众多力量的合力中向前驶进，德性政治也逐渐在政治、经济、文化等因素的共同发展中向利益政治转变。

中世纪政治开发新的政治内容，一是依靠立法解决暴力和动乱；二是由古典的以“公民德性”展开的政治活动逐渐蜕变为利益政治，通过订立协议建立社会秩序，三是信仰体系的建立发生与政治的张力。较古典政治而言，中世纪政治的重大转变在于将个人从政治中解放，诞生了基于个体的“现代人”。从政治中解放的个人逐渐从古希腊时期的公民转变为臣民。集国家、社会、个人于一体的德性政治逐渐演变为由领主与封臣等不同阶层博弈而产生的利益政治。从中世纪开始，对公民的教育由“城邦善与个人善的统一”“城邦正义与个人正义的统一”逐渐演变为“在公民品性中逐渐融入个体与社会之间的权利诉求和法定义务承担的理念”[①]。从政治哲学史而言，自霍布斯提出权力政治，黑格尔将社会与国家相分离开始，政治与道德相分离，德性政治俨然成为以利益为中心的政治。思想政治教育政治属性其主旨内容也由塑造公民的德性演变为维护政治权力、反映核心利益。

二、思想政治教育政治性由“阶级斗争”向“经济发展”及“公共管理”的转变

政治是贯穿整个人类社会的实践活动，始终彰显从大局出发的原则要求。在不同的历史时期，政治主旨随现实社会关系的改变而发生变化，政治主题的变化直接影响思想政治教育政治属性的变化。原始社会时期，政治更多地表现为一种社会组织管理的功能，思想政治教育政治属性亦彰显为以服务社会组织结构的运行而存在。进入私有制社会以来，人类历史进入阶级社会的历史，而思想政治教育的政治属性亦转变为反映一定阶级的权力与利益。但阶级只是人类社会特殊的表现形态，政治最终将扬弃阶级性质回归其最初的管理形态。在消除阶级的社会里，思想政治教育政治性

① 刘铁芳:《公共生活与公民教育：学校公民教育的内涵与目标》,《河南大学学报（社会科学版）》2014 年第 5 期。

将转变为反映公共管理的表达。如恩格斯所言，“国家真正作为整个社会的代表所采取的第一个行动，即以社会的名义占有生产资料，同时也是它作为国家所采取的最后一个独立行动。那时，国家政权对社会关系的干预将先后在各个领域中成为多余的事情而自行停止下来”[①]。可以说，20世纪无产阶级革命与建设的历史是这一嬗变的有力证明。

20世纪，无产阶级革命运动取得重大的胜利。苏联的建立、新中国的成立代表无产阶级在反对资产阶级的革命中获得了领导权并成为国家的主人。但这也意味着，在革命时期以帮助无产阶级树立阶级意识、动员人民群众参加革命斗争为主要内容的思想政治教育面临新的转型。这一转型的方向把握关键在于对政治的科学认识。为此，列宁在《全俄省、县国民教育局政治教育委员会工作会议上的讲话》中提出，“政治就是各阶级之间的斗争，政治就是反对世界资产阶级而争取解放的无产阶级的关系”，这里揭示了政治的两重含义，一重含义是指政治的其中表现是阶级斗争，另一重含义是政治是取得政权的无产阶级与各阶级之间的关系。这里，列宁还指出，“我们的斗争有两个方面，一方面要粉碎资产阶级制度遗留下来的东西，粉碎整个资产阶级一再想要消灭苏维埃政权的尝试。到目前为止，我们的注意力主要集中在这个任务上，妨碍我们转向另一方面的任务——建设任务”，“现在我们主要的政治应当是：从事国家的经济建设，收获更多的粮食，供应更多的煤炭，解决更恰当地利用这些粮食和煤炭的问题，消除饥荒，这就是我们的政治”[②]。同样，中国在取得无产阶级革命的胜利后，经历了“以阶级斗争为纲”的偏离，在1978年党的十一届三中全会上提出向“以经济发展为中心”的转移。历史的实践论证马克思的论断，国家的消失，在很长一段时间，并不代表政治的消失，政治恢复到国家建立的前人类社会的民主治理阶段，当然，这时的社会是比原始社会更先进的社会，这时的民主治理也是经消灭阶级之后的民主治理。此时的思想政治教育其政治属性体现为对社会秩序的管理以及个人自由全面发展的实现。

三、思想政治教育政治性由“统治”理念向“治理”理念的转变

思想政治教育政治属性经历由表达“统治”理念向“治理”理念的转

① 《马克思恩格斯选集》（第3卷），北京，人民出版社1995年版，第320页。

② 《列宁选集》（第4卷），北京，人民出版社1972年版，第378页。

变。所谓统治，主要意思是支配，即个人或群体因为外在强制力而臣服或隶属于另外的个人或群体。马克思在《德意志意识形态》中阐释了统治，“一个阶级是社会上占统治地位的物质力量，同时也是社会上占统治地位的精神力量。支配着物质生产资料的阶级，同时也支配着精神生产资料，因此，那些没有精神生产资料的人的思想，一般地是隶属于这个阶级的”①。由此，支配和隶属同时内存于统治概念中。在以统治为国家运行方式的社会中，思想政治教育的政治属性表现为传达民众对权力阶级绝对服从的理念，这里更多表现为上对下的支配，下对上的臣服，是单线的一元模式。这样的统治理念更多出现于前习俗社会，在那里，政治、宗教、道德等规范集聚一体共同发挥作用，整个共同体都在一元的统治模式之下。在现代性社会开启以来，法律、道德、宗教等逐一从规范母体中分离并各自发挥作用规范社会秩序的良好运行。同时，社会也呈现不断分化的模式，一元的统治模式在政治实践中出现新的形态，治理逐渐成为政治运行的方式。20 世纪 70 年代，西方经历的新公共管理运动使政府的作用及权力机构发生重大改变，即自上而下的一元的权力支配改变为多元权力的协商运作，国家权力运行方式由“统治”转变为“治理”。治理方式较统治方式而言，其主要特征来自权力主体的多元。如此，在以治理为执政方式的社会中，思想政治教育政治属性主要体现为表达治理的理念，协调国家、社会与个人的关系。正如哈贝马斯力图证明的现代性的合法性问题，思想政治教育的政治性在以治理为执政方式的社会中也更加注重对现代权力合法性的证成，如此也探求人们拥护权力、参与公共政治的动机。

资本的扩张突破传统社会的一元统治，现代社会中，人们对自由的无限探寻更加增强个人的主体性，人们对平等的要求也更加要求政治民主，网络中新媒体的多面交织使得人们对真相有瞬时证明的需求，这些都使当下的社会呈现出多元化、公共化、虚拟化等特征，现代社会的特征也反映“风险社会”的真实。如此，思想政治教育政治属性已失去传统社会相对封闭的执政环境而必须直面祛魅的多元社会，传达“治理”理念的思想政治教育政治属性是在新的社会环境中体现的新的转变。

① 《马克思恩格斯选集》(第 1 卷)，北京，人民出版社 1995 年版，第 98 页。

第三节 思想政治教育政治属性的特征

思想政治教育政治属性的特征，即是思想政治教育政治属性内在特性的表现，它是思想政治教育政治属性区别于思想政治教育其他属性的标准。思想政治教育政治属性表现为把握政治大局的原则要求以及对价值的权威性分配，它彰显解放性与规训性并存、争取多数、把握整体性等特征，这些特征使思想政治教育政治属性区别于其他属性。

一、解放性与规训性并存

政治总是在统治阶级的经济支配中以政治、经济、文化等多种手段维护现行的政治运行，在这些因素中，经济支配政治维持现存的社会秩序。然而，政治有其自身的运行规律，它总是向着个人的自由与社会的平等不断迈进，如此解放性与保守性共同生存于政治之中。思想政治教育政治属性也在表达政治运行中同时彰显解放性与保守性。

思想政治教育政治属性具有保守性。思想政治教育政治属性既体现为对社会秩序的管理，也体现为对权力的维护与支撑。古希腊城邦政治尽管注重政治的德性，但其追求的“德性政治”仍被限制于一定的政治框架。将城邦善与个人善相统一的德性政治终究服务的是业已建立并日趋成熟的奴隶制度。在现代性社会中，现代个人主体性日益彰显，被释放的公共领域诉求话语权而将政治限制于一定领域并加以监控。被限制与被监控的政治看似使个人自由得到保障，公共领域话语权的共享与交流似乎使政治仅仅成为消极的补充结构，但就其实质而言，局限于现代民主法治框架下运行的政治活动或在公共领域达成共识的协商一致，无不是支撑现行成立的国家制度与统治阶级的利益。因为一切活动都来自政治的监管。就现代民主法治而言，马克思深入剖析资产阶级的生产关系，发现“资产阶级的法律不过是对资产阶级利益的保护”，这即是说明在存在阶级的社会，统治阶级总是试图为自身的权力寻求合法性证明，资产阶级通过法律获得形式平等，但也正是形式上平等的法律掩盖了存在于社会不合理的特权。正因如此重大的发现，马克思提出“法的关系正像国家的形式一样，既不能从它们本身来理解，也不能从所谓人类精神的一般发展来理解，相反，它们根源于物质的生活关系”[①]。就公共领域的协商而言，哈贝马斯认为，公共领域是单个个人结合在一起就国家事务讨论的组织，反映私人对国家事务的关心。但在存在阶级对立的现实社会里，起主导作用的社会权力总在国家形式与法的形式中获得唯心主义的表达。诚如马克思在《德意志意识形态》中指出，“那些使一定的生产力能够得到利用的条件，是社会的一定阶级实行统治的条件，这个阶级的由其财产状况产生的社会权力，每一次都在相应的国家形式中获得实践的观念的表现”[②]。因此，国家形式不过是社会权力的观念表现，社会权力产生的条件不过是一个阶级支配另一个阶级。如此，维护其统治权力的意图也不言自明。思想政治教育政治属性的保守性特征不仅反映为对旧制度及维护旧制度工具的合法性论证，还表现为通过国家政治体系与法的体系实现自身的合法化。

思想政治教育政治属性具有解放性的特征。在阶级社会，以寻求认同为目的的政治意识美化并掩盖了阶级统治的实质，“维稳”的思想政治教育政治性表达消解了矛盾对抗的程度。然而，阶级革命总在经济客观规律的理性自觉中、在异化状态的生存体验中提出解放的诉求。如马克思深入资本主义生产关系，“在政治经济学批判的基础上以革命范畴提升了政治活动的作用，政治不再是一种权力制约和意见表达，而是改造社会存在基础的激进力量”[③]。因此，循着马克思理论批判的逻辑，政治表现出两种可能性：一种是通过政治职能的自我拓展延伸到作为社会基础的经济关系中，提供一种调节性的政治概念，以政治权力化解和限制经济生活中的基本困局；另一种是以革命政治的方式推翻现代社会的经济基础，从而改变立足于这一基础之上的政治本身，按照马克思的说法，“公共权力将由此失去政治性质”[④]。如此，现代政治以政治权力边界的划定与控制为前提提出政治权力对个人控制的解除。革命赋予现代政治通达社会历史的存在意义。政治的价值目的总是指向现实个人自由平等以及真正共同体的实现。如对政治的考量仅单纯限定于权力的范围或现代公共空间内权利的寻求无疑会降低政治社会历史的存在论意义。思想政治教育政治属性所彰显的解放性也体现为对“自由联合体”的追求。如马克思领导的国际共产主义运动，俄国十月社会主义革命的胜利以及新中国的成立等政治运动，它

① 《马克思恩格斯全集》（第31卷），北京，人民出版社1998年版，第412页。

② 《马克思恩格斯选集》（第1卷），北京，人民出版社1995年版，第90页。

③ 罗骞：《马克思的政治概念》，《马克思主义与现实》2009年第2期。

④ 《马克思恩格斯选集》（第1卷），北京，人民出版社1995年版，第294页。

们一方面表现为刚性政治的运作，另一方面也通过观念政治发挥作用。其中当观念政治始终把握政治运动代表人类社会的发展的必然性的大局与原则时，我们说这是思想政治教育政治属性解放性的表现，因为它表征着以社会发展的现实性否定社会发展不合理的现存。具体来说，在这些政治运动中，思想政治教育无情揭露旧有制度的不合理，动员群众的政治参与意识，以科学的社会主义理论为指导，指向人类的终极追求目标，即实现现实个人自由而全面的发展以及自由联合体的最终实现。

二、思想政治教育政治属性彰显争取多数的特征

总体而言，政治作为“两种异质性运作之间的互动”[①]其特征体现为多数服从少数，少数以不同的阵营争取大多数，其中少数取得政治空间的支配权。体现为两种异质性运作的政治包括政府的运作与平等的运作。政府的运作主要体现为以“少数”而结盟的共同体的管理阶层中，他们共同决定职位与功能的分配。而平等的运作，则是以人与人之间的平等为预设并试图以为这种平等进行证明的关切为指导原则。同时这种平等的建构在于实现一种主体化的过程，即“它是一种‘一’的形成，这种‘一’不是一个‘自我’，而是一个‘自我’和他者之间的关联”[②]。以政治的唯一普遍性即平等赋予思想政治教育职责，其政治属性的最大特征就表征为争取多数。在人类政治运行中，无论是封建阶级试图代替奴隶阶级取得统治地位，还是资产阶级意欲推翻封建阶级争得合法统治地位，其策略都表现以“共同利益”“平等权利”的政治普遍性联合一切可能的力量，争取革命的多数。马克思也从阶级与阶级意识的层面分析政治，其主要意思即是革命的主体应该清楚地认识自身的利益，无产阶级常因未能清楚地认识自身的利益而被其他阶级争取为夺取政权的多数，而在夺取政权后却再次被取得支配权的其他阶级所抛弃而成为被剥削的多数。在政治意识中，自由主义如此，保守主义亦如此，他们总是在争取权力之时以平等的名义争取一切可争取的力量。与之不同，无论社会主义是否占据统治地位，总是力求争取多数，试图以解放自身而达到全世界无产阶级的解放。

① 〔法〕雅克·朗西埃:《政治的边缘》，姜宇辉译，上海，上海译文出版社 2007 年版，第 53 页。
② 〔法〕雅克·朗西埃:《政治的边缘》，姜宇辉译，上海，上海译文出版社 2007 年版，第 56 页。

三、思想政治教育政治属性反映整体性的特征

思想政治教育政治属性具有整体性的特征。亚里士多德“人是政治的动物”的论断从存在论维度揭示政治是人的基本存在，且政治是与经济、文化、社会等因素相互作用的核心因素，而非简单的机械排列。“政治不能被局限为一种制度，也不能被设想成仅仅构成了特定的社会领域或社会阶层。它必须被构想为内在于所有人类社会并决定我们真正的存在论条件的一个维度”[①]。对人应该过一种怎样生活的追问无不是在探求人应该如何过一种应然的政治生活。如此，经济、文化、社会总是从政治视角获得理解的可能。当然，在从政治视角理解经济、文化、社会的同时并不是坚持极端的政治化，而是从一种应然的政治角度追求经济、文化、社会等的价值维度。说到底，人类的生活世界即是由价值世界规定的政治生活。思想政治教育政治属性既是对权力的一种观念表达，也表现为一种对个人自由全面发展与社会平等的政治理想价值的反映。从权力的控制性而言，政治属性在作为一种以观念运行方式的思想政治教育实践活动中占据“统治”的地位，它统摄思想政治教育的其他属性；从理想政治层面而言，个人自由全面发展以及社会平等的实现代表人类社会的一种终极追求，这不仅是马克思主义者的政治理想，也是政治自身运行规律的标靶指向，如此思想政治教育政治属性必然以传达一种人类理想价值，作为一种价值目标统摄思想政治教育的运行。如此，“政治及其教育在思想政治教育中具有‘管’立场、观点、方向、原则等规范规约作用，在思想政治教育系统中占有‘统摄’地位，从而规定了思想政治教育的特质是‘管’人的精神世界中较大的事情，是以政治（包括广义政治、狭义阶级政治及其历史过程）的意义规范规约思想教育、政治教育、道德教育乃至法制教育、心理健康教育等的内涵边界的”[②]。如此，被认为以思想教育、政治教育、道德教育及法制教育为主要内容的思想政治教育体现出各内在要素相互作用而并非各行其是的整体性特征。思想教育、道德教育、法制教育等内容在政治的规约下实行统一的精神生产过程。思想政治教育政治属性的整体性特征也突出地反映为“管”方向，是反映大局观与整体观的属性。

---

① 〔英〕尚塔尔·墨菲:《政治的回归》，王恒、藏佩洪译，南京，江苏人民出版社2008年版，第4页。

② 张澍军:《论“政治”在思想政治教育中的规范规约作用——“思想政治教育观”创新探讨之二》，《东北师大学报（哲学社会科学版）》2015年第1期。

第四节 思想政治教育政治属性的实践要求

思想政治教育政治性必须谋求最大的合法性和正当性，如此，方能真正体现“权威性”，这也要求思想政治教育政治性在实践运行中需避免政治泛化、防止政治淡化，并在把握社会现实的基础上坚持政治正确。

一、避免政治泛化

所谓政治泛化，是指原属社会生活与私人生活的领域以各种方式贴上政治的标签，政治极化是政治泛化的极端表现。在社会主义取得胜利并建立国家的历史中，政治泛化所带来的后果给人们留下深刻的教训。在苏联，爆发于1930年的大清洗运动，无论是“第一次莫斯科公审”，还是“引入秘密警察三人审判团来加速‘革命正义’”，抑或“引入刑法第58条第14款（反革命破坏）”都反映出一切以政治手段处理的结果。在中国，也经历了政治泛化所带来的惨痛教训。在新中国成立后的一段时间，由于缺乏对政治的科学认识而出现一种误判，即“政治就是阶级斗争”，政治工作也就是进行阶级斗争。“四人帮”横行时，把“政治就是阶级斗争”的误解推行到极致，把阶级斗争扩大到人民关系内部，鼓吹只要阶级斗争抓好了，生产就自然抓好了。把政治限于阶级斗争的理解违背了无产阶级在取得政权后应正确处理人民内部各个阶级、阶层关系的正确认识，其主要任务应该是发展经济。同时，把政治运用于经济领域与社会领域，“大跃进”与“人民公社化”违背经济发展的规律与社会发展的规律，使国家的经济领域与社会领域遭受严重的破坏。思想政治教育政治属性在政治泛化的推行中，势必出现对权力阐释的扩大化。因此，避免政治泛化是思想政治教育正确运行的基础。

在自由和民主政治中，私人生活与公共领域的界分是寻找政治的线索，公共领域支持的维护公民自主关系的法制体系保障私人生活的存在，此外，具有统治权威的公共法律体系必须能限定自己的权力，如此，政治存在。但任何概念都存在自身的界限，过分延伸势必产生断裂而失去表意功能，政治概念亦如此。在政治实践中，一方面因为政府权力的扩大，另一方面因为政治参与热情的高涨，且普选直接为公民的政治参与加码，如此，原属社会生活或私人生活的领域也被各种方式贴上“政治的标签”，出现政治泛化的情况。哈贝马斯曾提出系统世界与生活世界，以此界定政治应发生作用的场域。诚然，政治的存在总是与经济、文化等要素相互发展且政治发挥核心要素而具整体性特征，但经济领域、社会领域等总有自身的规律与特性，以政治整体划一的实践方式势必带来不良后果。在现代社会中，依法治国的倡导，则也反映当下政治应该是事实与规范的统一。

二、防止政治淡化

所谓政治淡化，即是指倡导弱化政治或取消政治在实践活动中的运行。所宣扬的理由一方面是对人的权利的尊重，另一方面是倡导经济在社会生活中的作用。法西斯的独裁统治等政治极端化的社会事实促使人们对政治的反抗，摆脱政治的控制成为人们的诉求。倡导以道德取代政治实现人的权利成为淡化政治的一个理由。另外，以经济建设取代政治管理也是政治淡化的一个突出表现。在新中国成立不久，中国共产党党内便存在这样一种主张，认为阶级革命已经结束，现在的任务表现为经济建设并试图以经济建设取代政治存在。但政治实践证明马克思理论的正确性，即无产阶级取得政权的相当长一段时间，还必须以国家的形式存在以此消灭资本主义的残余，如此以保卫无产阶级政权。在中国，思想政治教育实践活动曾因一度被忽视而导致人们思想的混乱。邓小平在总结教训过程中指出，“十年来，最大的问题就是教育的问题”。

在现代性社会中，个人自主性的增强、社会的碎片化等特征使人们忽略政治与交往的联系。政治作为日常生活权力与国家行政权力连接的媒介作用被忽视，以致人们退出公共生活。退出公共生活的现代人们因为失去讨论法律等公共话题的公共领域而只关心私人生活。人们对政治的淡化也势必影响思想政治教育的运行，反映政治淡化的思潮也不断涌现，如虚无主义等消解一切政治存在的意义，而无政府主义提倡消灭国家而最大限度地实现个人的自由。任何对政治理想价值的追问都不免俗套地落入无政府主义，但正如卢梭所言，人生而是自由平等的，但无往不在枷锁之中，任何政体都好于无政体。政治淡化、政治泛化均影响人类社会的正常生活。因此思想政治教育政治属性需要实现政治正确。

三、在社会现实中把握政治正确

政治是一个广泛的概念，它不仅表现为阶级社会中的阶级斗争与利益争夺，还表现为在阶级产生之前以及阶级消亡以后所表现出的管理内涵。

在不存在阶级对抗的社会中，当社会的主要矛盾已经从阶级斗争的模式中转移，则不能单纯直观地将政治与阶级斗争画等号，更或人为地制造脱离现实基础的阶级存在与阶级斗争。思想政治教育作为一种政治权力运作的实践应坚持政治正确，既避免政治淡化，也防止政治极端化。所谓政治正确，即是指思想政治教育应追求现象与实践的统一，在深入社会现实性中达到本质要求。关于现实性，黑格尔首先开启对现实性的哲学阐释，对于黑格尔而言，哲学的内容应被理解为当前的世界或可经验的现实的内容，如此，“哲学的内容就是现实”[①]。所谓现实，即是“本质与实存或内与外所直接形成的统一”[②]，“发展了的现实性，作为内与外合二为一的更替，作为内与外的两个相反的运动联合成为一个运动的更替，就是必然性”[③]。换言之，“在黑格尔那里，现实是实存与本质的统一，这是第一；第二，现实性在其展开过程中表现为必然性”[④]。马克思继承了黑格尔对社会现实的发现与阐释，但却在如何认识社会现实中与黑格尔分道扬镳，在黑格尔看来，社会现实主要表现为“活生生的精神的范围、属于原始创造的和自身产生的精神所形成的世界”[⑤]，其必然性表现为绝对理性，但马克思把社会现实理解为人们现实的生活过程，而必然性即是指深入历史本质性而把握的独特现实，它表现为经济发展与这种发展所需的架构的双重现实。

思想政治教育作为一种政治权力在意识形态的实践，它需要在深入历史的实践中把握社会现实，并在现实的展开中把握必然性。就中国道路的实践而言，市场经济的发展、民主政治的运行、法治社会的构建、现实个人自由全面发展的追求等都彰显了社会现实展开的必然性。但无论是经济的展开、政治的运行还是法治的建设以及个人发展的追求都应深入到中国的社会现实，否则只会沦入黑格尔所批评的外部反思。党的十八届三中全会提出国家治理能力的现代化以及意识形态掌控能力的现代化。思想政治教育无疑承担着意识形态掌控能力现代化的重任与使命。在现代化的转型过程中，思想政治教育实践也出现“公民教育”与“思想政治教育”之辨，诚然，“公民”是受欢迎的词汇，然而，“公民”应是何种意义上的公民，将“思想政治教育”改为“公民教育”是否抓住了真问题。虽有学者

① 〔德〕黑格尔:《小逻辑》，贺麟译，北京，商务印书馆1980年版，第42页。

② 〔德〕黑格尔:《小逻辑》，贺麟译，北京，商务印书馆1980年版，第296页。

③ 〔德〕黑格尔:《小逻辑》，贺麟译，北京，商务印书馆1980年版，第307页。

④ 吴晓明:《社会现实与马克思主义哲学的当代课题》，《社会科学辑刊》2013年第1期。

⑤ 〔德〕黑格尔:《小逻辑》，贺麟译，北京，商务印书馆1980年版，第42页。

指出“公民教育”更能与国际接轨，能更适合构建道德体系，然深入社会现实，我们发现意识形态领域掌控能力的现代化应攻克的难题是如何增加政治价值观的吸引力、如何在立足中国社会历史的基础上扩大政治意识的普遍化。中国意识形态掌控能力的现代化，思想政治教育的现代化首先应把握的是中国的经济基础、中华民族的独特精神，而非他国词汇的亦步亦趋。正如黑格尔所言，“如果先验地给一个民族以一种国家制度，即使其内容多少是合乎理性的，这种想法恰恰忽视了一个因素，这个因素使国家制度成为不仅仅是一个思想上的事物而已。所以每一个民族都有适合于它本身而属于它的国家制度”[①]。深入中国的社会现实,则是把握“五位一体”的建设格局、“四个全面”的战略布局，以及对现实个人的自由全面发展。如此，思想政治教育的政治性方能坚持政治正确。

① 〔德〕黑格尔:《法哲学原理》，范扬，张企泰译，北京，商务印书馆1961年版，第291页。

第三章 思想政治教育的意识形态属性

在现实实践中，思想政治教育常陷入理性与价值、普遍形式与特殊利益相冲突的苦恼。而在理论研究中，思想政治教育政治属性与意识形态属性却交替使用，陷入有政治属性就没有意识形态属性的境地。殊不知，精准把握思想政治教育政治属性与意识形态属性的边界是解决实践矛盾的有力举措。思想政治教育作为观念的政治，在政治运作过程中，它的核心是表达一定社会占统治地位的阶级所维护的政治利益，同时，提升一定社会的思想体系占据统治地位。在这一运作过程中，思想政治教育所呈现的始终围绕政治价值而把握政治大局、树立政治权威的性质则是思想政治教育的政治属性，而彰显通过提升某一思想体系占据统治地位以服务一定政治利益的性质即是思想政治教育的意识形态属性。由此可见，思想政治教育政治属性的本质在于把握政治大局，树立政治权威，保障合法地位；思想政治教育意识形态属性的本质则表现为在提升某一思想体系占据统治地位的过程中所呈现的影响力与作用力。概言之，思想政治教育政治属性的本质是一种表征性，而思想政治教育意识形态属性的本质是一种服务性，二者尽管有交集，但各自也有自身的边界与对象。厘清思想政治教育政治属性与意识形态属性的边界，并在实践中发挥各自功能便成为解决思想政治教育一方面要以普遍利益维护自身合法地位，另一方面又时常代表特殊利益的矛盾的路径。要恰当把握思想政治教育意识形态属性的功能，我们需要在明晰其发生的机理中预测其发展逻辑，在把握其历史演变中概括其特征，在掌握其特征中探索其实践逻辑。

第一节 思想政治教育意识形态属性的发生

思想政治教育活动属性总是随社会主体相应需求的多样化而不断发展

丰富，并在与社会主体需求满足之间的相互作用中不断衍生与发展。思想政治教育意识形态属性便是政治属性的衍生物。探寻思想政治教育意识形态属性的发生便成为深入研究思想政治教育意识形态属性的逻辑起点。

一、思想政治教育意识形态属性独立于思想政治教育政治属性

在对思想政治教育本质属性的揭示中，思想政治教育意识形态性与思想政治教育政治性一道成为众学者研究的焦点。在研究中，因思考路径的不同，对思想政治教育本质属性的揭示也形成两种不同的观点：一种观点认为，思想政治教育的本质属性是意识形态性；另一种观点认为，政治性才是思想政治教育的本质属性。诚然，这两类观点都存在一定的合理性，但无论思想政治教育的本质属性是政治性还是意识形态性，这并非一种“有你无我”的生死对决，政治性与意识形态性都共同存在于思想政治教育活动中。在现有研究中，无论是对思想政治教育政治性还是对思想政治教育意识形态性的论证，学者们都从阶级性这一视角作为切入点，如“思想政治教育的政治性的实质是阶级性”[①]，“思想政治教育的意识形态性在一定意义上也可以说体现为阶级性”[②]。同时,学者们在对思想政治教育政治性与思想政治教育意识形态性的界定中内容也呈相互交叉的状态，如在论证思想政治教育的意识形态性时，学者指出，“所谓思想政治教育的意识形态性，是指它的政治性、阶级性，也就是说它明确地属于一个阶级，并为这个阶级的根本利益服务，其作用在于维护一个特定社会的统治阶级的统治”[③]；在论证思想政治教育的政治性时,指出“思想政治教育的政治性,集中表现为意识形态性”[④]。现有研究并存的这两种论述似乎给人这样的印象，即思想政治教育的政治性就表现为意识形态性，而思想政治教育的意识形态性就表现为思想政治教育的政治性，二者共同都表现为阶级性，同等推导则表现为思想政治教育政治性就等同于思想政治教育的意识形态性等于阶级性。诚然，在阶级社会中对思想政治教育的政治性或意识形态性作阶级性质的归类有一定的合理性，但也仅仅是最基础的规定。

就政治性与阶级性的关系而言，政治性是作为类似“种”那样的更大的范畴，一般都彰显从大局出发的原则要求。而阶级性，它是政治性在阶

① 孙其昂:《关于思想政治教育本质的探讨》,《南京师大学报（社会科学版）》2002 年第 5 期。

② 闵绪国:《意识形态性：思想政治教育的本质属性》,《求实》2014 年第 1 期。

③ 石书臣:《论思想政治教育中意识形态性与非意识形态性的统一》,《探索》2003 年第 3 期。

④ 秦在东、方爱清:《思想政治教育本质特征刍议》,《学校党建与思想教育》2011 年第 5 期。

级社会中的一个特殊表现，它的要求和表现也应该是多样的。一方面，阶级性有其确定的内涵与要求，即必须最充分地表达和反映本阶级的根本利益；另一方面，一个伟大的阶级又会注意超越自己本阶级的利益，而去表达更大范围人群的利益。正如马克思所认为的那样，无产阶级只有解放全人类才能最终解放自己。有时候只有跳出本阶级的特殊利益的范畴，最大可能地去表达“普遍性的利益”，才能真正显示一个阶级的政治性，它具体化为政治远见、政治智慧、政治谋略和政治抱负等。所以，就政治性与阶级性的关系来看，思想政治教育的政治性纵然反映阶级性，但实际上更暗含着教育人们必须注意正确处理内在的许多重大关系。而就意识形态性与阶级性来看，意识形态性更主要突出服务性，即讲究为某一特定权力服务。人们当然可以通过战争、暴力等手段为权力服务，但当人们不断使用某一种思想体系时而真实时而“虚假”、时而普遍时而特殊、时而部分时而整体去维护某一特定权力时，意识形态便登上历史舞台。而思想政治教育意识形态性则更突出表现思想政治教育作为一种实践活动在提升某种思想理论体系使其占据“统治地位”这一过程中的影响力或实际作用。在此，我们从政治性、阶级性和意识形态性的联系与各自侧重分析了三者的关系，也由此厘清思想政治教育政治性与思想政治教育意识形态性并非等同为阶级性，它们各自有不同的价值领域。

二、思想政治教育意识形态性产生于对私有利益与公共利益的调节

思想政治教育根源于社会关系中，维护社会关系是思想政治教育产生的根源。早期人类社会作为整体形式出现，整个社会的利益都彰显个人利益与公共利益的一致性。人与人之间的社会关系主要体现为人与自然的关系、人与共同体的关系。贯穿人类社会始终的政治体现公共管理的职能，此时大一统的社会教育服务于当时的社会结构，其目的是实现整个共同体的秩序稳定及人与人之间的和睦友善。与高度一体化的社会结构相随的是一元的政治意识，这个阶段政治意识处理的中心内容是如何运用传统习俗、原始宗教、领袖权威等实现整个共同体的秩序管理以及人与人之间社会关系的合理构建。在人类社会的发展过程中，物质生产活动的推进与生产力的发展促使人与人之间的交往呈多元、多层次展开。在政治关系中，政治的公共权力与利益的勾连改变了最初的社会结构与社会运行方式，以“虚假共同体”身份出现的国家也带来政治意识的转变。维护社会管理基础的政治意识面临必须处理的新内容，即与国家一道解决私有利益与公共

利益的矛盾。为此，恩格斯批判将权利与义务分别赋予不同阶级的政治现象，提出“但是，这并不是应该如此的。凡对统治阶级好的，对整个社会也应该是好的,因为统治阶级把自己与整个社会等同起来了”[①]。但因私有制的存在，事实却是这样，“文明时代越是向前发展，它就越是不得不给它所必然产生的坏事披上爱的外衣，不得不粉饰它们，或者否认它们，一句话，是实行习惯性的伪善，这种伪善，无论在较早的那些社会形式下还是在文明时代初期阶段都是没有的，并且在下述说法中达到了极点：剥削阶级对被剥削阶级进行剥削，完全是为了被剥削阶级本身的利益；如果被剥削阶级不懂得这一点，甚至想要造反，那就是对行善的人即对博学者的一种最卑劣的忘恩负义行为”[②]。如此，在政治领域，当出现私有利益与公共利益的矛盾共存，统治阶级必然采取各种方式不断掩盖或弱化这一矛盾，这其中包含真正代表共同利益，或者只是以观念、语言等方式掩盖打着追求公共利益的旗号而真正追求私人利益的实质。如此，原初维护公共利益的政治意识面临必须处理的真实性与虚幻性，换言之，利益的矛盾开始了与观念的相互支撑。

在中世纪，传统的伦理政治向利益政治转变。不同的利益成分总是与一定的观念相勾连。关于利益与观念的勾连，早期资产阶级就已发现并揭示了这一秘密，如马基雅维利首先开启了将利益与权力纳入政治。他在将人们在认识中的偏见与利益相联系、将宗教与权力相联系的基础上提出，获得维护权力的重要手段除了暴力，还有一个最为重要的因素，即欺骗。政治行为中真实意图与虚假表达之间的联系成全了政治领域中意识形态的出现与存活。由此，我们可以证明，当人类进入私有制存在的阶级社会，私有利益与公共利益以矛盾的方式出现，思想政治教育反映权力的属性也同时面临处理这一新的内容，思想政治教育不仅仅表现为对共同利益的维护，还表现为在维护共同利益的同时处理其与私有利益的矛盾关系。思想政治教育在处理公共利益与私有利益时总是在公共利益与私人利益真正等同的情况下上下波动，为达到这一波动的合理性，思想政治教育必须不断调控真实性与虚假性之间的变幻。如此，思想政治教育政治属性在公共利益与私人利益的矛盾调控中分化出意识形态性。

① 《马克思恩格斯选集》(第4卷)，北京，人民出版社1995年版，第178页。
② 《马克思恩格斯选集》(第4卷)，北京，人民出版社1995年版，第178页。

三、思想政治教育意识形态属性产生于对多元思想的引导

金林南教授在追溯思想政治教育本体时，得出思想政治教育是一种“意识的政治”，并指出“思想政治教育存在的基本前提是存在着两个以上的世界观层次上的政治价值观”[①]，“只有在多元价值观的条件下，统治者开展这样的有意识教育才是有价值的，才能算是一种有意识的政治活动。如果全社会只有一种价值观，那么便不需要这种有意识性了，只有当存在着两种以上的不同的、甚至于对立的价值观时，所展开的教育才是一种有意识的教育”[②]。这里，我们无意去深究思想政治教育的本质或本体，尽管我们坚持思想政治教育存在的前提是人类社会关系需要思想基础的支撑与维护，尽管我们也坚持“有意识性”主要是指社会管理（或统治）层对维护社会管理（或统治）所需要的思想、价值的一种建设与教育，如舜统治时期，面对人与人之间关系的混乱，而提出五伦关系的价值建构，倡导君臣礼仪的道应为忠、父子尊卑的序应为孝、兄弟的亲应为悌、夫妻的爱应为忍、朋友的德应为善。但无可否认，金林南教授在揭示思想政治教育在多元世界观并存时所彰显的实践样态与运作方式时，却为我们揭示思想政治教育意识形态性的源起提供了启示。抑或说，多元世界观的存在是思想政治教育意识形态性得以产生的观念世界的诉求。

在前习俗社会，整个社会有着高度一致的信仰。恩格斯在《家庭、私有制和国家的起源》中分别揭示了氏族社会和部落社会中人们信仰的一致以及共同的信仰在维护整个社会中所起的凝聚作用。如“在易洛魁人的六个一年一度的宗教节日期间，各个氏族的酋长和酋帅，由于他们的职位，都被列在‘信仰守护人’以内，而执行祭祀的职能”[③]。“信仰守护人”的存在以及祭祀的开展都在一定程度上延续传统、习俗对整个社会的规定作用。而到部落时代，如美洲印第安人部落则有“共同的宗教观念（神话）和崇拜仪式”[④]。同样，罗马的氏族拥有“共同的宗教节日。这些氏族祭典是众所周知的。”[⑤]共同的宗教观念以及对相关的崇拜仪式在一定程度上又加深了人们对共同宗教观念的认同。在此，我们也可论证思想政治教育的

① 金林南:《思想政治教育学科范式的哲学沉思》，南京，江苏人民出版社 2013 年版，第 111 页。

② 金林南:《思想政治教育学科范式的哲学沉思》，南京，江苏人民出版社 2013 年版，第 108 页。

③ 《马克思恩格斯选集》（第 4 卷），北京，人民出版社 1995 年版，第 86 页。

④ 《马克思恩格斯选集》（第 4 卷），北京，人民出版社 1995 年版，第 90 页。

⑤ 《马克思恩格斯选集》（第 4 卷），北京，人民出版社 1995 年版，第 119 页。

“有意识性”不单指多元世界观存在局面状态中对“一”的维护，还表现为对共同体思想信念的“有意识性”教育，其主旨则是塑造人们对所属共同体的认同感，促进人们的共同行动。

现代性政治出现私有利益与公共利益矛盾共存的同时，观念世界也进入多元世界。宗教世界的信仰之争、文艺复兴与启蒙运动之后的文化之争、科学世界对传统世界观的颠覆等现实都使一种能统摄观念的观念呼之欲出，同时“舞台上的主角们都不认为自己的世界观只是一种私人信念。他们都不认为自己的观念只是在人类生活的私人性维度里才起作用。启蒙者和觉醒者都相信，他们的世界观足以既引导公众生活也引导私人生活，并且为达到这一目的而相争。他们采取的行动也类似。他们都为自己的观点辩护，与对手展开笔战。……简言之，所有的争夺者都认为自己的世界观是一种通盘的、一揽子的东西，能够超越自己的独特性，适用于普遍的人类处境”[①]。如此，每一种观念都积极建立自己的理论体系，既言说自身体系的普遍性，也展示自身较其他理论的优越性。统治阶级面对“价值的多元性”引发的“诸神争吵”[②]，一方面采用更具普遍性言说去统摄多元价值，另一方面，提炼更具普遍性的核心价值观实现多元价值中“一”的核心地位。如当代资产阶级以形式的自由贯穿整个价值观，成为统摄整个资产阶级价值的内核。

思想政治教育意识形态性彰显为某一权力服务的服务性，突出表现为提升某种思想理论体系使其占据“统治地位”这一过程中的影响力或实际作用。任何思想理论体系，包括在政治上占统治地位的阶级，其拥有或主张的思想理论体系并非在一开始就天生地具有“统治地位”，而是逐步谋得或取得“统治地位”的。那么这种逐步地取得“统治地位”的过程与步骤是怎么回事，应该是一个值得深入探讨的问题。从经验看，有自己生产和提出的理论，由于它的先进性和内在魅力而征服人心的，如马克思主义的《资本论》成为工人阶级的“圣经”一样；也有借助已有的思想理论体系为统治阶级自身服务的，如罗马帝国通过将原本属于被统治阶级所有的基督教转为“国教”，然后取得思想意识方面的统治权；也有通过组合不同的思想理论，形成新的价值体系和思想理论体系的，如中国古代的宋明

① 〔美〕W. 安德鲁·霍菲克:《世界观的革命》，余亮译，北京，中国社会科学出版社 2010 年版，第 289 页。

② 〔德〕马克斯·韦伯:《学术与政治》，冯克利译，北京，生活·读书·新知三联书店 1998 年版，第 38~41 页。

时期，通过一些知识分子的推崇阐释，将儒道释三家的思想融为一体，从而形成宋明理学，成为统治阶级所推崇的思想理论体系。

第二节　思想政治教育意识形态属性的内涵界定

思想政治教育意识形态性，即是指思想政治教育在处理理性与价值、普遍形式与特殊利益、实践与理性等具张力的关系中，在提升某种思想理论体系使其占据“统治地位”这一过程中的影响力或实际作用，它始终服务于某一特定权力体系，彰显服务性。思想政治教育意识形态性的内涵主要包括通过占据统治地位的思想理论体系、话语、叙事等实现形式普遍性与利益特殊性的调控、实现对统治权力合法性的辩护。

一、意识形态的学理内涵是揭示思想政治教育意识形态属性意涵的基础

意识形态概念的历史大约有200年，不同历史阶段因其政治、历史、语境的不同却又引申不同的含义。以意识形态发展的显著特征为界点，意识形态概念的演变大致经历了由最初创建时所指的“观念科学”的含义，历经“意识形态的批判性”、20世纪对马克思主义传统意识形态的大讨论以及20世纪50年代所提出“意识形态终结”等阶段。尽管有“意识形态终结”的言说，但不可否认，意识形态仍是当代政治实践与学术研究的热点话题。如此，在把握意识形态概念流变与现实政治实践发展双重维度的基础上，全面把握意识形态概念也成为研究思想政治教育意识形态属性的首要前提。

第一阶段：最初的“观念科学”到“危险的政治情绪”。一般认为，意识形态概念最初是由法国拿破仑时代思想家安东尼·德拉图·特拉西发明，其意旨在于消除宗教神学以及来自权威的知识对观念起源和本质的歪曲，他试图通过使观念通向感觉的还原以建立起类似数学的精准性为基础的观念科学。从特拉西创建这一概念的初衷而言，意识形态即一种观念的科学。与此同时，特拉西希望通过这种较物质具有绝对优先性的观念科学为政治、社会及教育奠定基础，把法国建设为理性的国家。也正因如此，特拉西等建立的观念科学逐渐与现实的政治实践相连，意识形态由最初的“观念科学”逐渐演变为代表一定阶级政治理念的学说。当特拉西等建立的意识形态学说威胁到宗教与世俗权威，尤其当其与拿破仑维护独裁统治

的意图相冲突，意识形态也在拿破仑的使用下带上“空想”的贬义色彩，即被赋予“危险的政治情绪”，意识形态的批判性由此产生。安德鲁·文森特总结了意识形态在1800年至1830年的变化，“第一，特拉西最初明确用它来指称一门新的关于观念的经验科学；第二，该术语渐渐地意指与某种形式的世俗的自由共和主义相关；第三，它带上了一种贬义的含义，隐含有知识和实践贫乏和危险的激进主义的意思；最后，它被极为浅薄地用于一个非常狭隘有限的领域，指称一般而言的‘政治学说’”[①]。在意识形态概念的发展史上，马克思对意识形态的批判对意识形态理论的发展发挥了巨大的推动作用。马克思继承特拉西对意识形态的存在以及意识形态作为观念的运行，在此基础上，马克思批判意识形态的虚幻性以及在实践上的无力，并且将意识形态与不同阶级的利益与权力相统一。

第二阶段：马克思对意识形态否定意义政治指向的揭示。毋庸置疑，德国古典哲学对意识形态的发展作出了巨大的贡献。马克思正是在批判吸收德国古典哲学、英国古典政治经济学等理论资源的基础上，结合对现实政治实践中现实利益与政治意识分离的理解，创立了意识形态批判理论。在理论吸收方面，马克思分析了特拉西对意识形态的论述，同时黑格尔对意识形态发展的异化的分析、费尔巴哈对宗教异化的批判对马克思意识形态批判理论发挥了巨大的影响作用。如K. 兰克所言：“马克思意识形态学说中所有决定性的环节都已经在黑格尔的异化理论中预先构成了”[②]。在实践方面，马克思对普鲁士书报检查令的批判、莱茵报时期对现实利益问题与经济问题的研究以及流亡巴黎时期的社会政治活动都促使马克思开始思考现实世界与思想世界对立的真正原因。在《德意志意识形态》中，马克思彻底脱离黑格尔把国家当作理性国家的唯心主义观点，从国家的本质揭示意识形态的本质。如此，马克思揭示了统治阶级的政治意识与现实世界的颠倒关系，并指出意识形态总是掩蔽或扭曲现实关系的特征，“每一个企图代替旧统治阶级地位的新阶级，就是为了达到自己的目的而不得不把自己的利益说成是社会全体成员的共同利益，抽象地讲，就是赋予自己的思想以普遍性的形式，把它们描绘成唯一合理的、有普遍意义的思想”[③]。马克思对意识形态的批判成为马克思意识形态理论的重要特征，抑

①〔澳〕安德鲁·文森特：《现代政治意识形态》，袁久红等译，南京，江苏人民出版社2008年版，第2页。

② 俞吾金：《意识形态论》，北京，人民出版社2009年版，第33页。

③《马克思恩格斯全集》（第3卷），北京，人民出版社2002年版，第54页。

或说继拿破仑之后，马克思将意识形态的贬义推至一个新的高度。

第三阶段：意识形态与权力、统治间的复杂关系。20世纪以来，相关政治事件掀起了意识形态研究的狂热。其中，20世纪初苏维埃革命的胜利及其政权的巩固、法西斯主义运动事件在意识形态研究领域中反映为对意识形态诸形式的研究，如共产主义、马克思主义、法西斯主义、纳粹主义、国际社会主义等。第二次世界大战后的20年里，意识形态研究领域对马克思、马克思主义、共产主义及反共产主义的研究达到顶峰。在政治实践中，列宁在探讨各国革命何以可能中论述了意识形态的建设性力量。列宁对意识形态积极作用的肯定在某种意义上带动了西方马克思主义者对意识形态的研究。如卢卡奇注重无产阶级意识的培养，指出，“革命的命运要取决于无产阶级在意识形态上的成熟程度，即取决于它的阶级意识”①。葛兰西倡导夺取意识形态的领导权，阿尔都塞提出“意识形态国家机器”以及法兰克福学派对意识形态的各种研究都将意识形态指向共同的主题，即意识形态与权力及统治之间的复杂关系。

第四阶段：意识形态的终结。美国学者丹尼尔·贝尔的《意识形态终结》将意识形态终结的命题引至高峰。丹尼尔·贝尔坚持社会知识将取代意识形态，而弗朗西斯·福山提出西方自由民主是意识形态的进化的终结。对意识形态终结论，麦金泰尔评价：“‘意识形态终结论’的理论家们‘未能接受一个至关重要的可选择的可能性，即意识形态的终结绝非标志着意识形态的终结，它本身的提出就是它得以产生的那个时代和地域的意识形态的重要表达’”②。20世纪80年代后期，人们对“意识形态终结”论的怀疑以及现实政治的需要预示意识形态仍是今后相当长时间内讨论的主题。

在意识形态研究中，人们对意识形态概念分析的数量较多，伊格尔顿曾归纳自特拉西以来人们对意识形态概念分析的16种定义③。学者张辉根据这16种定义将意识形态概念归纳为3个方面：“第一种观点认为，意识形态即是指社会特定团体的信仰或观念或者这些信仰和观念的生产，它是在一定社会利益刺激下形成的思想形式或具有行动导向作用的话语；而第二种观点则认为，意识形态主要指作为一个整体的社会权力的生产所形成的思想观念；第三种观点有所不同，它认为，意识形态是必不可少的中

① 〔匈〕卢卡奇:《历史与阶级意识》，杜章智等译，北京，商务印书馆1996年版，第129页。

② Macintyre，Against the self-images of the Age，p.5.

③ 张辉:《意识形态还没有终结》，《读书》1995年第8期。

介，通过这个中介个体可以感知‘它’所存在的世界，并激活个体与社会结构的联系。”[①]对此，我们认为，将意识形态理解为表征一定利益的思想形式或话语、为生产一个整体的社会权力所形成的思想观念具有合理性，也是继续探讨意识形态概念的基础。同时我们认为，把意识形态理解为激活个体与社会结构联系的中介，从某种程度而言，更多反映的是意识形态的叙事方式。通过将意识形态理解为表征利益的思想体系、生产权力的话语以及话语叙事也与意识形态的共同性，即一元化、实践化、合理化、合法化、普泛化和当然化汇通。

（一）意识形态是权力生产所形成的思想体系

意识形态产生于私有利益与公共利益的对立状态以及多元价值观并存的状态中。意识形态存在的价值则是通过以权力为指向的意识、观念、情感等多种方式实现对利益冲突与多元价值观的软性调控，它以其维护的政治为标尺。正如马克思指出，“在不同的占有形式上，在社会的生存条件上，耸立着由各种不同的、表现独特的情感、幻想、思想方式和人生观构成的整个上层建筑。整个阶级在它的物质条件和相应的社会关系的基础上创造和构成这一切”[②]。这里的上层建筑显然是指意识形态，构成意识形态内容的情感、幻想、思想方式和人生观等都以不同的方式维系当下的政治统治。在马克思深入资本主义社会的研究中，愈加证明资产阶级通过不同的意识形式实现对政治统治的特殊性与普遍性的调控。政治、经济、社会、文化等意识形式中都蕴含意识形态的因子，如马克思针对资本主义社会法律意识形式中的“天赋人权”时指出，“平等地剥削劳动力，是资本的首要的人权”[③]，这里即是指资产阶级通过法律将“平等”概念在形式上合法化，但实际上资本利用形式上的平等保障现实劳动中对工人的剥削。随后，马克思在分析意识形态在社会变革中的表现形式时揭示意识形态的构成要素，“在考察这些变革时，必须时刻把下面两者区别开来：一种是生产的经济条件方面所发生的物质的、可以用自然科学的精确性指明的变革，一种是人们借以意识到这个冲突并力求把它克服的那些法律的、政治的、宗教的、艺术的或哲学的，简言之，意识形态的形式。”[④]如此，意识形态也就表现为由政治、经济、社会、文化、哲学、法律、宗教等意识形

---

① 张辉：《意识形态还没有终结》，《读书》1995年第8期。

② 《马克思恩格斯选集》（第1卷），北京，人民出版社1995年版，第611页。

③ 马克思：《资本论》（第1卷），北京，人民出版社1975年版，第324页。

④ 《马克思恩格斯选集》（第2卷），北京，人民出版社1995年版，第33页。

式共同组成的思想体系。这些意识形式并非机械的组合，而是以服务政治为目的形成的有机体系。

意识形态是由各种意识形式构成的思想体系，意识形态存在于各种意识形式中，但并非所有的意识形式都是意识形态，意识形态与意识形式的界限就在于是否指向作为整体的社会权力的生产。社会权力来自一定的生产力得到运用的那个条件，即一个阶级支配另一阶级的权力。而作为整体的社会权力的生产，即是指一个阶级支配另一阶级的社会权力上升为国家形式与法的形式的唯心表达。“那些使一定的生产力能够得到利用的条件，是社会的一定阶级实行统治的条件，这个阶级的由其财产状况产生的社会权力，每一次都在相应的国家形式中获得实践的观念的表现”①。如此，意识形态产生于存在阶级冲突的社会形态，其存在的形式则是要以普遍的形式统摄多元的价值观。“毫不奇怪，各个时代的社会意识，尽管形形色色，千差万别，总是在一定的共同的形态中演进的，也就是在那些只有随着阶级对立的彻底消逝才会完全消逝的意识形式中演进的”②。所以，在存在阶级冲突的社会形态中，意识形态的本质特征抑或说其基本功能集中表现为指向整体的社会权力的生产。马克思清楚地指出，“每一个力图取得统治的阶级，即使它的统治要求消灭整个旧的社会形式和一切统治，就像无产阶级那样，都必须首先夺取政权，以便把自己的利益又说成是普遍的利益，而这是它在初期不得不如此做的”③。如此，意识形态作为思想体系的运作宗旨则是用形式上的普遍表达内容上的特殊利益。

综上，就意识形态服务于政治行动而言，反映权力生产所形成的思想体系总是在把特殊利益从形式上表达为普遍利益。同时，意识形态总是以最终目的或最终目的据以实现的重大远景为原则。如果将此种以最终目的或重大远景为原则并带有道德命令的思想体系看作是一般的意识形态的话，那么意识形态还反映为“操作性意识形态”。操作性意识形态通过话语表现出来。

（二）意识形态是其意义为维持权力关系服务的话语

意识形态是权力介入语言的结果。意识形态与话语联系紧密，一方面是因为语言是意识形态的重要媒介，另一方面意识形态常通过意义或者观念影响一定历史条件下的个人与群体的思想或行动。因此，从话语研究

---

① 《马克思恩格斯选集》（第1卷），北京，人民出版社1995年版，第90页。

② 《马克思恩格斯全集》（第4卷），北京，人民出版社1958年版，第489页。

③ 《马克思恩格斯选集》（第1卷），北京，人民出版社1995年版，第84页。

意识形态，就是研究话语以何种方式被用来维护权力关系。汤普森将话语引入意识形态研究，提出意识形态是通过话语表达出来的。他在总结已有话语研究存在的 3 个特征——“用作表述实际发生的各种情况”“聚焦于表述序列”“看重语言活动与非语言活动的关系”的基础上，关注话语的社会历史条件与在特定社会历史条件中对权力的默认与维系，提出“对于语言和意识形态之间的互动关系的研究就是要避免去分析那些良好地组织起来的句子或者符号系统，而是要关注话语表达被用作行动和互动的手段的方式，关注它被用作创造历史和重构社会的中介的方式”[①]。由此，借助话语研究意识形态也如此自然地表现为话语分析，“进行话语分析就是对解释进行解释，就是再解释已经解释了的领域”[②]。“社会分析”“话语分析”“解释”则组成汤普森所构建的解释意识形态的程序。如此，通过解释意识形态的程序来破解话语维系社会权力的谜，亦是揭示意识形态如何表现为通过话语维护社会权力关系。

首先，通过社会分析奠定话语维护权力关系的基础。社会分析在于确认当下的社会历史条件、制度及构成制度的要素。意识形态通过话语服务于维持统治关系，从社会历史条件出发为话语运作把握方向是服务统治关系的前提。话语的生产与传播总是受一定社会统治权力的分化和操控。一个看似达成共识的领域却暗含潜在的分歧与冲突，话语也因此被不同的权力所渗透。话语的意义与权力相连也就表现为不同个人或群体的言说在不同的权力控制下具有不同的意义而在整体上形成整合的力量。话语也就如此自然地进行意识形态操控。人们通过话语，将现存的统治权力合法化，同时把以一些人的利益为代价而服务于另一些人利益的那类统治关系用话语的意义掩盖起来。

其次，话语分析揭示话语在意识形态运作中的作用。话语是一种解释，进行话语分析则是对解释的解释，这其中包含意义的综合建构或创造性筹划。但话语在意识形态运作中发挥作用首先则需要论证话语本身的合法性。安东尼奥·雷耶斯（Antonio Reyes）在分析政治话语中的合法化策略时指出，包括情绪、假设的未来、合理性、专业的声音和利他主

---

① 〔英〕约翰·B. 汤普森:《意识形态理论研究》，郭世平等译，北京，社会科学文献出版社2013 年版，第 2 页。

② 〔英〕约翰·B. 汤普森:《意识形态理论研究》，郭世平等译，北京，社会科学文献出版社2013 年版，第 9 页。

义，这些策略都在话语使用中被建构起来，并具有普遍性[①]。在话语分析中，话语分析的批判方法更能证明话语如何被用作行动手段的方式，在其中完成分析合法化程序与掩饰策略。如费尔克拉夫（Fairclough）指出话语的批判方法“不仅在于描绘了话语实践，而且在于揭示了话语如何由权力与意识形态的关系所构成，揭示了话语对于社会身份、社会关系以及知识和信仰体系的建构作用”[②]。另外，“在批判性的话语分析方法看来，话语不仅是一种权力关系，它还构成和改变一个社会的话语方式，分析政治话语，不仅要关注话语中的权力关系，而且还要关注权力关系和权力斗争如何构成和改变一个社会或机构的话语实践”[③]。如此，话语分析在意识形态中的运用则主要表现为统治权力关系下话语的生产与话语实践。

最后，解释构造意义领域显示话语如何维护统治关系。话语具有转换性和构造性，它能够在它的解释和人们体验的世界之间形成一种连接。话语不仅提供信息，它还为意义环境的形成提供可能性。话语在统治关系的规制下被生产、传播及实践。但话语在意识形态运作中时常分裂为若干个语义领域，这就需要通过解释构造意义世界以完成话语与其服务的统治关系的重新连接。

（三）意识形态是对政治的叙事

关于叙事，叙事学的主要代表人物日奈特如此定义，“叙事即用语言，尤其是书面语言表现一件或一系列真实或虚构的事件”[④]。在叙事理论的发展过程中，因为研究者对叙事语境以及叙事载体的深度认识，所以叙事的定义也被丰富为，“叙事是在特定的社会文化语境中用口语、书面语或辅之态势语、音像、图片等综合手段表述一件或一系列真实或虚构事件的行为过程或所有具有叙事性的言语成品”[⑤]。从人们对叙事的认识而言，叙事表现为一件或一系列事件，这些事件可以是真实，也可以是虚构的，同时叙事不仅表现为静态的言语成品，还表现为动态的行为过程，其媒介也丰

① Antonio Reyes, “*Strategies of legitimization in political discourse: From words to actions*”, Discourse Society, Vol.22, No.6, 2011, pp.781–807.

② 〔英〕诺曼·费尔克拉夫:《话语与社会变迁》，殷晓蓉译，北京，华夏出版社2003年版，第12页。

③ 〔英〕诺曼·费尔克拉夫:《话语与社会变迁》，殷晓蓉译，北京，华夏出版社2003年版，第35页。

④ 〔法〕杰拉尔·日奈特:《叙事的界限》，张寅德:《叙事学研究》，北京，中国社会科学出版社1989年版，第279页。

⑤ 祝克懿:《“叙事”概念的现代意义》，《复旦学报（社会科学版）》2007年第4期。

富地表现为语言、图片、音像等。叙事与语言一道与人类社会历史共同发生，如罗兰·巴特所言，“有了人类历史本身，就有了叙事”[①]。如果语言是人与人之间感性交往的媒介，那么人们总是通过叙事理解世界，同时也通过叙事讲述世界。因为语言本身并不产生行动，而总是在随后的叙事中被重新叙述或以报道的方式发挥作用。关于人类历史的探讨，历史学界曾存在一种观点，即人类社会历史总是在叙事中被建构。法国让·皮埃尔·法耶提出不一样的见解：嵌入历史的叙事方式同时也反作用于历史。如此，法耶检视叙事在社会领域的传播方式以及叙事产生的效果，并关注叙事生产与传播背后所隐藏着的（社会）位置领域。汤普森在批判法耶的基础上更加明确地强调历史和叙事关系的政治层面，即是说历史与叙事中存在不可忽视的政治维度。如此，对叙事政治维度的发现也进一步深入意识形态的运作。

通过叙事帮助意识形态完成对政治的合法化证明，或掩饰、或修饰政治，是意识形态的运作方式。马克思在《资本论》中论述了叙事的生产与流通之间的关系，“‘如果’德国读者看到英国工农业工人所处的境况而伪善地耸耸肩，或者以德国的情况远不是那样坏而乐观地自我安慰，那我就要大声地对他说：这正是说的阁下的事情”[②]。这里，马克思明确指出人们通过叙事对资本主义生产状况的把握以及资产阶级通过叙事来实现意识形态的运作。如法国历史家马布里指出：“叙事会改变国家的面貌”[③]。意识形态也通过叙事改变政治的面貌，在真实性与虚假性的转换中发挥作用。历史中纳粹力量兴起的前后时期，德国政治右翼社团的叙事；对希特勒“温和性格”的叙事；对犹太大屠杀的叙事；对美国“9·11”事件的叙事等历史事件的叙事中都包含了政治道德维度，且这些叙事都表现为对政治的服务，在为政治服务的叙事活动时而对社会事件进行再构建，时而通过类比、转喻、比喻等方式不断构造意义去实现政治所指向的目标或意图。如此，叙事通过语言等媒介实现对真实性或虚假性事件的表述，纳入政治维度则表现为意识形态的运作。

---

① 〔法〕罗兰·巴特：《叙事作品结构分析导论》，张寅德：《叙事学研究》，北京，中国社会科学出版社1989年版，第2页。

② 《马克思恩格斯全集》（第23卷），北京，人民出版社1972年版，第8页。

③ 〔英〕约翰·B. 汤普森：《意识形态理论研究》，郭世平等译，北京，社会科学文献出版社2013年版，第234页。

二、思想政治教育意识形态性的内在意涵

社会结构的分化、经济利益的多元、政治民主的传播、通信革命引发的对文化意义多元阐释等社会事实无不在相互冲突的框架中反映着不同的利益。意识形态无疑“是一个日益多元化的社会的产物，与服务于局部性利益的竞争性群体相联系”[①]，但“在自由、博爱和平等的时代，惟一有望获得普遍接受的，是建立在理性和科学这些明显的普遍观念基础之上的方法”[②]。因此，源起于任何一方表达特殊利益的意识形态都必定彰显一种普遍的诉求。内容上反映利益的特殊性与形式上以观念表达的普遍性矛盾共存于意识形态中，抑或说意识形态就是“把特殊利益说成是普遍利益，即为维护或冲击现成的利益格局的行为的合法性提供合理性辩护”[③]的思想体系、话语与叙事。思想政治教育以观念的形式彰显政治权力，反映一定阶级、政党或集团的利益，将反映特殊利益的内容实现形式上的普遍化，是思想政治教育权力运作的一种策略方式。如此，思想政治教育与意识形态在内容上、形式上以及功能等方面达到高度契合。当思想政治教育通过以观念、语言、思想等媒介，实现以普遍的形式维护或冲击现存合法的特殊利益，并提升某种思想理论体系使其占据“统治地位”，以服务某一特定权力体系，此时，思想政治教育在原初政治属性中衍生出意识形态属性。所谓思想政治教育的意识形态性，即是指思想政治教育提升某种思想理论体系占据“统治地位”，并且凭借思想体系、话语、叙事等形式实现对内容上利益的特殊性与形式上的普遍性的调控，为维护或冲击现成利益格局的合法性提供合理辩护。

（一）思想政治教育意识形态性表现为以反映政治统治的思想体系实现利益特殊性与形式普遍性的调控

意识形态从诞生之日起就肩负从“多”中实现“一”的统摄。这里的“多”主要表现为权力的多元、利益的多元、价值观念的多元等，而所谓的“一”即是指试图取得或已经取得统治权力的阶级、政党、社会集

---

① 〔英〕大卫·麦克里兰：《意识形态》（第2版），孔兆政、蒋龙翔译，长春，吉林人民出版社2005年版，第4页。

② 〔英〕大卫·麦克里兰：《意识形态》（第2版），孔兆政、蒋龙翔译，长春，吉林人民出版社2005年版，第4页。

③ 陈锡喜：《论意识形态的本质、功能、总体性及领域》，《上海交通大学学报（哲学社会科学版）》2014年第1期。

团等都以更普遍的形式实现对多元的权力、利益与价值观念等的统一。如马克思所言，“每一个企图代替旧统治阶级思维的新阶级，就是为了达到自己的目的而不得不把自己的利益说成是社会全体成员的共同利益，抽象地讲，就是赋予自己的思想以普遍性的形式，把它们描绘成唯一合理的、有普遍意义的思想”①。如此，由政治思想、法律思想、经济思想、社会思想、教育、伦理、艺术、哲学、宗教等意识形态共同构成的有机的思想体系维护由其产生的特殊利益。思想政治教育以其所代表的特殊利益的思想体系实现对特殊利益的合理性辩护。思想政治教育在凭借思想体系实现对特殊利益的合法行为进行合理性辩护时主要体现在利用思想体系的有机性与整体性。整体性在于组成意识形态的意识形式尽管所反映的内容不同，但背后隐藏的是对统治阶级的根本利益服务。而有机性则是指共同存在于意识形态的各意识形式因其所服务的侧重点不同，在意识形态中所彰显的功能和所处的位置也不同，但它们的有机组成使意识形态运作发挥最大的功效。思想政治教育利用思想体系证明特殊利益合法存在就需要实现各意识形式的有机性。如《老子》曾记载，“治大国如烹小鲜”，伊尹分析了“烹小鲜”的哲学，即做上品饭菜的第一要义首先需要丰富且质量上乘的材料；接着是配料要地道；再接着还需要讲究一定的火候。伊尹意在用烹饪比喻治国所需要的人才、时机，以及他们之间关系的协调。而对思想政治教育使用思想体系进行意识形态运作来说，即是要抓住意识形态中占核心地位的意识形式，同时以不同时期的社会主要矛盾为基础为意识形式的运用提供依据。

思想政治教育根据与政治的紧密程度掌握意识形态中各意识形式的有机排列。俞吾金教授在研究马克思的意识形态中提出意识形态的有机性，把意识形态作为总体分为 3 个层次，以直接反映经济基础的为第一层次：政治思想、法律思想、经济思想；离开经济形式较远但对人们的日常生活影响巨大的为第二层次：社会思想、教育、伦理、艺术；离经济基础最远的为第三层次：哲学、宗教。俞吾金教授指出这 3 个层次的意识形式紧密相连，共同与经济基础发生作用。但究竟如何形成的有机整体，我们需要从马克思对资本主义各种意识的批判中去寻找答案。马克思在深入资本主义社会中发现了人们的现实生活决定意识形态的唯物主义，但同时也从历史唯物主义角度揭示了意识形态如何实现其遮蔽功能。在马克思看来，资

① 《马克思恩格斯全集》（第 3 卷），北京，人民出版社 1960 年版，第 54 页。

本主义社会中意识形态的遮蔽性体现在对劳动问题的遮蔽、试图把资本主义意识形态与资本主义以前的意识形态混淆的遮蔽倾向，以及在社会变动期以更严重的方式表现出来的遮蔽。马克思在分别对资产阶级的宗教意识形式、哲学意识形式、法律意识形式、政治意识形式以及历史学等各种意识形式的批判中揭露了意识形态在实现遮蔽功能时如何有机运作。马克思在批判资产阶级意识形式时写道："在商品生产者的社会里，一般的社会生产关系是这样的：生产者把他们的产品当作商品，从而当作价值来对待，而且通过这种物的形式，把他们的私人劳动当作等同的人类劳动来相互发生关系。对于这种社会来说，崇拜抽象人的基督教，特别是资产阶级发展阶段的基督教，如新教、自然神教等等，是最适当的宗教形式"①。在资本主义社会，资产阶级首先通过宗教这种意识形式将私人劳动合法化并等同于人类劳动，而完成私人劳动合法化的基础来自宗教中对抽象人类的肯定。如此，资产阶级则通过宗教意识形式不仅完成对劳动的认可，还以抽象的方式遮蔽了隐藏在宗教背后的世俗基础。在批判哲学意识形式时，马克思指出，"那种排除历史过程的、抽象的自然科学的唯物主义的缺点，每当它的代表越出自己的专业范围时，就在他们的抽象和意识形态的观念中立刻显露出来"②。脱离历史过程的资产阶级哲学意识形态与物化意识等相互强化，掩盖物或资本的神秘背后所隐藏的人与人之间的关系。资产阶级的法律意识形式以形式上的普遍上升至国家层面并实现合法化，即是代表特殊利益集团的法律实现了对另一阶级合法的支配。资产阶级的政治意识形式遮蔽政治是由经济决定的。而历史学意识形式把历史看作是观念，宣扬历史的变化是观念的变化，以此掩盖现实历史的物质生产基础。综上，我们得出结论，意识形态的不同意识形式以统治阶级的根本利益为核心轴，从不同领域实现对统治阶级根本利益的维护，从价值观、生活方式、思想等方面实现被统治阶级对统治阶级的认同。因此，思想政治教育要实现对利益特殊性与形式普遍性的调控就需要利用思想体系进行全方面的改造，使得社会生活中各个领域的意识形态都以统治阶级的根本利益为轴心对其合法性行为提供合理性辩护。

思想政治教育以不同时期社会主要矛盾为依据运用具有针对性的意识形式。一定阶级、集团、政党在使用思想体系进行意识形态运作时总是根

① 马克思：《资本论》（第1卷），北京，人民出版社1975年版，第96页。

② 《马克思恩格斯文集》（第5卷），北京，人民出版社2009年版，第428页。

据不同时期的社会主要矛盾来调节。从对民众的需要程度而言，在动员民众时期，一定的阶级、社会集团或政党总是采取弱化意识形态，更加注重民众的现实需求与实际情况，当然这里也隐藏另一层意思，即是在动员时期，一定阶级、社会集团或政党并非弱化意识形态，而是把意识形态的核心价值与民众的实际情况与现实需求相融合，以更大限度地吸纳民众。在社会稳定期，对民众的需求较动员时期较弱，这时的阶级、社会集团或政党总是更多关注自身的利益，少数人实际统治多数的民众。这时期的意识形态运作比较明显，意识形态的作用就是掩盖一定阶级、社会集团或政党对特殊利益的维护。在社会矛盾突出时期，一定阶级、社会集团或政党对意识形态的运作最为突出，此时的意识形态通过各种方式，实现对社会矛盾的掩盖以试图实现其对特殊利益的服务。另外，思想政治教育在使用思想体系时，还表现为协同不同时期统治阶级的制度、政策的调控：在以政治为主导时期，思想政治教育突出地反映为发挥各种意识形式的意识形态性为政治运动服务；在以经济建设为主导时期，思想政治教育突出地反映为调动各种意识形式为经济建设服务。如马克思在谈到 17 世纪、18 世纪的工业革命所造成的大工业的迅猛发展时指出，“只要可能，它就消灭意识形态、宗教、道德等等，而当它不能做到这一点时，它就把它们变成赤裸裸的谎言”[①]。如此,也证明思想政治教育的意识形态性的核心是为政治服务的。

（二）思想政治教育意识形态性表现为统治阶级通过话语对利益特殊性与形式普遍性的调控

在思想政治教育实践中，如果说意识形态思想体系是经系统化的；且经证明具有合法性的抽象结构，那么意识形态话语则更直接地实现行动定位。意识形态话语在思想政治教育实践过程中通达认知、提供解释、构建意义，在利益特殊性与形式普遍性的调控中最终指向为统治权力的合法性存在提供合理性辩护。

思想政治教育通过意识形态话语帮助人们通达对社会现实的认知。认知是人类的基本能力，语言是人类认知的重要媒介。意识形态话语最基本的功能则是对社会现实作出总结和判断。从最基本的层面而言，意识形态是权力渗入话语的结果。因此，对社会现实作出总结和判断，提供一定的解释，帮助人们认识社会现实就必然反映一定的权力主张和诉求。对社

① 《马克思恩格斯全集》（第 3 卷），北京，人民出版社 1960 年版，第 68 页。

会现实的总结和判断，包括对社会制度的现实运行的总结和未来走向的判断。在社会制度的现实运行中，思想政治教育通过意识形态话语首先为一定的社会制度、社会政策等提供话语解释。这种解释包括对其合法性作维护性的解释，也包括对其不合理性作冲击性的解释。就马克思的观点而言，意识形态总是统治阶级的意识形态，其他阶级的意识形态总是被包容于统治阶级的意识形态。因此，思想政治教育意识形态话语总是维护一定统治阶级的利益，解释其社会制度及社会政策的合理性。但生产力发展到一定阶段时，满足历史条件的情况下则可能导致社会关系的变革。此时，代表社会现实发展规律的阶级的意识形态必然在新的生产力发展的基础上产生新的意识形态。代表社会现实发展规律的新的阶级的意识形态话语总是充满批旧维新的特征。它总是在批判旧的社会制度、社会政策的基础上，宣扬新的社会制度、社会政策的合理性以此维护其合法性行为。思想政治教育意识形态话语提供解释的功能还体现在应对社会矛盾的策略中。在政治实践中，每一个历史时期都承载一定的社会矛盾。思想政治教育意识形态话语一方面表现为对社会矛盾的审时度势，对社会矛盾提供一定的解释。另一方面对国家相应的政策做出阐释以帮助人们形成认知、达成认同。思想政治教育通过意识形态话语的掩饰功能承担社会矛盾带来的冲突与社会分化带来的分裂。

思想政治教育通过意识形态话语构建意义对统治权力的合法性行为提供合理性辩护。意识形态话语自被建构起来经历无数的变化，但同一意识形态中的一致性总能被识别，其深层缘由则是维护统治关系的意义在发挥核心作用。汤普森在研究意识形态与话语时着重强调话语中意义构建的重要性，他认为“研究意识形态主要应去探究的并不是与特殊的社会类型有关的特殊的话语类型，而是意义（意指）（meaning，signification）帮助维持统治关系的那些方式。意识形态的研究所根本关涉的是语言，因为在很大程度上，正是在语言中意义被用来维护统治”[①]。思想政治教育通过意识形态话语中意义的构建来维护统治关系主要表现为：一是对现实世界交往中的意义构建。对马克思来说，语言就是人与人之间的感性交往。意识形态话语也总是现实世界的反映。思想政治教育面对现实世界的矛盾，欲实现对现实世界的改变总是通过一定的意义构建来影响人的精神世界。从

① 〔英〕约翰·B.汤普森：《意识形态理论研究》，郭世平等译，北京，社会科学文献出版社2013年版，第27页。

而也由此推断，人的行动总是与一定的意识形态话语的意义紧密相连。如此，通过人的行动交往构建话语的意义以及与构建的意义指引人的行动总是在现实实践中辩证运动。由此，思想政治教育实现对特殊利益与形式普遍的调控就表现为话语维度的意义构建，从人的行动中去实现对统治行为合法化的合理证明。二是对“另一个世界”的指涉。美好的彼岸世界总是成为民众忍受现实社会矛盾的“催眠剂”。统一特殊性的观念世界总发挥掩盖社会分裂维持社会统一的功能。思想政治教育在意识形态话语意义构建中也往往采取通过对另一世界的指涉来达到自身革命、变革或维护统治的目的。正如马克思指出，“他们战战兢兢地请出亡灵来为他们效劳，借用他们的名字、战斗口号和衣服，以便穿着这种久受崇敬的服装，用这种借来的语言,演出世界历史的新的一幕”[①],或者“借更改名称以改变事物，乃是人类天赋的决疑法！于是就寻找一个缝隙，当实际利益提供足够的推动力时在传统范围以内打破传统”[②]。当然对另一世界的指涉并非总是直接的，它或许通过不同领域的分块指涉最终实现其有机运作，或许比喻、类比、暗喻、借喻等方式实现对另一世界意义的转换，但最终都指向通过对现实世界矛盾的掩饰而实现统治关系的合法化证明。

（三）思想政治教育意识形态性表现为通过叙事实现对统治权力合法性行为的合理性辩护

思想政治教育的意识形态属性，其内核就是实现在内容上利益特殊性与形式上普遍性的调控。叙事包含对事物究竟是什么的说明，即是对事物的再解释，它通过对事物加以编码、评价和叙事重新构建事物的性质。思想政治教育这一实践活动的意识形态属性反映通过叙事来重新构建事物的性质与价值观，实现特殊性与普遍性的遮蔽与解蔽。这里的叙事包括历史叙事、文化叙事、革命叙事或是发展叙事等。叙事通过隐喻、类比、转喻等方式为其行为提供证明。美国社会学教授杰弗里·亚历山大在《社会生活的意义》中分析了叙事如何让产生于特定历史情境的犹太大屠杀转变为一个代表着人类苦难和道德堕落的普遍性象征符号。这为我们揭示思想政治教育如何通过叙事进行意识形态运作，实现对利益特殊性与形式普遍性的调控提供现实的案例。

据杰弗里·亚历山大教授的研究，对“犹太人屠杀”的最初“叙事”

---

① 《马克思恩格斯选集》（第1卷），北京，人民出版社1995年版，第585页。

② 《马克思恩格斯选集》（第4卷），北京，人民出版社1995年版，第53页。

并非今天意义上的“犹太人大屠杀”，它通过无线电广播与报刊上各种报道的传播提炼而最终成为某种“暴行”的典型代表出现在人们的视野中。这一事实的存在在亚历山大教授看来，经过这样几个步骤：首先，是对精神创伤进行文化建构，这包括对事件进行编码、评价与叙事。具体而言，即是将犹太人大屠杀编码为“恶”，对“恶”的程度进行评价，在此基础上实现对犹太大屠杀的叙事。其次，是对犹太大屠杀中纳粹作为绝对恶的表征的背景建构。在对犹太大屠杀表征的分析中，犹太大屠杀被定义为纳粹恶。如《华盛顿邮报》将纳粹的行径称为“自圣巴托罗缪日大屠杀以来人类最大的倒退”[①]。最后，在经过对犹太大屠杀这一事件作文化建构与背景建构后，通过叙事去界定究竟该如何看待纳粹。在对犹太大屠杀的叙事中，包括进步叙事框架与悲剧叙事框架。进步叙事框架宣称纳粹主义最终将被消灭并退出世界舞台。这种进步叙事将反纳粹战争延伸到反纳粹和平。就美国而言，通过对犹太大屠杀的进步叙事，把某种乌托邦式的美国终极目标与之紧密相连。这种进步叙事框架也将美国形象树立为领头“在旧世界的灰烬之上建设着新的世界”，是走在重构新的道德秩序前列的社会行动者。悲剧叙事增加所表征的恶的权重，将焦点集中于罪恶的性质、直接后果以及发生恶的动机与联系。犹太大屠杀也因此被戏剧化，被构建为一场悲剧并通过故事、电影或书本中的场景，话剧表演，苦难与折磨人的真实照片等使其泛化，得到公众的认同。犹太大屠杀通过编码、评价与叙事而被泛化。然而对大屠杀截然不同的编码、评价与叙事对今天的社会政治行动产生了重大的影响。主要表现为：

一是被界定为犹太种族浩劫的非人道行为起到一种道德功能，作为一种纽带式的隐喻，“两端分别连接权力不均等的社会群体和用以对现实历史中发生的事件的善恶进行分析的法律”，如此，“这种表征不仅把行凶者及其行为认为是根本恶，还把不行动的人也同样被视作是恶的”[②]。这也为美国以“普世价值”或“维护人权”为借口而介入他国战争充当世界警察提供了强盗式的具有普遍性的借口，但其背后的实质仍旧是美国的利益。二是通过“恶的肿胀”，与大屠杀具有转喻关联意义上的简单接近关系都是有罪的。“恶的肿胀”强制人们向当时原发性的精神创伤的戏剧回归，

① 〔美〕杰弗里·亚历山大：《社会生活的意义》，周怡译，北京，北京大学出版社2011年版，第34页。

② 〔美〕杰弗里·亚历山大：《社会生活的意义》，周怡译，北京，北京大学出版社2011年版，第66页。

并重新审判参与其中具有直接或间接相关的个人或集体，如海德格尔等伟大哲学家也因此受到牵连。三是类比被用作是纽带式隐喻起作用的更典型的方式。如亚历山大指出，20 世纪 90 年代，从“肿胀隐喻”中渗透出来的恶为理解巴尔干地区的一系列事件提供了一个最有说服力的类比框架。在各种符号延伸中，民主党总统候选人克林顿宣称“历史告诉我们，我们不能允许对人类的大规模屠杀发生，绝不能袖手旁观”，“将首先以空军向塞尔维亚发起进攻，从而恢复基本的人权”①。《国会季刊》评论说，在这里他利用了对塞尔维亚的反感，划清了第二次世界大战中的盟军界限，避免了事后遭到回溯式指责的那种被动状态。

通过上述分析，我们认为，叙事通过故事、言语、大众传媒、新兴媒体等媒介对即将发生或已发生的事件进行渲染或总结。这种渲染为行动提供情境、渲染氛围、调动情绪，抑或说是为行动提供事前预热，其目的就是保证得到民众的认同与期许。总结中，叙事往往通过重新对事件的解释或真实描写或虚幻遮蔽来为其提供合理性辩护。如此，叙事在思想政治教育意识形态功能实现中发挥重大作用，或者说叙事彰显思想政治教育对某种思想理论体系提升为“占统治地位”的影响力或实际作用，是思想政治教育意识形态性的内容表现。

第三节　思想政治教育意识形态属性的历史演变

意识形态是为政治服务的，是权力进入语言以实现凭借形式上的普遍性遮蔽利益特殊性的反映。自意识形态产生进入政治权力之日起，它就随政治实践的变化而变化。当政治统治的权力阶级发生改变时，其意识形态的思想体系必然发生转变，如资产阶级代替封建贵族掌握统治权力时，意识形态则通过建立反映资产阶级利益的思想体系以论证、维护资产阶级统治的合法性；当政治的治理方式由统治向管理向治理转变时，意识形态话语则围绕这一转变实现对治理的话语编撰、理论宣传、意义解释等；当政治权力由集中于制度层面向日常生活层面转变时，意识形态也通过叙事等方式来为权力深入日常生活提供合理性辩护。思想政治教育意识形态性通

① 〔美〕杰弗里·亚历山大:《社会生活的意义》，周怡译，北京，北京大学出版社 2011 年版，第 69 页。

过构建符合统治阶级利益的思想体系、话语、叙事等方式不断实现利益特殊性与形式普遍性的转换，其最终旨在为维护或冲击统治权力政治行为的合法性提供合理性辩护。抑或说，思想政治教育意识形态性表现为为一定政治权力服务，它必然随政治的变化而不断调整自身的内容。思想政治教育意识形态性的发展历程体现出由“思想体系”概念向“核心价值重构意识形态”的转变、由“阶级斗争话语”向“民主话语”的转变、由“宏大叙事”向“生活叙事”的转变。

一、思想政治教育意识形态性历经由“思想体系”概念向“核心价值重构意识形态”的转变

由借助思想体系来实现对特殊利益的遮掩转向由核心价值重构意识形态以实现意识形态对政治的维护是意识形态建设的新的方向。意识形态是以一定权力为基础并取得一定支配地位的思想体系，这种思想体系以观念的普遍性统摄利益的特殊性，成为社会普遍奉行的信仰和价值体系。政治、经济、法律意识形态直接表达统治阶级的根本利益，当然它们也凭借语言将其遮蔽起来。宗教、哲学、艺术、伦理等意识形式以更隐蔽的方式反映现实的利益关系。统治阶级总是要通过思想体系的构建实现对整个社会价值的分配，这些分配通过不同的组织来实现。任何阶级、政党、社会集团等欲取得权力、维护权力都需要以权力为基础的思想体系为人们对权力的认同种下观念的种子。在现实政治实践中，左派与右派或自由主义与保守主义等政治意识都构建稳定的思想体系，即是说不同的主义之间首先就是不同思想体系间的交锋。在认识共产主义时，毛泽东如此解释，“共产主义是无产阶级的整个思想体系，同时又是一种新的社会制度。这种思想体系和社会制度，是区别于任何别的思想体系和任何别的社会制度的，是自有人类历史以来，最完全最进步最革命最合理的”[1]。思想政治教育通过以权力为基础的思想体系为权力服务是思想政治教育意识形态运作的基础。但在现实的政治实践中，政治民主化、利益格局多元化、社会结构分化等现实，激起人们关于意识形态究竟对政治是否产生良性影响以及意识形态究竟扎根大众有多深的思考。在这一思考中，核心价值重构意识形态成为新的研究范式。核心价值是人类在不同的生存方式中所发生的处理不同社会关系的核心理念，这种核心理念是在不同特殊性共存中实现的

① 《毛泽东选集》(第2卷)，北京，人民出版社1991年版，第686页。

普遍的抽象。马克思曾揭露资产阶级通过普遍的观念形态对特殊利益进行遮蔽，资产阶级以自由、民主、平等等具有人类最高价值的理念来遮蔽其所反映的资产阶级特殊利益。如此，通过核心价值重构意识形态，即是通过以核心价值为内核支撑多元意识形态的运行，使看似各自为政的不同意识形态始终围绕代表一定权力的核心价值服务。思想政治教育在意识形态运作中也转向对社会核心价值的培育、解释和传播，当然这种转向并非对代表一定权力的思想理论体系的搁浅，而是始终在坚持理论体系构建的同时，实现对更具普遍性的核心价值的研究与运用。

二、思想政治教育意识形态性历经由“阶级斗争话语”向“民主话语”的转变

意识形态总是为政治服务的，政治实践的变化也给意识形态带来变化。自意识形态介入政治以来，20 世纪初的政治运动是意识形态发展的突出时期。自 19 世纪开始，马克思深入资本主义社会内部，揭露了资产阶级的意识形态对其特殊利益的遮蔽，并从生产力发展的角度揭示现今的社会越发简化为两个对立的阶级——无产阶级和资产阶级，对意识形态的批判更多聚焦于资产阶级对无产阶级的剥削与欺骗。20 世纪，列宁认识到意识形态的实践性并将意识形态理解为描述性的概念。在谈到意识形态的阶级性时列宁指出，“既然谈不到由工人群众在其运动进程中自己创立的独立的意识形态，那么问题只能是这样：或者是资产阶级的意识形态，或者是社会主义的意识形态。这里中间的东西是没有的（因为人类没有创造过任何‘第三种’意识形态，而且在为阶级矛盾所分裂的社会中，任何时候也不能有非阶级的或超阶级的意识形态）。因此，对社会主义意识形态的任何轻视和任何脱离，都意味着资产阶级意识形态的加强”[①]。这里，意识形态的主要内容由阶级斗争话语填充。20 世纪的政治事件更是以“阶级斗争”为主要内容的意识形态在政治实践中的实践运作。1917 年俄国革命的胜利、20 世纪 30 年代苏联政权的巩固以及 20 世纪 50 年代开启的冷战都在政治实践领域彰显“资本主义意识形态”与“共产主义意识形态”的对立，从其代表的利益阶级来看，即是资产阶级与无产阶级的对立。随着东欧剧变、柏林墙的倒塌，佛朗西斯·福山等学者提出“意识形态的终结”，但这一论断败给了现实的政治实践。因为在现实的政治实

① 《列宁选集》（第 1 卷），北京，人民出版社 1995 年版，第 326~327 页。

践中意识形态不仅存在，并且还换上与东欧剧变同步的第三波民主化浪潮的“民主”的外衣。在现代政治实践中，意识形态关于“阶级斗争”的话语转移到新的战场——民主话语权的争夺。

在冷战中，自由民主取得暂时的胜利，似乎成为新时代唯一的合法性话语。亨廷顿提出，经过第三波民主化，世界上的民主国家在1990年已达58个，占全部国家总数的45%①，到2005年被“自由之家”确认的选举民主国家数目达到122个。与之持相反态度的研究指出，“21世纪第一个十年则出现‘民主衰退’。参与第三波民主化的国家中，约有五分之一，不是回复到威权主义,就是要看到民主制度遭受严重侵蚀”②。不管是对民主持乐观态度还是对民主进程持忧虑态度，争夺民主话语权成为意识形态的新战场。无论是西方自由民主中不同派别对民主的不同认识，还是不同政体的国家对民主的各持己见，无论何种面貌的民主都坚信民主的合法性来自人民的同意，“每一个现代国家政治实体，不管它们之间有何差异，至少都有一个共同特征：它们都热衷于令其国民共同为实现国家的目标而努力；而意识形态便是现代政府用来动员民众的主要手段之一”③，尽管如此，但如何来定义“人民”，这就是民主意识形态的技巧所在。思想政治教育是一种观念政治，其意识形态运作终究是为其政治权力服务的。在阶级斗争为主要政治实践的背景下，其意识形态话语构建必然以不同阶级的利益为主，新的政治实践呼吁对民主的追求，意识形态必然在新的战场为各自的权力阶级服务。值得注意的是，民主尽管是一个抽象的更具普遍性的，也是值得追求的人类价值，但每一国家其历史不同、政治现实境遇不同，其对民主的理解与建立也不同。思想政治教育应在不同的政治现实中把握符合现实发展的民主，向实质上的民主迈进。

三、思想政治教育意识形态性历经由“宏大叙事”向“生活叙事”的转变

日常生活对于一个国家而言是意识形态最终的落脚点，由宏大叙事转

① 〔美〕塞缪尔·亨廷顿：《文明的冲突与世界秩序的重建》，周琪等译，北京，新华出版社1998年版，第4页。

② 〔美〕弗朗西斯·福山：《政治秩序的起源：从前人类时代到法国大革命》，毛俊杰译，桂林，广西师范大学出版社2012年版，第4页。

③ 〔美〕利昂·P·巴拉达特：《意识形态：起源和影响》，张慧芝、张露璐译，北京，世界图书出版公司2010年版，第3页。

向生活叙事是意识形态发展的必然。意识形态具有叙事的形式，它通过对经验的控制为人们提供一种新的生活方式，这或者通过贯穿于整个叙事的文本，或是通过言说故事的模式。即是说叙事是一种意识形态，意识形态本身也是一种叙事，叙事与意识形态的双向互动其基础就在于同为政治服务。在以阶级革命为主题的政治实践中，意识形态叙事总是围绕国家、阶级、政党而言说，一定的国家、阶级、政党借助意识形态叙事表达自身诉求。随着统治阶级治理国家与社会的能力日趋成熟、民众对政治认知的深入、市场经济的推进等现实特征，意识形态叙事的宏大愿景不断改变其言说方式，更加深入日常生活。这种转向既来自政治实践的发展，更来自社会生产力发展对政治意识形态的更高要求。

马克思研究了资本主义社会的意识形态，试图以意识形态去解现代国家何以可能，但马克思认为所有的意识形态只在资产阶级建立之初发挥巨大的作用，对普通民众而言，意识形态的作用微乎其微。由此，马克思提出了货币拜物教，试图借助货币去理解传统社会被打破时人与人之间关系得以维系的可能。“如果说，黑格尔致力于把意识形态概念与精神发展中的异化概念会合起来，那么，马克思则致力于把意识形态概念与现实生活中的物化观念会合起来。这是把整个意识形态批判引向现实生活批判的一个根本性的步骤”[①]。因为这种普遍的物化的实质就是人与人之间的社会关系，“经济学家们把人们的社会生产关系和受这些关系支配的物所获得的规定性看作物的自然属性，这种粗俗的唯物主义，是一种同样粗俗的唯心主义，甚至是一种拜物教，它把社会关系作为物的内在规定归之于物，从而使物神秘化”[②]。意识形态这种将社会关系隐藏于物的隐蔽方式在现代社会中更趋成熟。在现代社会，商品、艺术作品、影视文化、饮食文化、休闲文化等日益成为承载意识形态的成熟载体，这些载体连接意识形态与现实生活。同时，女权主义、生态主义、科技主义、反全球化主义等也同样从某一特殊领域或某一特定人群关注社会生活的变化。意识形态的发展趋势从顶层观念设计更加走向日常生活，以文化、艺术、文明等看似中立且更趋普遍性的词汇加之现代社会中日益明显的符号化对潜藏的政治秩序与权力进行编码、评价与叙事，以期实现不同阶层之间的社会关系被遮蔽，从而达成社会关系的整合。在这一现实转变中，意识形态叙事由过去的宏

① 俞吾金:《意识形态论》，北京，人民出版社 2009 年版，第 92 页。

② 《马克思恩格斯全集》（第 46 卷下），北京，人民出版社 1980 年版，第 202 页。

大叙事转向面对现实生活的叙事。转向现实生活的叙事集中于对生活方式塑造的叙事、对文化的叙事、对道德的叙事、对公共事件的叙事等，这些叙事都在于通过影响人的行动实现对利益特殊性的遮掩与调控。

第四节　思想政治教育意识形态性的特征

思想政治教育意识形态性是在特殊利益与普遍利益对立、多元思想并存的背景下产生的，它试图以形式上的普遍性来掩盖内容上所反映的利益的特殊性并最终实现社会秩序的良好运行。在其中，它所反映的特征总是表现为通过价值目标促进个人价值感、在屹立的不同意识形态中吸收合理成分以扩大自身体系的普遍性等。由此，思想政治教育意识形态性的特征也就表现为通过价值目标促进个人价值的特征、兼收并蓄的特征。

一、思想政治教育意识形态性具有通过价值目标促进民众价值感的特征

思想政治教育意识形态性意在彰显思想政治教育作为一种社会实践活动在提升某种思想理论体系使其占据“统治地位”这一过程中的影响力或实际作用。在通达以形式上的普遍性遮蔽利益的特殊性的过程中，思想政治教育意识形态性总是赋予特定行动和世俗实践更广泛的意义以增添社会行为的高尚感与荣誉感，当然，从价值立场的另一面来说，它也是不良动机和卑劣表现的华丽外衣。概括而言，思想政治教育意识形态性具有通过价值目标促进个人价值感的特征，它在意识形态所构建的意义背景中动员民众，团结民众，维护一定阶级、政党或社会集团的合法权威。

（一）思想政治教育意识形态性具有通过价值目标动员民众的特征

“‘意识形态’是指在特定行为中发挥作用的观念的总称”[①]。所谓在特定行为中以观念发挥作用，即是指意识形态总是以抽象的概念扩大行动的意义，建立行动与信仰之间的联系。意识形态总在信仰的混乱通过愤怒和痛苦表现出来时结束其潜伏期而开始行动，这也是在革命时期，意识形态为何如此重要的原因。这里，我们以“解放”与“翻身”这两个政治

① 〔美〕戴维·E. 阿普特:《现代化的政治》，陈尧译，上海，上海世纪出版集团2011年版，第235页。

话语为例来剖析意识形态如何发挥动员功能。“解放”和“翻身”是中国共产党意识形态话语中非常重要的话语，它们曾对动员群众发挥过巨大的作用。值得一提的是，“解放”和“翻身”并非一开始就是意识形态话语。“解放”一词早已在古汉语中出现，其基本含义都包含解除束缚之意，如张鎡在《水龙吟·夜梦行修竹林中》载：“解放微官系缚，似笼槛、猿归林草”[①]。19 世纪末 20 世纪初，“解放”随西方思潮的传入而具有现代意义，有研究表明“最早使用‘解放’概念是在 1907 年的《天义报》。这是‘女子复权会’的机关报，该报的宗旨是‘破坏固有的社会，颠覆现今一切的政府，抵抗一切的强权，以实行人类完全的平等’”[②]。这里“解放”话语开始与一定的群体相连。1920 年后，“解放”话语意义逐渐转向政治层面，在民族意义上的使用逐渐增加。尽管“解放”话语主要体现在民族意义的用法上，但它也被广泛用于各个领域，毛泽东曾于 1919 年在《湘江评论》第 4 期所发表的《民众的大联合》一文中说道：“于今不同了，种种方面都要解放了，思想的解放，政治的解放，经济的解放，男女的解放，教育的解放，都要从九重冤狱，求见青天”。“1945 年左右，‘解放’话语得以进入中国共产党的核心话语体系”[③]，在中国共产党的政治理念中，“解放”即是领导工农等被压迫的阶级推翻压迫，实现当家作主。如此，“解放”被道德化，与马克思的阶级话语相结合，同时与中国共产党的革命理念有机相容。后期，“国统区”与“解放区”的对立，使得“解放”话语更具动员的权力，即动员人们成为“解放”的主体。如果说“解放”话语树立了民众的政治信念，那么“翻身”更从心理层面帮助民众打破了传统儒家树立的“天命观”这一思想障碍。“翻身”较“解放”而言，更大众化、形象化，如中国传统文化中的“咸鱼翻身”“瓦砾尚有翻身之日”等。“翻身”话语通过树立农民的阶级意识，使农民“翻心”，在心理层面和思想层面突破原有的“天命观”。如此，通过“解放”“翻身”“翻心”等意识形态话语帮助中国共产党动员民众参与革命，实现新社会的建立。通过上述分析，我们认为，思想政治教育意识形态性动员民众这一特征主要表现为通过价值目标的树立、社会心理的改变、社会情感的推动来

① 王洪：《唐宋词百科大辞典》，北京，学苑出版社 1990 年版，第 99 页。

② 袁光锋：《“解放”与“翻身”：政治话语的传播与观念的形成》，《新闻与传播研究》2013 年第 5 期。

③ 袁光锋：《“解放”与“翻身”：政治话语的传播与观念的形成》，《新闻与传播研究》2013 年第 5 期。

完成。如刘瑜在分析毛泽东的政治话语与情感动员的关系时指出，它可分为 3 个主题，每一个主题都旨在激起一种情感，其中一个主题便是“解放”[①]。思想政治教育意识形态性彰显思想政治教育在提升某种思想理论体系使其占据“统治地位”过程中的影响力与实际作用，通过价值目标动员民众是思想政治教育发挥这一影响力的特征表现。

（二）思想政治教育意识形态性具有通过价值目标团结民众的特征

思想政治教育意识形态性在团结民众的过程中发挥最大效力。在政治实践中，思想政治教育意识形态性通过普及一定阶级、政党或社会集团的意识形态，并使之成为共同观念的基础、一种被普遍理解的语言的基础以发挥团结的作用。它主要通过以下几个方面来实现：

一是赋予民众历史延续感。人是意识形态的产物，人的意识形态观念总在制度遵守、政策执行、教育接受、家庭熏陶中不断被强化，由此，任何一种新的意识形态的植入总面临与历史观念的交锋或交融。这种历史观念不仅体现在人的头脑中，还融化于人的行为中。因此，新的制度、政策的执行并非总是与新的意识形态的成功介入相同步。思想政治教育意识形态性在论证意识形态的合法性的过程中，其惯常使用的手段则是通过对历史的追溯去寻找意识形态之间的连接点。犹如马克思所言，“他们战战兢兢地请出亡灵来为他们效劳，借用他们的名字、战斗口号和衣服，以便穿着这种久受崇敬的服装，用这种借来的语言，演出世界历史的新的一幕”[②]。当然，思想政治教育意识形态性通过赋予民众历史延续感以建构团结，其基础就在于人们对认同的需求。埃里克松以认同需求为基础揭示意识形态如何在价值目标与团结功效中发挥作用，“一种构成信仰、科学思想以及政治思想的无意识倾向：在特定时期这一倾向使事实符合思想的要求，使思想切合事实，以创造一种其说服力足以支持集体认同感和个人认同感的世界观。并非可以被独断地或有意地控制（尽管像所有人的无意识一样可以利用），由意识形态简化所创造的整个观念，通过它对历史事件的表面逻辑施加的主导影响，以及对个人的认同形成（由此对它们的‘自我力量’）产生的影响，从而展现出其特定的作用”[③]。

---

① 袁光锋：《“解放”与“翻身”：政治话语的传播与观念的形成》，《新闻与传播研究》2013年第5期。

② 《马克思恩格斯选集》（第1卷），北京，人民出版社1995年版，第585页。

③ 〔美〕戴维·E. 阿普特：《现代化的政治》，陈尧译，上海，上海世纪出版集团2011年版，第208~209页。

二是提供一整套的发展目标。整体的发展目标通常具有涵括所有个体的整体性的象征意义。思想政治教育意识形态性围绕发展目标吸纳民众的注意力。如在革命时期，思想政治教育意识形态性将发展目标聚焦于新秩序的建立以及所有人的利益获得，如此以团结民众参与革命；而在现代社会中，思想政治教育意识形态属性则将民众的注意力聚焦于现代化建设以及如何过一种好的生活，如此以实现人与人之间的共存。

三是构建更有价值的道德取向。思想政治教育意识形态性的产生来自多元价值观念的对立与争锋，它需要从一定阶级、政党或社会集团的利益出发引导多元价值观念的“一”的实现，抑或说，它需要统摄存在的多元价值观。持不同价值观念的每一方都建立相对门槛确立自身当前所坚持的立场。在这种背景中，思想政治教育意识形态属性往往构建更有价值的道德取向，以更抽象的核心价值来完成对特殊性的普遍化，抑或说通过将意识形态争端的意义连接在一起并在更普遍的背景中以更有价值的道德取向来解释不同的反对倾向。

二、思想政治教育意识形态性具有对比性与稳定性的特征

意识形态性具有对比性的特征，意识形态的对比性指的是“意识形态是横向的凝聚力”，“意识形态的对比性这一特征，或者说不同准则之间的区分以及这些不同准则对于政府的意义，经常暗含在对这一术语的分析中。对比至少需要存在两个备选方案以及对其进行比较的方法。对比可能会导致争论和冲突，这会引起对它的进一步关注”。法国著名汉学家谢和耐在论及近代以来中西方文化冲突时说过：“伟大的文化是复杂的，积淀着许多来自不同时期的要素，在每个阶段人们都会遇到许多有时是对立的思潮。”[①]20世纪中后期，意识形态终结的结论就来自“他们”与“我们”的比较，在这场比较中，突出“我们”的政治是科学的，而“他们”的意识形态是庸俗的，“我们”不能被“他们”的意识形态误导。思想政治教育意识形态性的对比性，即是指思想政治教育总是站在一定阶级、社会集团等利益立场，宣扬自身制度、政策、理论、文化等的科学性、合理性以及优越性，通过建构自身的理论体系去维护自身的利益，同时吸收更多的认可与追随。这不仅体现在国家与国家之间的对垒，也体现在一国之内不

---

① 〔法〕谢和耐：《中国文化与基督教的冲撞》，于硕、红涛、东方译，沈阳，辽宁人民出版社1989年版，第5页。

同政党之间的竞争。从当前国际态势而言，政治、经济、文化等的较量都不同程度地采取意识形态的方式，通过对比提升自身国家的形象与国际影响力。政党竞争亦是如此，从美国选举来看，意识形态的对比性总是在共和党与民主党的竞选中发挥重要作用。

意识形态的稳定性体现出纵向上的凝聚力。一般而言，意识形态总被定义为某种思想体系，但作为某种社会化的思想体系，意识形态要求自身具有纵向上的凝聚力，这种纵向上凝聚力的获得来自其内在结构的一致性，包括“理性一致和感情一致”[①]，具体表现为内容上的完备性、逻辑上的无矛盾性，情感上、价值观上的内在和谐性。金观涛夫妇分析了意识形态的内部结构，并将其分为3个子系统，即“以国家学说为主体的社会观；以伦理观念、行为准则为主体的价值观；以自然观、方法论、认识论为代表的哲学观”[②]。他们认为，意识形态内部结构的这种关系需要达成“内和谐”，即是说意识形态系统内部的社会观、价值观和哲学观，这三者之间需要相互协调，并构成系统内部的整体性与稳定性。如儒家分别代表价值观、社会观与哲学观的“仁”“礼”“天”像3根柱梁一样，支撑儒家学说的理论大厦，形成非常稳定的内部结构。思想政治教育意识形态性，其中非常突出的侧重点则是帮助某种思想体系占据统治地位，这种思想体系无论是某一权力阶级自己生产和提出的理论，还是对已有思想理论体系的借鉴，抑或是经过知识分析的阐释而呈现的各家思想的圆融汇通，都必须在理性上和情感上达成一致。思想政治教育意识形态性也在实践运行中逐渐发现理论的不足，不断修改完善，从而实现理性上和情感上的凝聚力。

三、思想政治教育意识形态性具有整合性的特征

从思想政治教育意识形态性的发生而言，它既是调节私有利益与公共利益的需要，也是引导多元价值观念的需要。对“多”的调节抑或说对“多”的“一元”引导则要求思想政治教育意识形态性实现由特殊性向普遍性的演进。特殊性向普遍性的演进，即是指思想政治教育意识形态性把握不同意识形态的内核以及相互间的矛盾所在，在矛盾对立中通过兼收并

① 金观涛、刘青峰：《兴盛与危机：论中国社会超稳定结构》，北京，法律出版社2011年版，第270页。

② 金观涛、刘青峰：《兴盛与危机：论中国社会超稳定结构》，北京，法律出版社2011年版，第270页。

蓄实现观念上的普遍性。

（一）思想政治教育意识形态性根据生产力的发展对自身有机性的提升

如前所述，我们指出，意识形态一般被认为是社会化的思想体系，其内部结构的构成需要实现自身的有机性。然而，意识形态作为一个系统，它并非独立的子系统，它总是隶属于整个社会系统，并且与社会其他子系统相互作用。就意识形态与社会其他子系统的作用而言，政治、经济结构总是在一定程度上决定意识形态结构，而意识形态结构也总是力图和政治、经济结构相适应，或者说政治、经济结构总是表现为意识形态结构变化的社会动力。思想政治教育意识形态性表现为提升某一思想体系使其占据“统治地位”，在这一目标昭示下，思想政治教育意识形态属性势必要提升自身的有机性，达到理性的一致与情感的一致，但这样的目标达成始终是一定的经济基础为运转的主心轴。思想政治教育意识形态性正是在一定经济基础之上生产思想、借鉴思想、融贯思想，并致力于占据统治地位。

（二）思想政治教育意识形态合法性是思想政治教育意识形态性与科学性的整合

拿破仑是赋予意识形态以否定含义的第一人，马克思将意识形态的否定含义推至高峰，称意识形态是统治阶级的虚假意识。在马克思那里，统治阶级的虚假意识一方面是指统治阶级通过编撰谎言来实现对被统治阶级的精神操控，但最主要是指“‘虚假的意识’源于对思维的独立性的崇拜”；虚假意识彰显“合理性、普遍性、永恒性、目的性以及观念性的支配”的特征；“走出‘虚假的意识’的虚假的意识”[①]。概括而言，马克思对意识形态否定意义的运用即是要揭示意识形态与现实的关系不是一种真实的关系而是一种不真实的、掩蔽的关系。曼海姆也揭示意识形态的保守性。针对意识形态的否定意义，学者们提出要建设科学的社会理论。但何谓科学？阿尔都塞将科学与意识形态绝对对立，从此视角提出，“马克思的立场和他对意识形态的全部批判都意味着，科学（科学是对现实的认识）就其含义而言是同意识形态的决裂，科学建立在另一基地之上，科学是以新问题为出发点而形成起来的，科学就现实提出的问题不同于意识形态的问题，或者也可以说，科学以不同于意识形态的方式确定自己的对象”。[②] 如此，从阿尔都塞对科学的理解来看，科学就在于抛弃意识形态

① 俞吾金：《意识形态论》，北京，人民出版社2009年版，第139~144页。

② 俞吾金：《意识形态论》，北京，人民出版社2009年版，第281页。

的问题框架并始终与意识形态对立。这种观点的另一个侧面，即是坚持社会理论的“价值中立”。尽管“意识形态概念的历史是试图在意识形态讨论的范围之外寻找一个牢固的阿基米德点（Archimedean）的各种尝试的历史，也就是寻找一个从中能够观察意识形态的各种杠杆如何发挥作用的不动的点的历史”[①],但社会理论总带一定立场的价值观。在如何实现意识形态的科学性的众多研究中，哈贝马斯转变对“科学性”的固执追求，而将研究的思路集中于对发展趋势的系统分析。

哈贝马斯将对意识形态的科学性的问题转化为意识形态的合法性问题，即是指社会系统中被用以规范人们行为的规范如何具有合法性。为解决这一难题，哈贝马斯借用语用学重构话语的普遍有效的基础。用对语言的分析来解释交往行为的合法性。在论证合法性的过程中，哈贝马斯将对合法性的证明转换成对构成合法性条件的证明，即只要构成规范的条件是合法的，那么规范则具有合法性。因此对意识形态的科学性的证明也在于达成共识的实现条件的合法性的证明，而这一合法性的基础就在于凡涉及与此规范相关的所有利益相关者达成共识，那么此规范则具有合法性。在哈贝马斯研究的基础上，汤普森提出，“意识形态的阐释，作为一种意义构造和话语中所说的东西的构型，提出了真实性要求，它期待得到承认”[②]。这里意即表明，在某种条件的实现下，意识形态的解释提出了真实性要求，这个条件的实现包括权力与非权力的共同程序。意识形态真与假的对垒被整合为意识形态合法性的论证。

① 〔英〕大卫·麦克里兰:《意识形态》(第2版)，孔兆政、蒋龙翔译，长春，吉林人民出版社2005年版，第4页。

② 〔英〕约翰·B. 汤普森:《意识形态理论研究》，郭世平等译，北京，社会科学文献出版社2013年版，第14页。

第四章　思想政治教育的社会属性

思想政治教育的根源是满足现实社会关系的需求，从思想政治教育最初的形态来看，它是从个体所依赖的那个共同体（如氏族共同体）的公共规则和共同利益出发而形成的当时的教化。原初的社会集类似政治、道德、法律等规范于一体，共同存在于大一统的社会之中。对此，我们有理由坚信，原初思想政治教育就具有社会性，且此时的社会性主要表现为为社会服务，这种服务表现在调节人与人之间的关系、辅助社会结构实现社会秩序的良好运行。在人类历史发展过程中，文明的诞生、国家的出现使得人们在管理社会的过程中产生新的特征——凭借强制力实现对社会秩序的管理，在这种文明形态中，思想政治教育也呈现出规训、反映权力、代表利益等新的特征，政治属性便是在这种文明状态下从社会属性中孕育的产物，思想政治教育的社会属性也在新的历史阶段呈现新的内容和特征。社会，就在当代意义而言，它是个复杂的、多层次的概念，但不管从何种意义上来定义社会，从其本体论意义而言，社会形式中的人们是社会得以存在的基础。本书探寻思想政治教育社会属性，即是把思想政治教育放置在现代社会语境中，确切地说，是在“国家—社会—个人”的政治框架中。在现代社会语境中揭示思想政治教育的社会属性，就表现为思想政治教育把握共同体发育的趋势，培育公民在共同体中应具有的品质以及探寻一种人与人、人与自然相处的健康方式。

第一节　思想政治教育社会性的发生

就马克思主义观点而言，所谓社会，即是指人的生存状态，抑或说是现实社会关系的总和。思想政治教育在现实社会关系的需求中产生，它从一开始便面向现实的社会关系，从这个意义上而言，思想政治教育从诞生之初便具有社会属性，它表现为确定社会关系、维护社会秩序以及服务社会结构的运行。但在现代社会中，现实社会关系的扩展催生了思想政治教育的政治属性、意识形态性等，思想政治教育社会性也在新的现实境遇中反映新的内容与特性。在现代社会语境中，探寻思想政治教育社会属性的发生，我们必然离不开现代政治结构如“国家—社会—个人”，如此，就现代语境中的思想政治教育而言，思想政治教育社会性的发生必然以社会的发生为必要准备、以社会与思想的交互作用为基础条件、以社会的转型为现实条件。

一、“国家—社会—个人”政治结构的出现是现代思想政治教育社会性发生的必要准备

社会有广义与狭义之分，广义的社会可以追溯至人类原始的共同体社会；而狭义的社会，我们在此将其定义为“国家—社会—个人”结构中的要素。思想政治教育最初形态是从个体所依赖的共同体（如氏族共同体）的公共规则和共同利益出发而形成的当时的规训和教化。原初人类社会集类似政治、道德、法律等规范于一体，共同存在于大一统的社会之中，思想政治教育从一开始便具有社会属性，且此时的社会属性孕育政治属性、公共属性于其中。现实社会关系的多样化、复杂化，使得社会不断发生转型，思想政治教育的政治属性、公共属性逐渐从社会属性中脱离，思想政治教育的社会性也被赋予新的内涵与特性。如果“国家—社会—个人”这一政治结构是人类社会在相当长时间内的存在状态，那么将社会看作是“国家—社会—个人”这一结构的要素，并以此为基础去探寻思想政治教育社会性的发生，便是本章的立意基础。

对人类社会的思考，西方古典政治哲学坚信人天生趋向于过一种协作式的公共生活，“人是政治的动物”奠定了古典政治一元论的合法前提。如此，追求最佳政体以实现个人与城邦的统一、实现良善生活的理念则成为人类自然秩序的合理体现。近代政治哲学一改古典政治哲学的理论思路，提出区别于古典政治哲学的理念，即政治的本质是人为的结果而非自然的呈现，由此，自然社会与政治社会的二元结构取代古典自然政治的大一统模式。这种转向也导致近代政治的任务不再是借助城邦中的良善生活以实现最高德性，而是管理社会中的个体并实现他们的权利。近代政治所管理的社会中的个体是脱离于具体社会关系的个体，具有平等性与抽象性。正是平等性与抽象性的个体成为近代政治哲学建构自身理论的基础，

他们认为“这种个人不是历史的结果,而是历史的起点”[①]。近代政治哲学凭借“自然状态”将个人从具体社会关系中脱离，并以自然状态中人们的行为为起点探究社会的起源与必要。如霍布斯设定自然状态中人的行为是受非理性（如欲望、恐惧等）要素决定，且处于毫无规范的状态中，“自然赋予了每个人在所有东西和事务上的权利。也就是说，就纯粹的自然状态而言，或说是在人用彼此的协议约束他们自身以前，每个人都被允许对任何人去做任何事”。对霍布斯而言，如此“人对人的战争”就需要利维坦来结束这种混乱的自然状态。正是自然状态理论对“我们何以要建立社会”“我们需要怎样的政治”的求解，经典的社会契约建构模式得以提出，人为建构政治创造了公民与国家。

同是自然权利论，同是面对个人权利对国家的思考，洛克提出了与霍布斯不同的道路。这种不同的道路表现在他们对个人权利的认识：霍布斯思考的物是无须劳动而直接占有的自然之物，因此他注重个人对他人的支配权；而洛克将劳动引入自然权利理论，劳动成为财产的基础，对个人权利的保护就体现为对个人财产权的维护。如此，对社会与人的关系的思考则转化为社会如何建立制度保障前社会状态中个人所获得的财产和权利。劳动所具有的政治与经济的双重含义，使个人不仅完成对公有财产的私人化占有，同时获得了界定人与人之间权利界限的财产权。当霍布斯意义上的直接而简单的“权力”关系转变为“权利”关系，人与人之间的交往也因人们的所有权与财产权发生联系。市场亦诞生于这种所有权的交往之中，从此个人面对的不再是单一的政治社会，而是政治与经济彼此嵌入的系统，如欧克肖特如此判断，“它要求一个私有财产的权利——即一种财产制度，它允许社会的每一个成年成员有平等的权利去享有他个人能力的所有权和任何别的通过社会承认的获得方法得到的东西”[②]。政治哲学领域出现市民社会与国家的二元分离。当政治分裂出社会与国家，对民众的思想政治教育也不再仅仅是表达权力，它需深入社会达成社会共识。早期的资本主义注重如何在财富增长的同时维持公民社会的教养与美德。对于这个问题的解答，亚当·斯密在《国富论》通过自由的自然体系（在这个体系中，“我们每天所需的食物和饮料，不是出自屠户、酿酒家或烙面师的恩惠，而是出于他们自利的打算。我们不是唤起他们利他心的话，而说唤

① 《马克思恩格斯选集》（第2卷），北京，人民出版社2012年版，第683~684页。

② 〔英〕迈克尔·欧克肖特:《政治中的理性主义》，张汝伦译，上海，上海译文出版社2004年版，第113页。

起他们利己心的话”[①])连接商业社会的物质基础与人性的道德追求。作为市民社会的主体“经济人”的诞生需要思想政治教育塑造公民品格以创建更好的社会。因此，从社会结构的发展来看，“国家—社会—个人”结构形式召唤思想政治教育社会性的出场。

综上，从现代社会语境而言，现代思想政治教育社会性的发生是社会出场的必然反映，它是对思想政治教育权力表达的补充。在第一章中，我们揭示现实的社会关系是思想政治教育的根源，即思想政治教育是在满足人们建立、维护或更正、修改社会关系中发生，突出表现为通过社会核心价值的建立与教育实现对人们行为的引领。从人类整个发展来看，政治秩序早已蕴藏在人类的群居生活之中，当人类实践打破自然性对人类组织的控制，自然共同体的权力结构也逐渐向国家演变，如恩格斯指出，当人类脱掉“自然形成的共同体的脐带”[②],“国家被发明了出来”[③]。政治秩序的维持、国家的建立都需要共同的思想基础，抑或说思想、秩序始终是与人类历史并行的“两驾马车”。思想政治教育在维持最初的共同体关系中所彰显的社会性随着国家的建立而具政治性，最初的思想政治教育政治性主要面对“个人—国家”的结构形式。经济的发展必然在人的政治交往中嵌入所有权的交往因素，整个社会体系不再是单一的政治体系，而是政治与经济共同嵌入的社会体系。当人们相互的所有权交往催生市场，整个社会结构也由“国家—个人”演变为“国家—社会—个人”，抑或说政治孕育了社会与国家。此时，思想政治教育的实践领域不再是单一地表达政治权力，同时它也必须深入社会，建立社会领域中人与人的交往纽带、培养社会交往的公民品格以最终实现社会秩序的良好运行。当然，社会的产生为思想政治教育扩大了实践基地，但更为重要的是社会的产生增添了思想政治教育运行的要素，这表现为社会与思想的关系，抑或说，思想政治教育社会性的发生还来自社会孕育思想这一基础条件。

二、社会生成思想是思想政治教育社会性发生的基础条件

“思想政治教育本质上是思想的交流与沟通，智慧的碰撞与生成”，抑

① 〔英〕亚当·斯密:《国民财富的性质和原因的研究》(上卷)，郭大力、王亚南译，北京，商务印书馆1972年版，第14页。

② 《马克思恩格斯选集》(第4卷)，北京，人民出版社1995年版，第96页。

③ 《马克思恩格斯选集》(第4卷)，北京，人民出版社1995年版，第107页。

或说思想政治教育是“用思想去教育”[①]。在思想政治教育实践中，思想政治教育的政治性必然要求思想政治教育向受教育者传递政治知识、法律知识以及国家的方针政策等内容，概言之，这是思想政治教育用思想进行自上而下的传递，但以人的思想为教育对象的思想政治教育活动应观照社会层面的思想反映，因为社会是思想产生的重要场域。经济嵌入政治，社会体系由政治体系演变为政治经济体系，然而对社会的理解却存在两种不同的研究范式——德国与苏格兰启蒙运动。马克思通过对这两种不同研究的批判性继承，得出“法的关系正像国家的形式一样，既不能从它们本身来理解，也不能从所谓人类精神的一般发展来理解，相反，它们根源于物质的生活关系，这种物质的生活关系的总和，黑格尔按照 18 世纪的英国人和法国人为先例，称之为‘市民社会’，而对市民社会的解剖应该到政治经济学中去寻找”[②]。这里，马克思所说的“物质的生活关系的总和”既包括黑格尔所指出的市民社会，也包含苏格兰启蒙运动中对社会的理解。

按照黑格尔的理解，市民社会最主要的特征表现为它是一个需要的体系，“市民社会的每一个人以自身为目的，所有特殊目的通过与他人发生关系而取得普遍的形式，市民社会是各种需要能够获得满足的体系”[③]。而人的需要的满足方式有两种，一是以现存物来满足，二是通过劳动来满足。劳动作为需求体系的重要环节，彰显两方面的意义：一方面，“人在自己消费中所消费的主要是人的产品，而他消费的正是人的努力的结果”[④]，即是说劳动在人与自然的联系中充当中介，是满足人的物质需求的条件；另一方面，劳动是人类自我形成的教化过程，它是有别于理论教育的实践教育，其实践教育意义主要体现在，塑造勤劳的习惯、使人学会限制自己以适应物质过程的需要以及与他人的合作、通过训练形成普遍的技能。概言之，“劳动不仅是对客观世界的改造，也是人自身的自我改造”[⑤]。从劳动的角度来解释市民社会，哈特给出了如下总结，“市民社会是一个劳动社会，因而综合突出了市民社会概念中的经济和教育方面”；“从具体劳动到抽象劳动的抽象过程是一个教育过程，特殊通过否定和抛弃自身

① 白显良：《彰显思想政治教育学科的思想性特征》，《学校党建与思想教育》2015 年第 1 期。
② 《马克思恩格斯选集》（第 1 卷），北京，人民出版社 1995 年版，第 2 页。
③ 〔德〕黑格尔：《法哲学原理》，范扬、张企泰译，北京，商务印书馆 2010 年版，第 197 页。
④ 〔德〕黑格尔：《法哲学原理》，范扬、张企泰译，北京，商务印书馆 2010 年版，第 209 页。
⑤ 〔德〕黑格尔：《法哲学原理》，范扬、张企泰译，北京，商务印书馆 2010 年版，第 209 页。

而被改造成普遍”；“通过劳动将各类追求联系起来”[①]。如此，在市民社会中，劳动的教化延伸到市民社会中的每一个人，同时也创造了市民社会中人与人的普遍联系。而思想的形成就来自劳动，来自人与人的普遍交往。如马克思在考察了人类历史得以存在的4个历史条件后发现，“人还具有‘意识’”[②]，并且“语言和意识具有同样长久的历史；语言是一种实践的、既为别人存在因而也为我自身而存在的、现实的意识”。而这种为我而存在的人与人之间的交往关系只是由于人类的需要，“因而，意识一开始就是社会的产物，而且只要人们存在着，它就仍然是这种产物”[③]。

因历史的差异、地区经济发展的不同，德国理论中的市民社会与苏格兰启蒙运动中所理解的社会不同。苏格兰启蒙运动所理解的社会更聚焦于市场，社会趋向于一个经济体的图景，社会是一系列相互关联的生产行为、交换行为与消费行为的总和，它有着自己的内在动力与自主性规律[④]。这里，苏格兰启蒙运动将社会聚焦于市场，对社会的研究也就转换成对市场中生产、交换与消费的分析。市场的生产行为、交换行为及消费行为带给社会动力，社会因现代物质生活的展开而彰显巨大的发展性与自主性。马克思注意到社会的自主性，他对黑格尔国家观的批判也由此转入对政治经济学的批判，试图通过对市民社会内部的批判重建社会政治。这里通过揭示苏格兰启蒙运动所理解的社会的自主性，从而也论证社会孕育思想的论断。因为，市场作为市民社会最具代表性的场域，它随生产与交换的扩大而逐渐扩大，为此，新的社会需求、习俗习惯与互动模式成就经验的累积并逐渐完善世界观与价值观。综上，从需求体系理解社会，我们揭示劳动的塑造作用与教化作用，而从市场理解社会，我们则揭示社会的自主性所带来的世界观与价值观的演变。如此，从思想政治教育作用于思想的交流与沟通来看，深入社会发现思想、分析思想、引导思想便成为思想政治教育社会性存在的价值证成，抑或说社会孕育思想是思想政治教育社会性存在的基础条件。

---

① 〔美〕哈特：《市民社会的衰落》，汪民安编：《生产》（第1辑），桂林，广西师范大学出版社2004年版，第247~248页。

② 《马克思恩格斯选集》（第1卷），北京，人民出版社1995年版，第81页。

③ 《马克思恩格斯选集》（第1卷），北京，人民出版社1995年版，第81页。

④ 〔加〕查尔斯·泰勒：《市民社会的模式》，冯青虎译，邓正来等编：《国家与市民社会：一种社会理论的研究路径》，北京，中央编译出版社1999年版，第18页。

三、社会的转型是思想政治教育社会性发生的现实必然

社会是动态的发展过程，生产的扩大以及随之带来的社会分工促使传统社会的现代转型。传统社会向现代社会的转变带来人与社会的分离以及人与人的分离，因此，无数如此分离的单个个体如何形成稳定的关系，订立的社会规则如何被人遵守，则成为现代社会的重要难题。对此问题，哈贝马斯提出通过法律来调节现代社会中人与人之间的关系以及人与社会之间的关系，并试图通过民主协商来解决民众遵守法律的动机问题。诚然，法律是调节现代社会秩序的重要手段，但较法律不同，思想政治教育深入现代社会突出表现为通过使人们达成共识以解决现代社会的秩序问题。社会转型引发的社会分离与异质性为思想政治教育社会性的发生提供了现实必然。

社会的现代转型引发社会分离。马克思很早就注意社会分工引发的社会演变，因为社会分工直接影响社会交往的发展程度，马克思如是说，“各民族之间的相互关系取决于每一个民族的生产力、分工和内部交往的发展程度。这个原理是公认的。然而不仅一个民族与其他民族的关系，而且一个民族本身的整个内部结构都取决于它的生产以及内部和外部的交往的发展程度。一个民族的生产力发展的水平，最明显地表现在该民族分工的发展程度上”①。社会分工带来交往不断扩大的同时，随之相伴的则是社会分离的状态，城乡的分离、劳动与资本的分离以及阶级之间的分离等，马克思在《资本论》中指出，“资本关系以劳动者和劳动实现条件的所有权之间的分离为前提。资本主义生产一旦站稳脚跟，它就不仅能保持这种分离，而且以不断扩大的规模再生产这种分离。因此，创造资本主义的过程，只能是劳动者和他的劳动条件的所有权分离的过程，这个过程一方面使社会的生活资料和生产资料转化为资本，另一方面使直接生产者转化为雇佣工人”②。传统社会向现代社会的转型同样引发社会学对社会的研究，滕尼斯在《共同体与社会》中专门论述了共同体与社会的区别，在他看来，共同体是由一种具有紧密关系的个人形成的集体，但现代社会却是由无数单个陌生人形成的关系。共同体依靠传统习俗和宗教来维持个人与个人间的紧密关系，但资本主义社会的出现，社会逐渐成为原子个人间利益

① 《马克思恩格斯全集》（第3卷），北京，人民出版社1956年版，第24页。

② 《马克思恩格斯全集》（第44卷），北京，人民出版社2001年版，第821~822页。

交换的关系。在共同体的社会中人与人之间的关系是紧密的、稳定的且是有秩序的，但现代社会的个体利益关系面临“失范”的状态。如此，个人与社会的关系问题成为社会学研究的核心问题，在这个核心问题中最突出的表现则是无数单个的个体如何形成稳定的关系，社会规则如何被人们遵守。涂尔干通过在社会分工的基础上建立社会成员对社会的依赖以此实现社会中积极性质的团结，但通过社会分工建构的联结人们之间关系的权利和义务体系其成立的基础在于人们共识的达成。同时，遵守规则的人们的品格养成、人与人之间情感纽带的联结都为思想政治教育社会性的发生提供现实条件。

社会的现代转型催生社会的异质性。现代社会的转型势必催生异质性已是社会学界的共识，有学者总结了相关社会学家对传统社会与现代社会的描述，“英国的H. 斯宾塞将社会划分为‘军事社会’和‘工业社会’，法国的E. 迪尔凯姆将社会划分为‘机械团结’的社会和‘有机团结’的社会，德国的F. 滕尼斯将社会划分为‘共同体’和‘社会’，德国的M. 韦伯将社会划分为‘宗法传统经济社会’和‘理性资本主义社会’，德国的卡尔·马克思将社会划分为‘封建主义社会’和‘资本主义社会’……”① 毋庸置疑，这种二元抽象的认识方法为突出现代社会与传统社会的区别提供了明确的研究路径。因为现代社会分工导致的职业多样、技艺多样、文化多元等社会现实的确证明现代社会的异质性特征。“在个人竞争的条件下，成就取决于专心致志地从事同一种工作。这种专注精神又会产生合理的工作方法、技术发明以及高超的技艺……随着技艺又出现了各种行业的流派，最后有了管理各种职业的职能机构。凡此种种，直接的或间接的，都在产生着、加强着人与人之间的差异”②。值得注意，尽管异质性是现代社会的特征，但现实的社会并非完全如理论这般绝对的二元抽象，如安东尼·吉登斯指出，“现代性是一种双重现象”③。这种双重现象表现为，现代社会分工带来社会异质性的同时，现代工业社会的标准化生产也以同质性的特征存留于现代社会。如此，生活于同质性与异质性并存社会的现代个人既面临现代社会所创造的多样生活，也面临现代社会科层制对人的情感与精神的忽略与压制。其中现代社会所带来的异质性也

① 周晓虹:《西方社会学——历史与体系》，上海，上海人民出版社2002年版，第2~3页。

② 周建国:《同质性还是异质性？——关于现代社会特征的一种解释》，《社会科学家》2009年第12期。

③〔英〕安东尼·吉登斯:《现代性的后果》，田禾译，南京，译林出版社2000年版，第6页。

使现代个人身处多种角色，角色之间的冲突与偶然性也导致现代个人自身的矛盾性与分裂性。因此，在传统社会的转型过程中，关注现代个人人格的健全发展需要思想政治教育社会性的发生，思想政治教育社会性也由此在现代社会中占据自身的实践领域。

第二节　思想政治教育社会属性的内涵

原初思想政治教育社会属性表现为调节人与人之间的关系、辅助社会结构实现社会秩序的良好运行。在现代社会中，思想政治教育社会属性呈现新的内容与特性，主要表现为思想政治教育把握共同体发育的趋势，培育公民在共同体中应具有的品质以及探寻一种人与人、人与自然相处的健康方式。从社会的基本内涵去揭示思想政治教育社会属性的内涵，思想政治教育社会属性的内涵主要表现为获得社会确认、拓展社会共识、实现个体社会化。

一、思想政治教育社会性的"社会"的内涵

对社会的理解是把握思想政治教育社会属性的基础。现有对社会的研究，主要表现为"社会是一种实体""社会是群体或共同体"以及"社会是现实各种社会关系的总和"等观点。

（一）社会是一种实体

社会是一种实体是古典社会学家坚持的重要观点。对社会是一种实体的认识，我们需要回到对实体的理解。早在古希腊时期，亚里士多德将哲学上讨论的存在问题转化成实体问题，对于实体，他在《范畴篇》中如是说，"实体，就其最真正的、第一性的、最确切的意义而言，乃是那既不可以用来述说一个主体又不存在于一个主体里面的东西，例如某一个个别的人或某匹马。但是在第二性的意义之下作为属而包含着第一性实体的那些东西也被称为实体；还有那些作为种而包含着属的东西也被称为实体"[①]。在《范畴篇》中，亚氏将实体分为第一实体和第二实体，就第一实体而言，它是客观存在的，"它们乃是所有其他东西的基础和主体"[②]，

---

① 〔古希腊〕亚里士多德:《范畴篇》，方书春译，北京，商务印书馆 1959 年版，第 12 页。

② 〔古希腊〕亚里士多德:《范畴篇》，方书春译，北京，商务印书馆 1959 年版，第 15 页。

如此，能否作为主词是寻找第一实体的标准。关于实体，亚氏在《形而上学》中再次论述实体，这里较《范畴篇》中对实体认识的区别在于，他为寻找第一实体提出新的标准，即是说《范畴篇》中的第一实体表现为个体性，且不可分，但在《形而上学》中，亚氏认为实体由形式与质料组成且并非不可分，去掉个体的形式，质料则成为个体的真正主词，但质料不具备“个体性”，它需要形式为其塑造“个体性”。如此，“‘本体’可有二义：（甲）凡属于最底层而无由再以别一事物来为之说明的，（乙）那些既然成为一个‘这个’，也就可以分离而独立的——这里第二义并以指说各个独立的形状或形式”[①]。在理解实体的基础上，我们继续探讨社会如何是一种实体。

将社会看作是一种实体，首先是指社会是客观存在的，“毫无疑问，社会是一种客观存在，是一个人”[②]；其次是指社会是由一定要素以及将这些要素相连的形式而组成。涂尔干将社会看作一个有机体，认为社会是会思考、能行动的主体，“如果社会对个体而言是普遍的，那么无疑它也是具有其自身外形特征和个性特征的个体性（individuality）本身；它是一种特殊的主体（subject）……因此，集体表现就包含着某些主体因素”[③]。尽管斯特曼·琼斯质疑涂尔干突出社会生活的集体表象而使社会体系无层次，但威廉·乌思怀特坚持，“在迪尔凯姆的观念中，无论社会的构成是什么都被其视为一种独立变量、一种物质甚至是导致各种社会进程整体变化的有效诱因”[④]。社会对涂尔干来说，它是一种有机体，是一种客观存在，这种集体本身也包含某些主体因素。那么，如果我们将社会是一种实体作一种亚里士多德式实体的解读，我们就还应追问，社会作为一种实体，其内在所包含的“质料”和“形式”究竟是什么？关于对社会实体去形式的质料是什么的回答存在不同的解法：如“法人团体”（涂尔干）、“对立的阶级”（马克思）、“行动的个体”（韦伯）、“系统”（帕森斯）等，从这些研究我们发现，对社会的质料的研讨离不开个人与社会的关系，或许我们可以从个人与社会关系中去揭示作为社会实体中底层的“质料”。马克思

---

① 〔古希腊〕亚里士多德：《形而上学》，吴寿彭译，北京，商务印书馆1959年版，第107~108页。

② 〔英〕威廉·乌思怀特：《社会的未来》，沈晖、田蓉译，杭州，浙江大学出版社2011年版，第5页。

③ 渠敬东：《涂尔干的遗产：现代社会及其可能性》，《社会学研究》1999年第1期。

④ 〔英〕威廉·乌思怀特：《社会的未来》，沈晖、田蓉译，杭州，浙江大学出版社2011年版，第5页。

指出，“社会结构和国家总是从一定的个人的生活过程中产生的”[①]，抑或说生活过程中的个人是社会结构和国家的基础，“生活过程”是无数个体形成社会的纽带，因为无数单个个体的随意叠加并不等于社会。如此，社会是一种实体，即是说社会是由“社会形式”连接下无数个体及以个体组成的不同群体的集合。如果个体及个体的不同组合是社会实体的“质料”，那么确定社会的“社会性”的社会形式究竟是什么？众所周知，涂尔干强调社会有形的结构，但他也特别强调社会在超结构方面的特征，即集体意识。涂尔干将社会分为机械团结的社会与有机团结的社会，在机械团结的社会中，集体意识表现为共同意识，这种共同意识表现为宗教、传统习俗等形式；而在有机团结的社会中，社会分工的扩大，合作精神与职业精神等代替狭隘的地方狭隘主义成为集体意识的表现形式。不管是传统的共同意识还是现代随社会分工发展而来的合作精神与职业精神，它们的共同作用在于对个体行动的规定与调动。或者说共同意识或职业精神塑造了“社会结构”具有的“社会性”，它连接社会“质料”共同构成社会这一实体。综上，当我们把社会理解为一种实体时，其中就暗含了对“社会质料”以及确定“社会质料”社会性的“社会形式”。在此，思想政治教育社会性也反映出思想政治教育与社会价值的勾连与融合。

（二）社会是群体或共同体

从词源来看，古代的中西文化中早已蕴含社会是群体的思想。在中国古代，“社”与“会”常分开使用，“社”指志同道合者集会之所，如“文社”“诗社”等，“社”也指中国古代地区单位，如“二十五家为社”；而“会”常隐含人群的意思。在唐宋时期，“社”与“会”开始以一个概念的形式使用，如“礼部奏请千秋节休假三日，及村闾社会”[②]中的“村闾社会”“乡民社会”等，这里的“社会”主要是指具有一定数量、处于一定空间、形成一定规模的人群的结合。在西方，英语与法语中的“社会”均源于拉丁语，主要包含“伙伴”之意。从人类发展史来看，个人始终以群体的形式而存在，相关著名思想家表达了这样的观点，如亚里士多德提出“人是政治的动物”，亚氏的“政治”与现代意义上的政治不同，它主要指当时人类生存的集合体——城邦，换言之，亚氏要表达的意思即是人是城邦的动物。马克思的著名观点，“人的本质不是单个人所固有的抽象物，

① 《马克思恩格斯选集》（第1卷），北京，人民出版社1995年版，第71页。
② 《旧唐书·玄宗》（上）（本纪第八）。

在其现实性上，它是一切社会关系的总和”也表明人的社会性，即人的存在状态是人与人交往而形成的社会关系的总和。如果理论观点是在人性假设基础上的构建，那么现代生物学家对与人类基因具有高度契合度的黑猩猩家族的考察便是这一观点的现实证明，“人类在进化过程中，从没经历过隔离时期；人类的灵长目先驱，早已开发出广泛的社会和政治的技巧；促进社会合作的功能是人脑与生俱来的”[①]。

社会是人类结合的群体，但结合的方式却使社会呈现不同的特征。传统一体的社会随文艺复兴所导致的权威的解体而逐渐向现代社会转变。贝克尔在总结法国的情况时说，以字典为依据可以考究法语中社会一词在17世纪末发生的重大变化，在原初志愿结社这一意义上添加了“作为人类集体生存的基本形式”这一含义[②]。滕尼斯在《共同体与社会》中呈现了传统社会向现代社会转变以及各自不同的特征，并由此以“共同体”与“社会”将二者区别。在他看来，传统社会是一个共同体，传统社会的共同体是由一种紧密的个人关系所形成的社会，它主要靠传统习俗和宗教来维持，它彰显亲密性、秘密性、亲密性，是人与人之间关系的有机呈现。人在共同体中的位置与感受就是休戚与共。这里，滕尼斯突出了共同体的有机性、紧密性、稳定性与秩序性。但结合从有机性向机械性的转变便是社会，“或者被理解为思想的和机械的形态——这就是社会的概念”[③]，与共同体的紧密性、有机性不同，社会中的人在共同体中仍然感觉是异国他乡，如此社会与共同体的区别就体现在暂时的、表面的，还是真正的、持久的共同生活，社会由此被理解为由单个原子式个人的机械聚合和人工制品，利益交换成为现代社会的新的纽带。当传统权威失效，现代社会中法律成为维持社会秩序的武器，但以法律为维持秩序的现代社会要求公民应具备怎样的素质，这成为思想政治教育社会性功能发挥的基点。

（三）社会是现实各种社会关系的全体与总和

马克思在《关于费尔巴哈的提纲》中说道，“从前的一切唯物主义（包括费尔巴哈的唯物主义）的主要缺点是：对对象、现实、感性，只是从客体的或者直观的形式去理解，而不是把它们当作感性的人的活动，当

---

① 〔美〕弗朗西斯·福山：《政治秩序的起源：从前人类时代到法国大革命》，毛俊杰译，桂林，广西师范大学出版社2012年版，第30页。

② 〔英〕威廉·乌思怀特：《社会的未来》，沈晖、田蓉译，杭州，浙江大学出版社2011年版，第2页。

③ 〔德〕斐迪南·滕尼斯：《共同体与社会》，林荣远译，北京，商务印书馆1999年版，第52页。

作实践去理解，不是从主体方面去理解”[①]。马克思正是在对费尔巴哈抽象的人的本质观的真正扬弃中、对人的本质的哲学思考中揭示了社会的本体论涵意，即诸方面社会关系的全体与总和。早在《巴黎手稿》中，马克思基于感性活动这一基础讨论了人的类本质与类特性，“动物和它的生命活动是直接同一的。动物不把自己同自己的生命活动区别开来。它就是这种生命活动。人则使自己的生命活动变成自己的意志和意识的对象。他的生命活动是有意识的。这不是人与之直接融为一体的那种规定性。有意识的生命活动把人同动物的生命活动直接区别开来。正是由于这一点，人才是类存在物”[②]。较动物而言，人的有意识的生命活动具体表现为，“人的生产是全面的”；“人甚至不受肉体需要的支配也进行生产，并且只有不受这种需要的支配时才进行真正的生产”；“而人再生产整个自然界”；“而人则自由地对待自己的产品”；“而人却懂得按照任何一个种的尺度来进行生产，并且懂得怎样处处都把内在的尺度运用到对象上去”[③]。如此，人作为类存在物在同自然的关系中彰显人类自主性，也正是人类自主性使人区别于动物，他既高于单纯的自然规定性，也在劳动中实现人的自我创造。但从类活动考察类本质还仅仅表现为对人本质的潜在抽象，需进一步揭示的是人本质的潜在可能如何实现现实的转化，抑或说个体与类应该如何转化。由此，社会的本体涵意在个体与类的关系思考中得以呈现。人固然作为类与自然发生关系，然而，在历史现实中与自然发生关系的却是具有人类自主性的现实个人。如此，从感性活动的类特征创生出人对自然的人类自主性，亦即表明“人的本质在现实上是感性个体对类发生现实的能动的关系的产物”[④]。人类属性现存于个体中，但同时个体自主性也实现对人类属性的改造。人类存在也就如此地表现为无数现实个体的存在与实践，是包含差异的全体与总体。人类在现实个人对自然关系所呈现的自主性中成就了社会性，一方面通过现实个体成为类的主体；另一方面个体在无数个体间的交往中建立自身的合人类性。马克思通过对现实个人的发现、对现实个人自主性的发现以及对现实个体间交往的发现，成功地扬弃费尔巴哈的“类”概念从而揭开社会概念的面纱并使之出场。

从此，感性活动从抽象的类的活动转变为现实个人在现实交往中对自

① 《马克思恩格斯选集》（第 1 卷），北京，人民出版社 1995 年版，第 54 页。

② 《马克思恩格斯全集》（第 42 卷），北京，人民出版社 1979 年版，第 96 页。

③ 《马克思恩格斯全集》（第 42 卷），北京，人民出版社 1979 年版，第 96~97 页。

④ 王德峰：《马克思社会概念的本体论涵意》，《学术月刊》1991 年第 1 期。

然的活动，即“实践”。实践作为类的人与现实个人的中介活动，一方面，实现客体自然向人的自然的转变，实现类的人向现实个人的转化；另一方面，它现实地构建了个体间现实交往的形式，即社会关系。如此，“社会不是由于个人构成（即不是指群体——引者注），而是表示这些个人彼此发生的那些联系和关系的总和”[①]，即诸方面社会关系的全体与总和。

二、思想政治教育社会属性的内涵分析

就对社会的理解而言，无论是实体说，群体说，抑或是社会关系的总体说，它始终都包含一个共同的核心，即社会是人的存在状态，具体而言，社会始终表现为个人、个人与个人之间的相互关系以及连接无数个人成为社会的“社会性”等要素。如此，思想政治教育的社会属性就表现为把握共同体发育的趋势，培育公民在共同体中应具有的品质以及探寻一种人与人、人与自然相处的健康方式。思想政治教育社会属性的内涵主要表现为获得社会确认、拓展社会共识、实现个体社会化。

（一）思想政治教育社会性内涵的现有研究

思想政治教育社会性已得到思政学界的关注，在《论思想政治教育的社会性》中，孙其昂教授等提出，思想政治教育是“一项具有属人性的社会活动”，它“一方面受制于一定社会经济政治文化条件；另一方面对一定社会的经济政治文化起着能动作用。思想政治教育在不同的社会历史条件下有着不同的表现形态”[②]。作者认为根据这一理解，“人们往往引申出思想政治教育的社会性特征”[③]。“简要地说，思想政治教育的社会性指的是思想政治教育作为一项社会活动所体现出来的社会特征。它是思想政治教育在发生、运行以及变化过程中所体现出的与社会系统之间的相关性”[④]。具体表现为,“思想政治教育的对象是社会关系中的存在”“思想政治教育对社会系统的客观依赖性”“思想政治教育发挥着重要的社会功能”“思想政治教育发展源自社会变迁”[⑤]。次年，在题为《再论思想政治教育的社会性——兼论“社会的思想政治教育性”》中，孙其昂教授再次明确“思想政治教育的社会性是指思想政治教育与社会关联性的基本属

① 《马克思恩格斯全集》（第46卷上），北京，人民出版社1979年版，第220页。

② 孙其昂、叶方兴:《论思想政治教育的社会性》,《学校党建与思想教育》2013年第2期。

③ 孙其昂、叶方兴:《论思想政治教育的社会性》,《学校党建与思想教育》2013年第2期。

④ 孙其昂、叶方兴:《论思想政治教育的社会性》,《学校党建与思想教育》2013年第2期。

⑤ 孙其昂、叶方兴:《论思想政治教育的社会性》,《学校党建与思想教育》2013年第2期。

性，既表明思想政治教育有社会要素，又表明思想政治教育源于社会”[①]。这里，孙教授着重强调思想政治教育与社会的辩证运动，在提出思想政治教育社会性的同时提出社会的思想政治教育性，他坚持“社会是思想政治教育的‘母体’”，“社会的思想政治教育性既是思想政治教育社会性的起源，也是永远的根据”[②]。

毋庸置疑，思想政治教育社会性的现有研究把握到了思想政治教育与社会之间不可忽视的联系。尤其在社会不断变迁的现实背景中，社会不仅是思想政治教育实践运行的背景、场域，它还是思想政治教育存在的一个重要因素。但仅仅停留于思想政治教育与社会的关联是不够的，因为二者的关联性并非等同于思想政治教育的社会性。同时，“思想政治教育对象的社会关系存在”“思想政治教育对社会系统的客观依赖”“思想政治教育发展源自社会变迁”更侧重的是思想政治教育社会性存在的基础条件，而非思想政治教育社会性的内涵。

从上述对一般意义上的“社会”内涵而言，研究思想政治教育社会性，首先应确定的则是在何种意义上理解思想政治教育社会性的特殊性。从对社会的揭示中，其所透露的社会性总是与人与社会之间的结合形式紧密相连。如果从国家、社会与个人高度融合的状态而言，社会就是整个生存世界，它涵盖政治、经济、文化等诸多内容；如果从国家、社会与个人之间逐渐分离的状态而言，社会则表现为国家建立、现代政治产生后，与政治、经济、文化、生态等平行的社会子系统。如此社会的社会性表现为广义与狭义两个不同的维度：广义的社会性，是指人的整个生存世界，它将国家、社会与个人高度融合；狭义的社会性，是指现代政治产生后，与政治、经济、文化等平行的社会子系统。思想政治教育深入社会所创造的社会性也呈现两种不同维度：广义的思想政治教育社会性，最初表现为对整个社会的教育性，经社会关系的不断扩张而创造出政治性，继而分化出意识形态性等；狭义的思想政治教育社会性，与思想政治教育政治性、意识形态性、公共性等同属思想政治教育的属性，它更多地彰显社会确认、社会共识拓展、个体社会化的过程。本章则从狭义层面来阐释思想政治教育的社会性。

① 孙其昂:《再论思想政治教育的社会性——兼论“社会的思想政治教育性”》,《学校党建与思想教育》2014 年第 4 期。

② 孙其昂:《再论思想政治教育的社会性——兼论“社会的思想政治教育性”》,《学校党建与思想教育》2014 年第 4 期。

（二）思想政治教育社会性是一种社会确认的过程

思想政治教育与社会的双向互动是思想政治教育社会性发生的关键因素，一方面，思想政治教育产生于社会，社会不仅是思想政治教育形成与发展的场域，也是思政形成与发展的其中一个重要因素；另一方面，思想政治教育作用于社会，构成整个社会运转的一个子系统，与道德、法律、政治等一道共同维护社会秩序。从思政与社会相互作用的关系来看，思想政治教育深入社会所带出的第一个特征，即是不断获得社会的确认，抑或说，思想政治教育社会性是一种社会确认的过程。具体表现为：

思想政治教育社会性是思想政治教育作为维护社会秩序的要素获得社会确认的过程。思想政治教育作为维护社会秩序的要素可追溯至人类社会早期。早期的人类社会是集国家、社会与个人于一体的共同体，政治、道德、法律等规范统一于大一统的社会教育，共同维护社会秩序的良好运行。如第一章中指出，反映人类早期社会历史的《周礼》一书已有记载，整个共同体被编制为一定结构，“令五家为比，使之相保；五比为闾，使之相爱；四闾为族，使之相葬；五族为党，使之相救；五党为州，使之相赒；五州为乡，使之相宾”，在此基础上，“以乡三物，教万民而宾兴之：一曰六德：知、仁、圣、义、忠、和。二曰六行：教、友、睦、姻、任、恤。三曰六艺：礼、乐、射、御、书、数”。这里可以看出，社会结构的创建、对民众辅以德性的教育是整个社会秩序运行不可分割的两个要素。上古时期舜早已掌握了二者共同作用的真谛，《尚书》记载，舜被任命为最高领导人之后，其面临的一个难题就是人与人之间没有情与理，人与人的关系处于混乱之中，于是其下属溪接受指派后实施的策略是对民众施以五教，即是“父子有亲、夫妇有别、长幼有序、君臣有义、朋友有信”。其中，“父子有亲、夫妇有别、长幼有序”主要体现家庭关系，“君臣有义”主要彰显政治关系，而“朋友有信”反映了对社会关系的规定。如此，制度的安排、社会结构的设计以及社会价值共同作用于社会秩序的维护与创建。换言之，包含政治、道德、法律等内容的社会教育是社会秩序维护与创建的重要因素。在现代社会，政治、道德、法律从规范中分化出来，各自负责不同的领域，思想政治教育也从大一统的社会教育中分裂出来，着力于帮助人们树立政治思想、道德思想及法律思想等，思想政治教育与政治、道德、法律等规范共同作用于社会秩序的良好运行。上述，我们论证了思想政治教育作为社会要素满足社会秩序运行的需求，但如同价值的产生需要客体的属性满足主体的需求，以及主体需要对客体作出确认共同作用一样，思想政治教育得到社会确认也需要社会主体自觉地选择思想政治教育。

思想政治教育社会性是社会主体自觉选择思想政治教育的过程。思想政治教育维护良好的社会关系，同时也修正不合理的社会关系，它是社会秩序运行的一个重要因素，抑或说思想政治教育具备维护社会秩序的功能，但其欲与社会共同作用并创造价值，其中不可或缺的条件则是社会主体对思想政治教育的自觉选择。这里的社会主体包括个体、家庭、社会团体、政党等，社会主体对思想政治教育的自觉选择，从其行为而言主要表现为：个体自觉培养自身的品德与注重人格的健康发展；家庭创造和睦的家庭氛围，塑造积极的家风、合理的家训等；社会团体注重建设团体文化，培育团体精神、团体伦理等；政党则注重社会整体的发展，以每个公民的发展为发展前提，创造人民的幸福生活。诚然，社会主体通过对思想政治教育的自觉选择而引导自身的行为，但正如马克思所言，"思想一旦离开物质就会出丑"，个体、家庭、社会团体、政党等社会主体，因其自身利益不同，势必因其价值观念与所表征利益发生冲突，如此，思想政治教育社会性还表现为社会共识的拓展。

（三）思想政治教育社会性是一种社会共识拓展的过程

从"社会质料"而言，社会是人的集合，但集聚的无数个人并不必然等同于社会，其中现实个人的交往创造出不同于诸个体特性的总和的另一种普遍性存在，即价值存在，抑或说，价值存在是集聚的无数个体之所以能成为社会的"社会形式"。在此，个体的特殊性及人与人之间相互交往形成的普遍性抑或说在"一"与"多"之间的关系需要价值共识的建构。思想政治教育深入社会，其以思想为媒介作用于思想形成与改变并旨在形成"一"的特性与社会价值的"普遍性"不谋而合，如此，从价值共识角度而言，思想政治教育与社会呈现高度的融合性，社会共识拓展的过程也成为思想政治教育社会性的内涵。

思想政治教育拓展社会共识表现为由"特殊性"向"普遍性"的转变。社会共识是社会存在、社会秩序得以良好运行的重要条件，实现由"特殊性"向"普遍性"的培育是社会共识得以拓展的核心路径。就人的本性而言，"意志自由和交往行为"[①] 同时存在于人的本性之中。意志自由是人对自身的确认，单个个人因意志自由塑造无数个体的普遍性，但无数

① 樊浩：《中国社会价值共识的意识形态期待》，《中国社会科学》2014 年第 7 期。

个体的普遍性在交往行为中不断交融以求取更大的整全，抑或说交往行为对意志自由作出最后的规定。关于人类的交往行为，亚当·斯密一早从社会分工的角度指出，人们的交往行为源自人与人之间的相互需要和相互需求。随后，马克思也指出，“人在其现实性上是社会关系的总和”，即是说人总是在社会关系中获得自身的确认。从人的社会性角度而言，单个个体总是在社会关系中不断获得与他人交往的社会价值。如果将社会看作是黑格尔式的需要体系，这样的需要体系便最终构建形式的普遍性与同一性，构建个体的特殊性与普遍性的同一性关系成为社会伦理实体的价值旨归。如果将社会看作是人与人之间交往与联系的总和，那么社会必将具有涵括更广泛个体价值的特质。对思想政治教育而言，现实的社会关系是思想政治教育存在的客观基础，思想政治教育深入社会，其最根本的目的就是要维护良好的社会关系，改变不良的社会关系。因为只有在良好的社会关系中，人们才能更加认同与人们切身相关的社会价值。思想政治教育通过维护健康的社会关系、更正不良好的社会关系，从而寻求更加普遍、更具恒久性的社会价值，并使其成为引领社会方向的社会核心价值。思想政治教育拓展社会共识，首先来自其在社会关系中寻求更具普遍性的社会核心价值，但将社会核心价值内化于现实的个人，实现社会核心价值的主导地位便成为思想政治教育拓展社会共识的进一步深化。

思想政治教育拓展社会共识还体现为实现社会核心价值的主导地位。培育和践行社会核心价值是思想政治教育深入社会的一大重要职责。社会作为反映需求体系的伦理实体，它表现人与人之间交往的需求关系与利益关系，这都直接影响作为社会人的思想生成、发展与改变。正如马克思在论述思想与物质的关系时指出，“思想一旦离开利益，就会出丑”。如此，人的思想生成与发展或改变总是受一定利益关系的影响，不同的利益关系总是形成不同的社会意识形态，抑或说每种社会意识形态总是有自身的利益诉求与价值尺度。但理论是随实践的不断演进而不断地变化，当人们交往扩大，利益关系不断扩大，人们对整个社会价值的认识也在不断调整之中。思想政治教育作为以思想为媒介的实践活动，它始终肩负这样的职责，即维护好的社会关系，调整与更正不良好的社会关系。在不断扩大的交往中，思想政治教育总是以更普遍、更具持久性的社会价值指引人们的交往行为。使更具普遍性、更具持久性、更符合人类社会发展与现实个人发展的社会价值作为引领社会的核心价值，并使之成为社会主导的核心价值。通过上述分析，我们认为，思想政治教育深入社会，成就社会共识的拓展，首先表现为在现实社会关系中对更具普遍性社会价值的把握与提炼，其次还表现为实现社会核心价值的主导地位。如此，社会共识的拓展是思想政治教育深入社会的一大特质，而实现个体社会化则成为思想政治教育深入社会另一特质的具体内涵。

（四）思想政治教育社会性是促成个体社会化的过程

社会化是多学科共同关注的概念，不同学科对其有不同的关注与偏重，金盛华教授对此作了总结（见下表）：[①]

学科	对社会化的理解和解释
社会学	偏重：人与社会的互动和社会对人的规范作用 关注：社会规范内化、社会角色形成
文化人类学	偏重：文化继承，把社会化看作文化的延续和传递的过程 关注：民族文化模式对其成员人格、社会行为的影响
教育学	偏重：社会系统化教育过程对人的社会影响 关注：个体适应社会的引导和影响个体发展的教育体制设计
社会心理学	偏重："个体社会化"，强调个人与社会环境的相互作用 关注：个体特点、学习经验和人格差异在社会化中的作用及社会心理经验在自我形成中的影响

尽管各个学科关注社会化的偏重不同，但仍存在共性，即都是从个体如何存在于社会，抑或说从社会对个体的要求来阐释不同的要素在这个过程中所发挥价值的比重。社会学关注社会规范与社会角色的形成、文化人类学关注文化模式对成员人格与社会行为的影响、而教育学关注如何引导个体的社会化……对思想政治教育而言，它与其他学科一道关注个体的社会化，其偏重体现在它努力提高个体与社会的融合度、实现社会规范在个体的内化等过程，彰显其社会性的存在。

思想政治教育社会性帮助个人实现社会规范的内化。人类是群体性动物，但群体向社会的迈进其中一个非常重要的原因就来自人类在共同交往中创造了社会价值。从人类历史的开端来看，大一统形式的教育活动中就包含实现个人社会化的内容。恩格斯在《家庭、私有制和国家的起源》中系统地分析了人类社会的早期阶段，无论是蒙昧时代对鱼类的食用选择、石器的创造、火的发明、弓箭的使用等，还是野蛮时代陶术的制造、家畜

① 金盛华：《社会心理学》，北京，高等教育出版社2010年版，第63页。

的驯养、冶炼的开始、农业的耕种等，这些人类的生存技能的延续皆表明个体在人类生活共同体中的学习与创造，同时语言的出现、文字的发明等更加促进人类作为社会形式的演进。概言之，早期人类社会，个人的社会化实现更多表现为对生存技能的掌握、对社会价值的遵守、对共同行动的配合与参与，个人社会化的实现是通过人类早期的宗教仪式、传统习俗来完成的。家庭的出现使个人的社会化增添了新的形式，即社会角色培养，当“父亲、子女、兄弟、姊妹等称呼，并不是单纯的荣誉称号，而是代表着完全确定的、异常郑重的相互义务，这些义务的总和构成这些民族的社会制度的实质”[①]。思想政治教育在人类社会早期便肩负培养社会角色的职责，一方面是帮助人们实现角色的认定，另一方面也体现在消除人们的角色差距，克服角色冲突。家庭、氏族、部落、国家随生产的扩大而一一出现，而这些不同的社会结构形式必然创造不同的规范形式，如道德、法律、暴力机关等。其中，教育则成为将这些不同的规范形式实现个人内化的重要路径与媒介。思想政治教育作为权力的表达，它以一种思想改变另一种思想的方式将这些规范所蕴藏的价值理念作用于个人，帮助个体实现社会规范的内化，以此实现个人社会化并达到个人与社会的融合。

如果传统社会因生产力因素、“集体意识”以及个人对共同体的依附等因素而呈现出个人、社会与国家的高度融合，那么传统社会向现代社会转型所出现的个人与社会之间的疏离则成为个人社会化在当代的一个新形态。尽管涂尔干等著名思想家并不认同社会分工必然导致社会的分化、个人与社会的分离，但如何解决个人与社会的疏离始终是现代社会欲解决的难题。个人与社会何以能被作出区分，雷蒙德·威廉斯对此作出解释，“从本质上说这是把个人抽象化了，使之脱离了复杂的关系结构，迄今为止个人通常都是这么定义的。与之相对应，‘社会’也同样被抽象化了，在此之前，‘社会’指的是一种实际的关系”[②]。个人抽象与社会抽象，即是社会中的社会关系是抽象的，它不再作为一种全体而出现，个人由此也被分离开来，概言之，现代社会被抽象出现了人与人的疏离、个人与社会的分离以及个人自身内心的冲突。如马克思在分析异化概念时指出，人因同自己的劳动产品、自己的生命活动、自己的类本质的异化从而导致人与人之间关系的异化。思想政治教育着眼于培养个人人格的健康发

① 《马克思恩格斯选集》（第4卷），北京，人民出版社1995年版，第25页。

② 〔英〕雷蒙德·威廉斯：《漫长的革命》，倪伟译，上海，上海人民出版社2013年版，第87页。

展，因此它也必然面临现代个人与社会的分离问题。对现代个人与社会的分离之解，思想政治教育社会性着力于改变现实个人伦理觉悟从“我”向“我们”的转变，这里的我们是“家庭”“社会组织”以及“国家”，“扬弃‘原子式地进行探讨’的理性主义伦理观和伦理方式，进行社会、国家、家庭三大伦理实体的‘精神’建构”①。

第三节　思想政治教育社会性的特征

思想政治教育社会性的特征，即是指思想政治教育社会属性在实践运行中所彰显的区别于他事物的标志，具体表现为：注重社会行动与社会价值的勾连、通过对个体的规训与解放而实现“我们”的生成、通过对社会的回应引领社会价值。

一、注重社会行动与社会价值的勾连

思想政治教育与社会相互作用，一方面，思想政治教育是属人的实践活动，它必然深入由人所组成的社会之中，通过传递核心价值以维护良好的社会关系或更正不良好的社会关系；另一方面，连接无数个体组成社会的社会价值也天然具有思想政治教育的功能，它影响着现实个体的社会行动。思想政治教育与社会的关联彰显思想政治教育以社会为场域、要素，社会将思想政治教育作为秩序维护的重要方式，而个体的社会行动与社会价值的相互作用则是思想政治教育与社会交汇的重要聚点，同时也是思想政治教育社会性的重要特征。

社会价值影响个体的社会行动。社会价值，即是指人在交往实践中所形成的有利于人们交往、有利于人们共同生活的具有普遍性的思想、观念、习俗等。而社会行动，马克斯·韦伯如此解释，它“是指向他人过去、现在或未来的行为。例如对过去他人攻击的报复，对目前他人攻击的防卫或对未来他人可能攻击的预防等。这里所指的他人可以是熟人，也可以是不确定的多数人或完全陌生的人”②。从韦伯的定义中，我们可以看出社会中个体的社会行动既包含与他者的互动，也包含行为者对行动的意义

① 樊浩：《中国社会价值共识的意识形态期待》，《中国社会科学》2014 年第 7 期。

② 侯钧生：《西方社会学理论教程》，天津，南开大学出版社 2001 年版，第 116 页。

赋予，抑或说这里的意义赋予即是指行动者解释自己行为的合理化。吉登斯丰富了社会行动的内涵，他将社会行动指向事件世界，即“行动者本身、情境的社会和物理特性、他人的行动即能动的对象等”[①]。如此，行动者对其自身的行动在对自身、情境社会和物理特性以及行动对象的反思中寻求自身行为的合情境规定性及合规范性。无论是“合理化”还是“合社会情境化”，它们都反映这样的事实，即是说个体的社会行动总是与其社会价值紧密相连，抑或说在人们交往实践中形式的社会价值影响人们的社会行动。韦伯和吉登斯都研究了意识与行动的关系。对韦伯而言，他坚持社会行动是特定主观意愿支配的产物，但主观意愿的形成是社会价值（如风俗习惯、理想选择、心理结构、文化传统等）的结果，因此，对人们社会行动的理解首先就需要理解人们的主观意愿，而理解的达成来自人们对共同生活所形成的文化的共识。另外值得特别重视的是，人类意识一般被划分为有意识与无意识，社会行动因与意识的紧密联系也因此被分为有意识行动与无意识行动。吉登斯在批判继承的基础上将行动者的意识构建为无意识、实践意识与话语意识，而社会行动亦相应地分为本能行动、实践行动与话语行动。其中，无意识蕴藏行动者行动与日常例行化行动的一致性，实践意识反映行动者对社会生活具体情境的认同性与适应性，话语意识为行动者的社会行动提供合理性解释以求得他人的承认，同时，也正是因为这些不同意识产生了不同的社会行动。社会行动与人类意识则始终处于辩证运动之中，即是说，社会行动生成社会价值，而社会价值同时发展为一种无意识或有意识的场域而对人们的社会行动产生影响，或是促进人们发生某种社会行动，或是阻止人们发生某种社会行动。思想政治教育深入社会，彰显其通过社会价值影响个体社会行动的特征。

思想政治教育社会性的特征表现为通过社会价值影响个体社会行为。思想政治教育以思想作用于思想的形成与改变，旨在帮助人们形成良好的社会行为。思想政治教育通过社会价值影响个体社会行动也就表现为通过社会实体传递社会核心价值以引领人们的社会行为。实现个体社会行动的和谐有序是思想政治教育深入社会需解决的一个现实难题。在传统社会中，社会共识、集体意识、风俗习惯、宗教信仰等在很大程度上成就了个体与社会的良好结合。在现代社会中，社会不断转型带来的社会分化使社会面临新的境遇，传统社会一体化的集体意识或社会共识也凸显新的形

① 张广利、王登峰:《社会行动：韦伯和吉登斯行动理论的比较》,《学术交流》2010 年第 7 期。

式，涂尔干指称其为“职业精神”或“团体精神”。对此，思想政治教育通常借助家庭、社会团体、国家等社会实体形塑社会核心价值并以社会实体为载体实现社会核心价值的内化。通过家庭传递家庭美德、通过社会团体塑造人们的职业精神等、通过国家传递符合社会发展与个人发展的核心价值等，而这些实践活动的最终目的就在于引领人们良好社会行为的实现，成就个人与社会的和谐共存。

二、通过对个体的规训与解放实现“我们”的生成

现实的个人及其所结合成的社会关系是生成社会的本体。“人类在世界中的实践活动激发了情感、认知、道德及宗教能力的群体发展，使得人类观念和经历的群体表征得以出现，并产生了满足人类需要和欲望的群体社会安排”[①]。当个人从高度一体化的社会中、从神权的控制中解放出来，现代社会面临的道德前提与伦理困境即表现为“一种基于个体自由选择的人为社会关系，一个由自由个体组成的社会”[②]，或者表述为现代社会与仍旧发挥作用的共同体如何在现代个体自主性日益凸显的境遇中实现个体与社会的二元统一。对思想政治教育而言，在自主性的个体日益与“社会”“共同体”交互作用的现实实践中，培养个体的德性品格以追求“我们”在成为思想政治教育维护社会秩序中的价值彰显。思想政治教育社会化性拓展社会共识的特性也就表现为通过个体的规训与解放实现“我们”的生成。

现实的个人面临规训与解放双重境遇。作为整体，“社会有着一种能超越构成它的个体的总体属性”[③]，社会凭借自身独有的属性与能量，以特定的方式塑造个体的行动、认同与经历。从某种意义而言，由个体及由其形成的各种群体形成的社会，规定了现实个人存在的社会环境与社会生产，这些现存的社会环境与社会生产规定个人的社会认识与实践。马克思研究了现实的个人，在他看来，个人是在一定的物质、不受他们任意支配的界限、前提和条件下从事物质生产活动，实际受自己的生产力和与之相适应的交往方式所制约的现实中的个人。“人们的存在就是他们的现实生活过程”[④]，他们的意识在任何时候都只能是被意识到了的存在。从对现存

① 〔英〕菲利普·梅勒，《理解社会》，赵亮员译，北京，北京大学出版社 2009 年版，第 4 页。

② 李猛：《“社会”的构成：自然法与现代社会理论的基础》，《中国社会科学》2012 年第 10 期。

③ 〔英〕菲利普·梅勒，《理解社会》，赵亮员译，北京，北京大学出版社 2009 年版，第 4 页。

④ 《马克思恩格斯选集》（第 1 卷），北京，人民出版社 1995 年版，第 72 页。

社会秩序的维护而言，社会必然以一种审视的眼光审视现实社会中流通的社会力量，规定社会情境，使个人在现实的社会秩序中遵守相应的规则、实施社会要求的社会行为。如此，现实的个人必然遭遇来自社会的规定与训诫。值得注意的是，个人在遭遇社会规训的同时也在社会实践中解放自身。社会实践带来具体社会关系生成的同时促进社会的改变，也促进个人的解放。马克思在批判抽离人的主动性的唯物主义时指出，“有一种唯物主义学说，认为人是环境和教育的产物，因而认为改变了的人是另一种环境和改变了的教育的产物，——这种学说忘记了：环境正是由人来改变的，而教育者本人一定是受教育的。因此，这种学说必然会把社会分成两部分，其中一部分凌驾于社会之上。（例如，在罗伯特·欧文那里就是如此）”[①]，由此，马克思得出结论，“环境的改变和人的活动的一致，只能被看作是并合理地理解为变革的实践”[②]。也正是马克思对社会实践的揭示，从类中解放了现实个人，彰显了现实个人的自主性。现实个人及其具体社会关系的生成也促进社会的发展。如此，现实个人面临规训性与解放性的双重特性，也为思想政治教育社会性拓展社会共识、实现人的社会化奠定了基础。

思想政治教育社会性通过对个体的规训与解放致力“我们”的生成。思想政治教育深入社会拓展社会共识、实现人的社会化，其最终目的都是为维护良好的社会秩序，实现“我们”的共存。董雅华教授回答了思想政治教育何以能实现规训性与解放性的辩证统一，她指出，“规训性与解放性的辩证统一是思想政治教育合目的性的基本指向”[③]，具体表现为“目标统辖”“价值契合”“过程贯通”。我们认同这样的观点，并坚持思想政治教育社会性正是在对个人规训性与解放性的辩证统一中彰显了价值的实现。一方面，把握社会的发展是思想政治教育拓展共识的基础。思想政治教育在把握社会中，通过传承经时间洗礼的更具永久性的社会价值作为规训人的基础价值；通过把握社会发展的现实基础塑造新的社会价值，让现实的个人在现实基础上得到精神的合理安放，成就整全的我们。另一方面，人始终存在于社会，无论从社会的最初生成还是在其发展中，社会实践帮助个人自主性实现的同时，也始终在与他人的交往中寻找与他人普遍

① 《马克思恩格斯选集》（第1卷），北京，人民出版社1995年版，第59页。

② 《马克思恩格斯选集》（第1卷），北京，人民出版社1995年版，第59页。

③ 董雅华：《论思想政治教育的规训性与解放性——一种对思想政治教育特性的哲学探究》，《东南大学学报（哲学社会科学版）》2014年第3期。

性的交集或更大的普遍性。在这样的现实境遇中，思想政治教育与社会的关联，则表现为在了解社会生成、掌握社会构成、把脉社会发展的基础上建构更具普遍性的价值，这样的社会价值旨在完成我们的共存。或者说思想政治教育与社会关联，一方面实现个人的解放，另一方面则通过道德等社会公民品格的塑造完成人与人之间的共存。

三、通过培养对社会的回应力引领社会价值

回应社会是思想政治教育社会性的特性之一。社会是复杂的、多层次的、流变的存在，不同社会要素的不同作用总是突生多样、多元的社会价值。思想政治教育与社会的关联性也使得思想政治教育必须面对社会带来的各种变化，概言之，即思想政治教育必须具备对社会的回应力。所谓思想政治教育的社会回应力，即是指“思想政治教育在应对社会变化过程中所体现的回应能力，它具体地包括思想政治教育对于社会空间的参与力、对于社会事件的解释力和对于社会成员的影响力”[①]。

参与社会空间是思想政治教育引领社会价值得以可能的基础。“社会——不管其形式如何——究竟是什么呢？是人们交互活动的产物。”[②]人们的交互活动生成不同的组织形式（社会组织、社会团体、企业、集体组织等）和各种不同的社会群体（留守儿童、志愿群体、农民工群体等），这些不同的组织形式和社会群体共同构成社会，但作为构成社会的个中要素，它们也凸显自身的自主性。不同的组织形式创建自身的核心价值，如企业有企业文化和企业精神、社会团体有自身的核心理念、集体组织有自身的各种章程；而不同的社会群体也因现实的实践条件、不同的社会关系、不同的境遇或形成或接收不同的思想和价值观念。如此，社会价值因社会的多层次性而呈现多元化、多样化。思想政治教育社会性致力于社会共识的拓展，深入社会把握和理解多元、多样的价值则成为完成这一使命的前提。同时，也因社会的多层次性，思想政治教育深入社会则同时被要求深入社会内部，深入构成社会的各种要素之中。只有如此，思想政治教育才不会沦为仅仅是表征权力的工具、进行意识形态宣传的工具，抑或说，思想政治教育只有深入社会内部理解社会，才能整合多层次的社会价值，如此，也才使核心社会价值的引领功能实现成为可能。

---

① 叶方兴：《论提升思想政治教育的社会回应力》，《思想教育研究》2015年第3期。

② 《马克思恩格斯选集》（第4卷），北京，人民出版社1995年版，第532页。

解释社会事件是思想政治教育引领社会价值的功能彰显。如果参与社会空间，深入把握社会是引领社会价值得以可能的基础，那么解释社会事件则是思想政治教育将这种潜在可能转化为现实的呈现。社会在人与人的交往实践中形成并始终处于发展变化之中，流动的社会思想、价值观念以及道德情感等社会价值需要更具普遍性、更具永恒性的价值观念的引领。思想政治教育解释社会事件表现为思想政治教育通过一定的价值观念、道德情感、社会思想等对社会事件作出评价，这种评价包括何以对积极观念以维护以及何以对不良好的社会观念以批判。对思想政治教育而言，它始终以一定阶级、一定政党、一定社会集团等的目标为自身的目标，或是为特殊目的服务，或是为更具普遍性的利益服务，其服务的对象不同，其所树立的终极目标则不同，对此，其所坚持的价值观念标准也不同。可以说，思想政治教育在一定程度上总是在把握理想目标与现实目标的适度范围中实现对流动社会价值解释、评价、引领。

影响社会成员是思想政治教育引领社会价值的标准衡量。社会成员承载价值的传递与实践，思想政治教育引领社会价值的最终落脚点则是实现社会成员对其所倡导的社会思想、价值观念、道德情感等社会价值的内化。思想政治教育建构一定的价值目标，社会共识的达成就在于社会成员之间必须能够对话、实现精神的沟通与交往，而这一切目标的实现都在于社会成员有完成沟通与交往的思想基础。因此，培养社会成员一定的社会思想、价值观念、行为准则，抑或说培养社会所需要、所要求的社会成员就是思想政治教育回应力的表现。由此，思想政治教育通过对社会发展的把握，通过传播政治观念、思想观念、道德观念、法律观念等努力改变社会成员的观念世界，同时培养社会成员思辨的能力、理性选择的能力等以及社会成员应该具有的公共精神。通过影响社会成员的价值观念、引领社会成员的社会行为，最终成就思想政治教育深入社会的使命。

第四节　思想政治教育社会性的相关性论证

思想政治教育社会性是深入社会所彰显的属性，它以社会为要素并与社会相互作用，满足诸社会关系的需求。思想政治教育社会性与“思想政治教育公共性”“齐抓共管”，以及与“渗透性”“融入性”都有非常紧密的关联，但它们却并非等同，如此，对思想政治教育社会性的相关性作出论证是明晰思想政治教育社会性内在规定与目标追求的重要条件。

一、思想政治教育社会性与思想政治教育公共性的关系

思想政治教育公共性是思想政治教育满足不断发展的现实社会关系的需求的产物，是思想政治教育深入公共领域处理个人与共同体的关系必须具备的品性。思想政治教育公共性与思想政治教育社会性有着非常紧密的联系，思想政治教育社会性是思想政治教育公共性的基础，思想政治教育公共性是思想政治教育社会性的普遍性表现，但二者在价值理念、关注问题层面却存在不同的侧重。如此，思想政治教育需要在不断发展的现实社会关系的境遇中，厘清思想政治教育社会性与公共性以全面把握思想政治教育的重要属性。

（一）思想政治教育社会性是思想政治教育公共性的基础

社会性与公共性是两个复杂的概念，不同学科对其都有丰富的解释。唯物史观视野中，社会是诸方面社会关系的全体与总和，其中“诸方面社会关系”包括人类在改造自然过程中的物质关系层面的社会关系，和物质生产关系之外的各种社会关系。当然，物质关系层面的社会关系并非与物质关系之外的社会关系是二元分离的状态，它们共同以物质关系为基础。公共性在非物质生产关系的社会关系中发生，它注重人的目的性。就社会关系层面而言，社会性包含了物质生产关系的社会关系以及非物质生产关系的社会关系，而公共性是伴随社会性的发展而发展起来的，主要是非物质生产关系的社会关系，因此，公共性是社会性，但社会性却不是公共性，抑或说社会性是公共性的基础，公共性是社会性的更具普遍性。就思想政治教育的社会性与公共性而言，思想政治教育社会性它是深入社会而彰显的属性，它获得社会确认、拓展社会共识、实现个人的社会化，但就思想政治教育公共性而言，它处理的是社会关系中个人与共同体之间的关系。因此，就思想政治教育公共性处理的社会关系来看，思想政治教育社会性是思想政治教育公共性的基础，而思想政治教育公共性是在社会关系中对更具普遍性的社会关系需求的满足。

（二）思想政治教育社会性与思想政治教育公共性的区别

思想政治教育社会性与思想政治教育公共性都是在满足社会关系的需求中所生成的属性，但二者在价值理念、关注问题方面却彰显不同的侧重。就价值理念而言，思想政治教育社会性面向社会全体，处理包含物质生产关系与非物质生产关系的社会关系，它在“公”与“私”的整体关系

中侧重个人对社会价值的内化。而思想政治教育公共性，它是满足个体与共同体之间的关系的需求的产物，它以“权利”为本位，追求现实个人与共同体之间关系的高度契合，并以期实现在“自由人联合体”中，“人终于成为自己的和社会结合的主人，从而也就成为自然界的主人，成为自身的主人——自由的人”[①]。就关注的问题而言，思想政治教育社会性关注社会的需求体系，它基于私人利益的需要，不断在与他人交往中寻求共存。思想政治教育的社会性在私人的需求体系不断扩大中得到发展。而思想政治教育的公共性摆脱了社会性中的利己的狭隘性，更多关注个人与共同体的融合，它在非物质生产关系的社会关系中关注现实个人的自由与解放、生成个人与共同体关系中蕴含共相的观念、价值与行为方式，追求人的目的。

综上，从社会与公共的关系而言，公共是社会发展到一定阶段的产物，它追求以人为目的、追求个人与共同体高度的融合关系。思想政治教育社会性是面向社会关系的产物，而思想政治教育公共性是针对社会关系中非物质生产关系层面的社会关系，二者紧密相连，但也各自构建自身的实践王国。

二、思想政治教育社会性与“齐抓共管”的关系

“齐抓共管”有着特殊的中国语境，它是中国共产党人长期从事思想政治工作这一实践活动的经验总结。早在1957年，毛泽东同志在《关于正确处理人民内部矛盾的问题》一文中指出，“思想政治工作，各个部门都要负责任。共产党应该管，青年团应该管，政府主管部门应该管，学校的校长教师更应该管”[②]。这里针对社会矛盾性质的变化以及社会矛盾多层次的出现，国家领导人对思想政治工作的开展提出多主体共同负责的要求，多主体共同负责也蕴含对工作、生活于不同组织形式的社会成员实施全面的思想政治工作的目的导向。以邓小平同志为核心的党的第二代领导集体继承“齐抓共管”开展思想政治工作的传统，1978年，邓小平同志针对青年教育问题指出，“我们希望从事教育工作的同志，各个有关部门的同志，整个社会的家家户户，都来关心青少年思想政治的进步，把被‘四人帮’破坏了的优良革命传统恢复和发扬起来”[③]。中国推行改革开放，

---

① 《马克思恩格斯选集》(第3卷)，北京，人民出版社1995年版，第760页。

② 《毛泽东文集》(第7卷)，北京，人民出版社1999年版，第226页。

③ 《邓小平文选》(第2卷)，北京，人民出版社1983年版，第105~106页。

经济体制、政治体制、文化体制等各个方面相继推行改革，开展思想政治工作也面临新的境遇，《中共中央关于加强和改进思想政治工作的若干意见》指出，“必须坚持在党的领导下，依靠全社会共同来做。思想政治工作涉及经济和社会生活的各个方面。不仅党的组织、宣传部门要做，党的其他部门、政府部门以及工会、共青团、妇联等人民团体和其他社会组织都要做”[①]。1986 年 9 月，党的十二届六中全会通过了《中共中央关于社会主义精神文明建设指导方针的决议》，决议指出，“思想政治工作是经济工作和其他工作的有力保证。要努力适应新时期的需要，开创思想政治工作的新路子。无论从事哪方面工作的干部，都要做人的工作”。1996 年 10 月，党的十四届六中全会通过的《中共中央关于加强社会主义精神文明建设若干重要问题的决议》指出，“思想政治工作是我们党的优良传统和政治优势，是精神文明建设的一项基础性工作和搞好两个文明建设的基本保证，在新形势下只能加强，不能削弱。各级党委要把这项工作摆到重要位置，经常研究本地区、本部门、本单位的思想政治状况，用有力的思想政治工作促进各项任务的完成。机关、企事业单位、农村、学校、街道的党组织要切实做好思想政治工作，努力把精神文明建设的任务落实到基层”。党的十六大报告对此作了系统的阐释，提出“扩大党的工作的覆盖面”[②]。

从“齐抓共管”的最初生成到在实践中不断被丰富发展，它的主要内容特点体现在：其一，“齐抓共管”体现了多主体共同开展思想政治工作的要求。在政治、经济、文化等高度一体的社会环境中，国家、政党是开展思想政治工作的领导力量。国家、政党从路线、方针、政策、体制等各方面重视思想政治工作，保证领导思想政治工作的首先条件。各级领导机构具体开展思想政治工作促成党对思想政治工作的全面实现。社会的变化和发展为“齐抓共管”带来新的主体力量。或者说在统治、管理、治理等不同的社会管理模式中，思想政治工作所依赖的主体也呈现不同的力量。从在坚持党的领导下“各个部门对思想政治工作负责”历经“社会家家户户都关心青少年的思想教育”“依靠全社会共同来做思想政治工作”的演变，“齐抓共管”的主体力量也因社会发展不断扩大而呈现丰富多元的局面。其二，“齐抓共管”体现了开展思想政治工作“多载体”的要求。思

① 陈俊宏：《加强和改进思想政治工作学习读本》，北京，中共中央党校出版社 1999 年版，第 86~87 页。

② 江泽民：《全面建设小康社会　开创中国特色社会主义事业新局面》，北京，人民出版社 2002 年版，第 53 页。

想、价值、观念等形式总是寄生于不同的载体之中，并通过这些载体在与人的交互中实现对人的影响作用。社会的不断变化与发展生成更多的载体与组织，对人的思想政治工作也就需要寻求更多载体的帮助。党的领导机关、政府部门、企事业单位、社会组织等既是实施思想政治工作的主体，但从实体的意义上而言，它们也是承载价值观念与社会思想的载体，它们不仅塑造了自身的价值理念，同时也规定了人的行为操守。“齐抓共管”要求实现不同组织形式的共同作用，也体现了思想政治工作对多面载体的需求。其三，“齐抓共管”的目标在于实现思想政治工作的全面覆盖。党的十六大报告中，江泽民同志提出“扩大党的工作的覆盖面”便是对“齐抓共管”本质的最好阐释。国家、社会、个人有着不同的思想意识，思想政治教育努力的目标就是要尽可能地扩大国家、社会、个人思想意识的共同点，如此以拓展社会共识。如张耀灿教授在研究思想政治教育学的育人机制时指出，“因为思想政治教育学既要研究人的思想品德形成发展规律、促进人的全面发展，又要研究如何围绕党的中心工作促进社会精神风貌的发展进步，如何开发、利用、整合各种育人资源，优化育人环境，形成学校、家庭、社会和党政工团齐抓共管的合力育人的长效机制”[①]。以上，我们归纳了思想政治工作的特征，就其本质而言，它的目的是要扩大党的思想政治工作的覆盖面，就思想政治教育社会性而言，二者既有自身存在的独立特性，同时也存在相通之处。

从上述对思想政治教育社会性与“齐抓共管”的各自阐释，我们足以看出二者各自安身立命之处。“齐抓共管”旨在扩大政党思想政治工作的覆盖面，而思想政治教育社会性更多体现与社会的相关性，这种相关性体现了思想政治教育被社会确认、思想政治教育对社会共识的拓展以及思想政治教育致力于实现个人的社会化。但二者也有相同之处，主要体现在：其一，社会是二者共同关注的要素。从“齐抓共管”最初产生的社会背景而言，国家、政党的领导需要思想政治工作对社会的关注，同时也需要社会对国家、政党的方针、政策等的理解与支持。而思想政治教育要获得社会确认、拓展共识首先就需要深入社会、理解社会。如果说思想政治教育是实现国家、社会、个人三者思想意识的重要途径，那么“齐抓共管”这一思想政治工作机制与思想政治教育社会性本身便具有使二者相融的共同

① 冯刚、沈壮海：《思想政治教育发展报告（2012）》，北京，高等教育出版社2012年版，第37页。

要素，即社会。其二，共同作用于社会共识的达成。“齐抓共管”彰显多主体、多载体、全方位的开展、实施思想政治工作，目的是致力于实现社会成员对国家、政党的认同，对其实施的路线、方针、政策等的认同、遵守与执行。从这个意义上而言，它也彰显其致力于国家与社会共识的达成。这与思想政治教育拓展共识有着异曲同工之妙。从上述分析而言，我们坚持思想政治教育社会性与“齐抓共管”二者有着目标上的一致与实践条件的相同，但就从各自的本质而言，思想政治教育社会性是思想政治教育服务社会关系过程中形成的内在于思想政治教育自身的属性，而“齐抓共管”是思想政治教育开展的实践机制。

三、思想政治教育社会性与渗透性或融入性的关系

现有研究对思想政治教育渗透性的理解主要有：第一种观点将渗透性理解为思想政治教育的主要原则，即渗透原则。“所谓渗透原则，是指思想政治教育要融入经济工作、文化工作、管理工作等各方面乃至日常生活中去,结合各项具体工作的实际进行”[①]。第二种观点则是将渗透性思想政治教育看作是完整的思想政治教育体系的一部分，“完整的思想政治教育体系应该是专门性思想政治教育体系与渗透性思想政治教育体系的统一性，两者互相补充，不可或缺”，并坚持“所谓渗透性思想政治教育，就是旨在通过间接的、隐蔽的形式，将思想政治教育以受教育者喜闻乐见的形式，寓于各种教学活动和文娱活动、社会实践活动中，使教育对象在耳濡目染、潜移默化中受到教育”[②]。第三种观点是把渗透性规定为隐性思想政治教育的独特品性，“隐性思想政治教育施教于其他社会实践活动的开展之中，受教于润物无声的潜移默化之中，贴近人们的社会生活，它的开展不为特定的时空所局限，具有渗透性、生活性、开放性、潜隐性”，其中“所谓渗透性，是指隐性思想政治的开展总是寓于其他社会实践活动之中，总是和其他社会实践活动的开展有机融合，渗透于其他社会实践活动开展的全过程，这是隐性思想政治教育区别于显性思想政治教育的一个鲜明特征”[③]。这里,我们姑且放下对渗透性究竟应界定为思想政治教育的原则还是把其看作是思想政治教育体系的一部分，抑或是隐性思想政治教育的独特品性的讨论，而直接采纳第三种观点，即渗透性是隐性思想政治教

① 陈万柏、张耀灿:《思想政治教育学原理》，北京，高等教育出版社 2007 年版，第 210 页。

② 余翠军、杨青松:《渗透性思想政治教育》,《思想政治教育研究》2008 年第 2 期。

③ 白显良:《论隐性思想政治教育的独特品性》,《学校党建与思想教育》2007 年第 9 期。

育的独特品性，并重点归纳思想政治教育渗透性的特性，从而分析其与思想政治教育社会性的关系。

（一）思想政治教育渗透性的特征

显性的思想政治教育与隐性的思想政治教育共同构成完整的思想政治教育体系。其中渗透性是隐性思想政治教育的独有特征，总体而言，思想政治教育渗透性彰显“形式上的寓他性”和“内容上的融合性”，具体表现为：一是寓思想政治教育于其他社会实践活动中并实现内容上的有机融合。人的意识总是在社会实践中不断形成发展的，不同维度的研究证明，社会环境诸要素以及与个人主观内部观念的相互作用是人的思想意识形成的实践机制。现实的个人总是流转于不同的社会空间、历经不同的社会活动、结交不同的社会关系，这些要素共同作用于人的思想形成与转变，如此，新的社会思想的出现，抑或说思想问题的出现总是各方要素的共同作用，从构成社会系统的各要素而言，如政治、经济、文化、社会、生态等诸要素；从社会实践活动来看，如政治活动、经济活动、文化活动、管理活动等；从各种社会关系而言，如家庭关系、同伴关系、工作关系等，这些不同的交往形式都在一定程度上影响人的思想形成与发展。因此，人的思想形成与发展的规律要求思想政治教育活动需要协同其他社会实践活动、社会关系、社会生活等不同形式的共同作用。通过将思想政治教育的终极目标、丰富多彩的内容寓于不同形式的社会实践中，影响正确思想的形成。二是寓思想政治教育活动于制度认同、政策执行、行为准则遵守中，实现思想与行为的有机融合。从社会治理的方式而言，制度、政策与行为准则通过硬控制的方式实现人的行为遵守一定的规则，从而实现对社会秩序的认同与维护。而思想政治教育同样作为社会治理的一种方式，它旨在通过改变人的思想观念，以引导人的行为符合一定的准则。如此，思想政治教育与制度、政策、行为准则等同时作为社会治理的方式，它们在目标上具有一定的相容性。思想政治教育通过将其目标、价值理念等寓于制度、政策、行为准则中，通过实现思想政治教育目标与制度制定、政策执行、行为准则遵守等相一致，从而达到人在思想与行为上的一致性。三是寓思想政治教育活动于社会精神文化环境中实现价值目标的有机融合。社会精神文化环境总是蕴含一定的社会思想、价值观念、伦理道德等价值，它在一定程度上对人的思想、价值观念的形成与发展产生潜移默化的影响。思想政治教育通过社会精神文化环境的整体氛围与方向，将思想政治教育的价值目标寓于社会精神文化环境中，从而达到思想政治教育预设目标。综上，我们通过对思想政治教育渗透特征及其具体表现的揭示，为进一步揭示思想政治教育社会性与思想政治教育渗透性的关联奠定了基础。

（二）思想政治教育社会性与思想政治教育渗透性的关系

通过上述分析，思想政治教育渗透性注重将思想政治教育活动寓于他物，并以一种潜移默化的方式达成思想政治教育目标，它与思想政治教育社会性的关系体现为：第一，思想政治教育社会性与渗透性共同依赖社会系统。获得社会确认是思想政治教育社会性的其中内涵，获得社会确认一方面表明思想政治教育深入社会，其价值目标、实践内容、实践方式等均与社会组织、社会关系以及其他的社会实践活动等实现了最好的相容，抑或说其他社会实践活动、不同的社会组织以及不同的社会关系等都认同思想政治教育对其自身的加入。思想政治教育渗透性反映思想政治教育作为一项实践活动在完成自身目标的过程中找到与社会的交点，能通过社会实践、社会关系、社会组织等达成思想政治教育的价值目标。可以说，思想政治教育社会性与渗透性都反映出对社会系统的依赖。第二，思想政治教育渗透性成就社会性的达成。思想政治教育渗透性是思想政治教育将自身的价值目标、实践内容等寓于其他社会实践活动、社会组织、社会关系之中，并在潜移默化中影响人的思想观念。思想政治教育与其他社会实践活动、社会组织、社会关系形成合力，一方面有助于思想政治教育目标的实现，另一方面也提升思想政治教育与社会性的融合度，这不仅有助于思想政治教育获得社会的确认，同时也帮助社会共识的更广泛覆盖。

第五章 思想政治教育的实践属性

思想政治教育实践属性是证明思想政治教育并非纯粹的观念活动或精神性活动，而是具有实践功能的社会实践活动，它旨在促进“精神向物质”与“物质向精神”的双向转换。思想政治教育实践属性的确立是深入探索思想政治教育实践路径与实践机制的重要基础。揭示思想政治教育实践属性，需要明晰何为思想政治教育实践属性、思想政治教育实践属性有何特征、思想政治教育的核心目标是什么以及思想政治教育实践属性遵循何种实践逻辑等重要问题。

第一节 思想政治教育实践属性的内在意涵

思想政治教育实践属性是思想政治教育作为一种实践活动以及在实践运行过程中所呈现的特质，对思想政治教育实践属性的内在意涵作准确解读有助于把握思想政治教育实践属性的功能价值、运作机制及其实践运行所需要的现实条件等。而在何种意义上理解“实践”是准确把握思想政治教育实践属性内在意涵的基础。

一、深刻理解实践是把握思想政治教育实践属性内在意涵的基础

揭示思想政治教育实践属性的内在意涵，即是对思想政治教育作为一项实践活动及其在实践运行过程中所彰显的特质作提炼与抽象，这一工作的完成首先需要清楚把握何为实践以及实践何为等基本问题。

实践意蕴丰富，且有多重使用语境，如日常生活语境中的实践、哲学意义上的实践等，我们主要从哲学意义层面对实践概念的内涵作最基本的把握。

首先，实践是涵盖人类全部社会生活的活动的统一。实践是专属于政

治、伦理等特定领域的活动，还是涵盖政治、经济、伦理等人类全部社会生活的活动曾得到学者的高度关注，引发较为热烈的讨论。如坚持实践是特指某一类活动的观点认为，"'实践'被用来指一切人类活动，实际上是用'生产'来偷换了'实践'概念"[①],而坚持实践是指人类一切活动的观点认为，马克思的实践观不仅应从认识论维度进行把握，更不应被忽视的是"其基础性的、根本性的维度则是本体论维度"[②],关注实践的本体论维度，其核心即是要重视人与人之间的关系而非仅仅是人与自然之间的关系。面对上述关于实践的不同理解，我们从实践概念的源头出发，在考察其历史演变中重新审视实践的本质意涵。

众所周知，在西方哲学语境中，亚里士多德较早地提出了实践概念，在亚里士多德看来，人的活动主要表现为实践的、制作的与理论沉思的3种主要形式，这3种活动形式分别面对不同的对象同时也产生自身的运行逻辑。就理论活动来看，它是最高的活动，因为人在本性上是求真的，而实践或制作活动是"人对于可因自身努力而改变的事物的、基于某种善的目的的行动的活动"[③]，其中，制作的作用对象是物，而实践的作用对象在人，实践知识是关于人求善的问题。因此，对亚里士多德来说，实践的内涵至少有如下几个维度：一是实践是德性的实现活动。所谓德性，即是一切事物的好的品质。那么德性又如何得以实现呢？他认为根本就在于德性的活动，这里的德性活动即是以善为目的的伦理活动或政治活动。而"目的，即最终完善状态，蕴含于活动之中；目的的概念又意味着，一种属的完善的活动与其一般的活动是同种属的，并表现为种属活动的目的。每种较高级的生命物的最终完善状态就在于它的种属的不同于其他低等生命物的特有的活动，以及那种活动蕴含的目的"[④]。由此可见，实践是一种目的性活动，它以最高善为目的，这一目的将其与其他种属的活动区分开来。而要达到善这一完善状态，就需要实践目的与实践活动、实践目的与实践手段的同一。这同时也彰显实践的第二特质，即实践是自由的、不以外物

① 张汝伦:《作为第一哲学的实践哲学及其实践概念》,《复旦学报（社会科学版）》2005年第5期。

② 俞吾金:《对马克思实践观的当代反思——从抽象认识论到生存论本体论》,《哲学动态》2003年第6期。

③ 〔古希腊〕亚里士多德:《尼各马可伦理学》，廖申白译，北京，商务印书馆2003年版，第xxi页。

④ 〔古希腊〕亚里士多德:《尼各马可伦理学》，廖申白译，北京，商务印书馆2003年版，第xvii页。

为条件的活动。这里的自由包含了自愿、自足等。实践意味着选择，选择应以自愿为原则。具体说来，它需要在变化的社会历史领域，在变化的具体事物中依靠实践智慧来把握事物的最佳状态，从而实现自身的善。三是实践活动关涉人的行为，如亚里士多德在对伦理学作相关的学科判定时指出，“伦理学或政治学是一种实践的研究”[①]，由此可见，亚里士多德对实践的界定的落脚点就在人的行为。但人的行为并非脱离沉思的，“因为实践不仅以某种善为目的，其自身也是目的，‘实践的研究一方面投射出理论理性的光，一方面又把这光直接地投射到人类事务上面’”[②]。实践活动应以沉思活动为前提，沉思活动也以实践活动、创制活动为基础，人们处理具体事物中所生成的实践智慧也与创制、理论有关。

总的来说，亚里士多德的实践更多指向的是人自身所具有的控制与选择自身行为活动的能力，而非人对周围世界的对象性活动。康德在一定程度上恢复并发展了古希腊的实践哲学，它以自然与自由为基础，区分了技术上的实践与道德上的实践，技术上的实践归于自然，而道德上的实践归于自由，这种自由来自对普遍原则的遵循，如黑格尔指出，“康德所谓实践理性是指一种能思维的意志，亦即指依据普遍原则自己决定自己的意志”[③]。总的来说，“西方传统的实践强调的是人的内在的道德践履活动，具有非对象性的性质”[④]。

马克思在批判旧有的哲学观点上提出新的哲学观即实践观。就马克思的实践观来说，它并非仅仅停留于本体论或认识论，而是要将哲学中的理论转化为实践活动，正如马克思所言，“哲学家们只顾解释世界，但问题的关键是如何改变世界”。马克思在分析人类历史如何得以存在的基础上阐释了实践的观点。在他看来，人类历史能够得以延续的核心条件在于个人的存在，但个人要得以生存，首先就要满足衣食住行等基本的感性需求，对于原初的人类社会来说，它是在向自然进行实践的过程中得到了最初的满足，但“已经得到满足的第一个需求本身、满足需要的活动和已

---

① 〔古希腊〕亚里士多德:《尼各马可伦理学》，廖申白译，北京，商务印书馆 2003 年版，第 xxvi~xxvii 页。

② 〔古希腊〕亚里士多德:《尼各马可伦理学》，廖申白译，北京，商务印书馆 2003 年版，第 xxix 页。

③ 〔德〕黑格尔:《小逻辑》，贺麟译，北京，商务印书馆 1980 年版，第 142 页。

④ 邹诗鹏:《马克思实践哲学的现代性质》，《马克思主义与现实》2007 年第 1 期。

经获得的为满足需要而用的工具又引起新的需要”[①]，即创造感性需要的活动、“每日都在重新生产自己生命的人们开始生产另外一些人，即繁殖”[②]，即伦理关系的创造、因生命生产而表现出的“双重关系：一方面是自然关系，另一方面是社会关系”[③]。由此可见，不管是作为自然存在、类存在还是历史的存在以及感性个体的存在，人都是对象化的存在。而作为人的基本存在方式的实践就是人的对象性的活动。可以说，马克思是在“生存论的本体论的基础上统一全部实践活动”[④]。正如马克思所言，“全部社会生活在本质上是实践的。凡是把理论引向神秘主义方面去的神秘东西，都能在人的实践中以及对这个实践的理解中得到合理的解决”。

其次，实践具有转变的特质。实践具有转变的特质主要体现为：一是对物的形状、颜色或性质的转变。如木匠将木头由长的变成短的，或由长方形转变为圆形，或组合被改造成各种形状的木块成为一张桌子、一张床，等等；二是对人的行为的改变。如通过实践活动，使人变得勇敢、正义、善等。正如亚里士多德在《尼各马可伦理学》中指出，实践就是指能因自身努力而改变事物的或基于某种善的目的行动的活动。实践具有的转变特质得以实现也需要相应的条件，如实践目的的指引、实践条件的完善、实践机制的探索、实践程序的合理、实践过程的有序等。

二、思想政治教育实践属性内在意涵的主要内容

现有的研究在确认思想政治教育实践属性得以存在的缘由时指出，“思想政治教育产生于人的实践活动需要”“思想政治教育随人的实践活动发展而发展”“思想政治教育内容实现离不开人的实践活动”“思想政治教育目标实现必须依托人的实践活动”[⑤]，从人的存在方式，思想政治教育与实践活动的关系等问题去揭示思想政治教育的内在意涵，有一定的道理，但是我们认为，内在意涵是作为一个事物本质性的规定，对思想政治教育实践属性内在意涵主要内容的揭示也应回到思想政治教育在实践中所呈现出的特质中去。就思想政治教育而言，它作为实践活动，它不是要改变物的形态或物的性质，而是要促进教育对象精神的改变，并进而促进行

① 《马克思恩格斯选集》（第1卷），北京，人民出版社1995年版，第79页。
② 《马克思恩格斯选集》（第1卷），北京，人民出版社1995年版，第80页。
③ 《马克思恩格斯选集》（第1卷），北京，人民出版社1995年版，第80页。
④ 俞吾金：《如何理解马克思的实践概念——兼答杨学功先生》，《哲学研究》2002年第11期。
⑤ 罗仲尤：《论思想政治教育的实践属性》，《思想理论教育导刊》2014年第9期。

为改变的螺旋上升的过程。由此我们认为，思想政治教育实践属性的内在意涵，即是思想政治教育在实践活动过程中所彰显出的促进教育对象实现“精神变物质”与“物质变精神”双重转向的特质。

（一）精神向物质的转变

精神在中国文化中具有重要的地位，也是一个重要范畴。精神在古代文化中最初是以“精”与“神”单独地存在的形式使用，在《庄子》一书中，“精”与“神”合并，“精神四达并流，无所不极，上际于天，下蟠于地，化育万物，不可为象，其名为同帝。”这里不仅描述了精神的形状，还描述了精神的作用与意义。在现代意义中，“精神”与“物质”相对立，指的是作为特殊物质的人脑的活动以及由此产生的一切非物态化的结果，它是人类心理、思维、认识、情感、意志等意识活动的总称。在特殊语境中，精神常常被指称为成为事物精华和深层活力的积极意识，如“人是要有一点精神的”。对于思想政治教育实践属性所表征的促进精神向物质的转变，重点集中于对教育对象的观感、认知、情感、判断、评价、意志、信仰等精神世界的塑造与改变。

这里我们需要对精神世界做一定的理解。就精神世界来说，它是人们认识世界与改造世界的产物。如果认识世界与改造世界是精神世界形成的基础，那么，对世界的理解便成为解析精神世界的重要因素。关于世界，马克思主义观点认为，世界包含客观世界与主观世界，客观世界即是客观存在的物质世界，而主观世界即是人们认识客观世界的相关认知以及对相关认知进行反应及再加工所形成的意识总和。如果世界被划分为主观世界与客观世界，那么精神世界的内容就包含人们对客观世界的认识以及对主观世界的认识。事实上，将世界二分的思想源远流长，早在古希腊时期，柏拉图就曾将世界划分为可知世界与可见世界。可知世界是先验于可见世界的理念世界，可见世界是不以人的意志为转移的现实世界。以能否认识可见世界与可知世界为依据，柏拉图将人区分为两种人，一种人是只能面对可见世界，另一种人能够认识可知世界[①]，能够认识可知世界的人拥有理性的灵魂，能够认识可见世界的人拥有意见状态的灵魂，“由知识和理智合成的理性指向实在世界（即可知世界），而信念和想象合成的意见，它们只能认识产生世界（即可见世界）”[②]。柏拉图对世界的认识尽管

① 〔古希腊〕柏拉图：《理想国》，郭斌和、张竹明译，北京，商务印书馆1986年版，第300页。

② 〔古希腊〕柏拉图：《理想国》，郭斌和、张竹明译，北京，商务印书馆1986年版，第218~219页。

因颠倒两个世界的关系而被认为是唯心主义，但他对人们能否认识真实世界以及人们认识不同世界所具有的灵魂状态的探索，却给我们探索精神世界的层级提供有益的借鉴。在二分世界的基础上，波普尔提出了“第三世界”，即思想的内容的世界，它的核心是要强调“客观知识”的存在。这里的“客观知识”，简言之，即是思想的客观存在形态，如科学思想、理论体系、艺术作品、社会习俗、传统经验、各类规则等。由上可见，对世界的理解是多样的，人类既能在认识物质世界的过程中形成精神世界，还能在对精神世界的加工以及对精神世界与物质世界相互作用的把握中生成精神世界的不同层次与状态。

思想政治教育实践活动正是通过形塑人的精神世界，从而通过提高教育对象的认知水平，提高教育对象价值判断的能力，养成一定的情感，使教育对象在面对变化的社会历史场域中，在面对变化的具体事件中，能够具有大是大非的判断能力以及选择的能力，如此形成符合社会发展以及与他人和谐共处的行为模式。通过引导教育对象的行为养成，以达成思想政治教育培育时代新人的目标。但社会历史总是变动不居的，新的实践活动与生产方式，总是引起新的思想观念的产生，思想政治教育实践活动还要注重从实践活动中培育教育对象新的思想观念。

（二）物质向精神的转变

物质向精神的转变主要是指人们经由自觉的实践活动，在改变物质世界的同时，也意识到自身的经验与观念意识等在相关活动中的影响，对此，人们在挖掘物质成果的同时也重视对这些精神成果的概括与抽象，进而改变自身主观世界的过程，这一过程即是物质向精神转变的过程。不难发现，诸如政治学、社会学、哲学等人文科学以及如文化部等部门都有这样的功能。但就思想政治教育促进物质向精神的转变而言，它主要体现在通过相关的实践活动对蕴含一定价值的思想与观念的总结。如在思想政治教育联合相关企业所开展的生产性实践活动中，对于相关生产部门而言，他们重视通过相关的生产实践实现专业性理论知识的突破，并进而为满足新的感性需求积蓄资源；但就思想政治教育而言，它重视生产性实践活动中职业精神的总结、劳动精神的概括以及为社会主义建设培育时代新人的价值引领等。为此，在思想政治教育生产性实践活动中，思想政治教育重视发现新的生产技术对人们认知与价值的改变，并根据新技术的新要求，尤其是新技术所带来的新的生活方式与交往方式，构建新的价值体系，凝练核心价值观的核心内涵等，以此培育具有与现代化建设相匹配的公民品格或丰富教育对象的精神世界。

由此可见，通过改变教育对象的精神世界以改变教育对象的行为，从而改变客观世界并非直线性的活动，“精神向物质”与“物质向精神”总是双向转化，双向转化中精神与行为的螺旋式上升也正是思想政治教育存在合法性与合理性的基础。

第二节　教育性、说服性与浸润性是思想政治教育实践属性的特征

实践性可以是许多实践活动的特征，并非思想政治教育的单独特质。然而思想政治教育的实践性却有其特殊性，这种特殊性表现在它的培养性、教育性、说服性和浸润性等方面。这里，我们将重点放在教育性、说服性与浸润性。

一、思想政治教育的教育性

教育性这一概念曾出现于赫尔巴特对教学的论述，他主张道德教育是各科教学工作的核心目标（而这种道德是由 5 种观念构成的，即自由的观念、完善的观念、善意的观念、法权的观念、正义的观念）。就思想政治教育而言，它以培育教育对象成为某一共同体所需要的德性为目标，如古希腊城邦重视对公民勇敢、正义与节制等品格的培育，在社会主义社会重视对公民个体能力的全面发展等。由此可见，思想政治教育的实践性首先就彰显出教育性这一特征。对思想政治教育教育性的揭示，我们应重视对它的若干要素的探索。

（一）思想政治教育教育性应重视知识引领

没有信息的宣传是苍白无力的说教，没有知识内涵的教育也是干瘪无用的教育。因此，思想政治教育所彰显的教育性特征首先应重视知识引领。知识被探索有很长的历史。对知识的追问，包括人能否认知，人如何认知，人的认知能达到怎样的状态和范围，真理的标准是什么，等等，而对这些问题的追问都要试图厘清一个基础问题，即知识是什么？苏格拉底曾问泰阿泰德“知识是什么”？而泰阿泰德说：“某人知道某事就是察觉到他知道的事情，因此，就我现在的理解来说，知识无非就是感觉。”但感觉又是什么呢？你的感觉是否是我的感觉，或者你所理解的我的感觉是

不是真的就是我的感觉？由此可见，感觉的主观性还没有办法使人们对知识形成统一的共识。在后续的研究中对知识是什么的回答，还包括知识是一种信念，知识是一种对象，知识是一种知觉，知识是一种想象，等等。这些回答中，有的思考知识的效用（培根的知识就是力量），有的思考什么知识最有力量，以及界分“谁的知识最有力量”（如列宁提出资产阶级的教育是用“九分无用、一分歪曲”的知识在糊弄人，美国的阿普尔提出学校知识被意识形态化），同时还讨论如何组织知识的问题，即知识的体系化。对此，人们对知识作出了不同的分类。有一类分法可能跟教育本身有更多的联系。这种分类将知识分成事实性知识、程序性知识和概念性知识三类，它们各有不同的作用。事实性知识在于帮助人们了解基本的事实，程序性知识在于提供人们可操作的知识，概念性知识是基于事实性知识与程序性知识所作的更高的抽象。

就思想政治教育的教育性而言，它在形塑人们的思想观念、道德理念、价值信念等意识时，首先应重视知识引领，不仅要有事实性知识，还需要有一定操作性的程序性知识，同时还需要有概念性的知识。因为事实性知识它侧重引导教育对象形成基本的认知，操作性知识在于指引教育对象的行为，概念性知识在于构建教育对象认识世界的体系。它们共同作用于教育对象认知、情感、价值等的形成。

（二）思想政治教育性应重视价值彰显

任何教学活动都浸润着某种价值或体现着某种价值观，仅仅在彰显程度或表露的明晰性方面存在一定的区别，但这种价值彰显的程度或表露的明晰度，可能是刻意为之，也可能受到一定能力的制约，即想极力彰显也彰显不出来，或者故意隐匿其中内涵的某些价值。这里我们主要讨论思想政治教育如何彰显价值或价值观的问题。

这里所讨论的价值和价值观，既有联系又有区别。思想政治教育与教学的价值，主要是指当下思想政治教育与教学的内容对受教育者的有用性和意义问题，考量解决了他们什么现实问题，即教育教学的针对性。这种针对性不是抽象的而是具体的，它应该总是针对着学生群体当下的需求，而这种需求又包含着普遍性、特殊性和个别性三者的统一，同时又兼顾着眼前（主要指学生的当下优势需要）、未来（学生发展的下一步需求）、长远（稳定而持续发生作用的潜在性）需求的关系。教育或教学的价值，可以通过抽象和具体两大方式表现出来，抽象表现主要指教学的功能价值，如传统意义上认为的“传道、授业、解惑”三大功能，而具体表现则体现在不同教学内容对受教育者的意义之上，如德智体美劳的大分类，而在智育方面又可以细分成自然科学、社会科学、人文科学等方面的学科知识，其中的人文科学又具有德育与美育的功能，浸润着伦理价值和审美价值，等等。

思想政治教育和教学彰显的价值观，主要是指通过教育活动或教学活动，宣扬或贬损着某些价值观或价值观念，或者提倡或抑制着某种生活方式的作用。任何知识传导，实际上都在宣扬某种价值观，至于这种宣扬活动或贬损活动对受教育者是否有用，则是另外一个问题。或许这种宣扬或贬损活动本身对学生现在与将来的发展都十分有利，也可能这种宣扬或贬损活动对学生眼前的需求满足有一定帮助，但从长远看是没有多大意义甚至是无用的，甚至发生这种宣扬或贬损活动不仅对受教育者眼前的发展不利，对他们今后的可持续发展构成一定的损害。

价值彰显的方式，是一个值得讨论的大问题。根据说理说服、情感动人以及情理交融的三大路径看，它们实际上是可以相兼容的，跟科学与艺术在山脚下分手到山顶上会合的关系一样，它们可以通过讲故事的方式，将说理和以情动人两者结合起来。做到“说理有故事，故事有价值，价值有组织（体系化），组织有趣味”。

（三）思想政治教育教育性应重视逻辑性支撑

这里所指的逻辑，就是指教学的内在条理和演进章法，也包括讲课中论证原理要遵从最起码的形式逻辑和辩证逻辑。前者是关于常数的逻辑，包括名词逻辑和命题逻辑，如经典的三段论，即大前提、小前提、结论，以及结论的限度，等等。而辩证逻辑是关于辩证法的学问，还是思维及其规律的学问，它是关于变数的逻辑，其逻辑方法主要有归纳与演绎的统一、分析与综合的统一、抽象与具体的统一、逻辑与历史的统一等。此外还有现代形式逻辑即数理逻辑等。

古代西方比较早就关注专门研究逻辑的逻辑学。据说在古希腊罗马时期，逻辑学包括文法、修辞等，已进入人们的眼帘。据芝诺学派认为，当时的学问主要分三类，自然哲学、逻辑学，伦理学（后来发展成精神哲学）。三者的关系仿佛如下：自然哲学好比广袤无垠的土地，而逻辑学好比在这块地上建立起来的围栏，精神哲学好比在这块围垦土地上长出来的庄稼。

中世纪法国中等教育的学术等级体系，包括了 3 个梯次，底层是堂区学校，教授最基础的东西；主教座堂学校和大修道院学校居中，涂尔干认为:“大学就是从主教座堂学校这里演化而来的”[①]；顶层是专为精英阶层预备的模范学校，也就是宫廷学校。涂尔干认为，对于基督教而言，教育的目标不在于培养这样或那样的具体技能，而是在于形塑整体上的心智。同样，为了形塑作为整体的心智，也就需要有作为整体的知识，这样的知识必须是百科全书式的。在当时看来（从公元五六世纪起），整个人类知识被分成七大门类，或称为“自由七艺”，或称为七大基本学科，它们成为教育的根基，即文法、修辞、逻辑（辩证法）、几何、算数、天文、音乐。“自由七艺”的地位并不一样，前三者作为基础，旨在教导心智本身的东西，是指思考和表达自己的时候所应该遵从的法则。于是，由三门课程组成的必修课程完全是形式方面的内容，它涉及的完全是推理的一般形式，从对事物的具体应用中抽取出来的抽象，甚至是比思想更为形式化的东西，也就是语言。因此“三科”也称为“交谈技艺”或“逻辑学”。与此相反，“四艺”所包括的都是与事物有关的知识门类，它的作用在于促成对外在现实以及主宰这些现实的法则的理解，包括数字的法则，空间的法则，关于星宿的法则，以及主宰声音的法则。因此，“四艺”也称为“实际技艺”或“物理学”。“三科”与“四艺”有着两者相当不同的取向，一个是面向人类的心灵，一个是面向实在世界的事物。两者从一开始就存在对立，并且日后为了占据首要地位而展开竞争，那就是人文学科和自然学科的教育传统。而在当时的主教坐堂学校中，“三科”成为教育的基本内容，教育的这种完全形式性的形态，是有一定的逻辑必然性的[②]。

思想政治教学中的逻辑性最明显体现在合理性、条理性和自洽性。合理性就是指符合事物本身的内在必然性，亦即合规律性。条理性主要指阐述的严密性、严整性、严丝合缝性和层层递进性。自洽性主要指阐述的自圆其说、滴水不漏和逻辑一贯，不会出现自相矛盾或有上文无下文等丢三落四现象。

实际上，现实生活中的逻辑并不神秘和抽象。大量的逻辑就是生活逻辑本身，是指事物发展的内在过程与展开之诸多环节之间的关系。也就是说，逻辑就是生活本身的内在条理和发生学过程，就是生活展开过程中的必然性。

① 〔法〕涂尔干:《教育思想的演进》，李康译，上海，上海人民出版社2006年版，第51页。

② 〔法〕涂尔干:《教育思想的演进》，李康译，上海，上海人民出版社2006年版，第57页。

（四）思想政治教育教育性所彰显的人格感召

这里所指的人格，是指教育者的人品特质。就一般意义看，人格可以分成法权人格、道德人格、政治人格、职业操守等方面的内容。而平常所称的人格，主要是指教育者的道德人格。就教育者的道德人格要求看，应该是整体性的。按照今天的要求看，需要做到最起码的四方面要求，即习近平总书记提出的传道者自己首先要明道、信道，教育者先受教育，应坚持教书和育人的统一，坚持言传和身教的统一，坚持潜心问道和关注社会相统一，坚持学术自由和学术规范相统一，引导广大教师以德立身、以德立学、以德施教。

然而，在现实生活中，真正做到道德要求的整体性和全面性是比较困难的。于是，人们要求教育者能做到充分体现自身个性特征并且实际上对学生有道德感召作用的某些人格特征即可，即“不求全，但求特”即可。也就是说，教师能够在教书育人的过程中，自然真切地表现出诸如正直、坦诚、友善、宽容、精确、开放等的人格特征，并使学生有所感悟和体认。正如人无完人一样，教师不可能尽善尽美，但教师一定要有骨气或风骨。这样才可能被学生所敬仰。

（五）思想政治教育教育性所彰显的话语魅力

教育过程中充分施展话语体系的魅力，是体现教学的教育性之重要途径。这里所说的话语体系，可以包含以下三方面内涵，即符号与术语、意义系统和言说方式 3 个要素及其联系样式。

1. 符号及术语。话语体系的首要因素是创设、选择和确定一系列的符号或术语。这种符号包括了实物形态、图形、字母、术语（概念及词句）等比较丰富的形态。更重要的是，这些众多符号之间有一定的内在逻辑关系，它们可以构成一个自洽的符号体系。在这种符号体系中，有些符号居于核心地位，对其他符号的使用起着统领的作用，而有些符号则属于一般性地位。

2. 意义系统。任何符号或术语都应该具有一定的意义。因此需要对符号或术语所表征的意义进行一定的加工，这种加工具有丰富的内容，如意义预设、意义诠释、意义组合、意义连接、意义引申或意义延展、意义更新、意义再造等。

3. 言说方式。主要指人们运用一定符号（包括术语、词句）诠释和分配意义的表达方式或叙述方式。如果说人们选择及确认一定的符号表征着怎样的意义是一种研究过程的话，那么在形式上将这种研究过程和研究结果表达出来主要表现为一种叙述过程。根据马克思区分研究方法和叙述方法的意见，我们不难看到两者的区别。马克思认为："在形式上，叙述方法必须与研究方法不同。研究必须充分地占有材料，分析它的各种发展形式，探究这些形式的内在联系。只有这项工作完成以后，现实的运动才能适当地叙述出来。"①这就是说，意义诠释的全部活动在形态上可以表现为言说或叙述方式的展开过程。

言说方式主要可分为叙述方式、叙述风格和叙述腔调及口气等。叙述方式主要有顺叙、倒叙、插叙、平行叙述等。叙述风格可以有不同的分类标准，如按话语内容分成政治、道德、商业、家庭日常生活、人生与爱情、励志等不同话语，它们具有不同的表达特征；从表达形式看，又可分为严肃、轻松、揶揄、搞笑，亦庄亦谐等风格。一般而言，话语的表达内容与表达形式是相统一的，内容决定形式，形式在一定条件下又作用于内容，如政治内容通常运用严肃的风格表达，但在特殊的语境中，运用幽默的风格解读政治要求或内容，也是具备政治智慧的一种表现。还可分为表达口气和腔调的不同形态，如祈使、命令、疑问、商讨、急促、和缓等等。

二、思想政治教育的说服性

说服性是思想政治教育政治属性的主要特征。思想政治教育说服性是指教育者在思想政治教育实践过程中采用交流、对话等方式使教育对象认同相关思想、价值观等，并愿意以此思想与价值观指导自身行为的特质。思想政治教育说服性是随统治阶级治理方式的不断升级而衍生出的特征。从人类社会的发展来看，国家治理方式的常见形态有统治、管理与治理。所谓统治，它强调权威性，遵从一种"我说你听""我说你做"的机制，至于被统治对象的想法是什么、需求是什么，是否认同统治者的想法与做法，统治阶级是漠不关心的。管理，也强调权威性，但与统治不同的地方在于，它在一定程度上关注统治对象的需求与对相关制度与政策的反应，但最终的决定权依然由统治阶级单方面决策。治理与统治、管理彰显出较大的差异，它不仅维护权威的存在，就维护权威的方式而言，它注重统治对象的需求以及对相关制度、政策的反应，并善于针对具体的问题与统治对象交流、沟通，从而在统治对象同意的情况下作出相关的决策，并实施

① 《马克思恩格斯选集》（第2卷），北京，人民出版社1995年版，第111页。

相关的政策。

思想政治教育说服性寻求的就是通过教育者与教育对象在交流、对话的基础上，使得教育对象认同并信奉相关思想观念与价值理念。纵观中国共产党思想政治教育史，不难发现，通过说服的方式使得人民信仰马克思主义是中国共产党思想政治教育的优良传统。如在新文化运动时期，针对当时中国的国情，究竟应该走一条什么样的道路，不少仁人志士都提出自己的思考与见解。但对于早期的马克思主义者来说，马克思主义是适合中国国情，也是一条符合社会发展规律的道路，因此为了使更多的人了解马克思主义并信仰马克思主义，早期的马克思主义者通过宣传、论战、办学校、办期刊等方式对人民大众做了有针对性的教育。如究竟是解决问题还是研究主义,针对胡适在《每周评论》第 31 号上发表“政治导言”——《多研究些问题，少谈些“主义”！》，陈独秀在《新青年》发表《主义与努力》一文作出回应，马克思主义好比行船的方向，改革社会和行船一样，定方向与努力缺一不可。在几次论战中扩大了马克思主义的影响。针对新文化运动前后流行的各种社会主义学说（以蒲鲁东等为代表的无政府主义、托尔斯泰的泛劳动主义、欧文等人的合作主义、伯恩斯坦等为代表的议会主义），陈独秀于 1920 在《新青年》，开辟了“关于社会主义的讨论”，通过陈独秀发表的《社会主义批评》，李达发表的《张东荪现原形》《讨论社会主义并质梁任公》《劳动者与社会主义》《社会革命底商榷》，李大钊发表的《中国的社会主义与世界的资本主义》等文章，较系统地阐释了马克思主义学说，划清了真假马克思主义的界限，也厘清了中国应该走社会主义道路的缘由。同时还有与无政府主义的论战。总的来看，3 次论战，马克思主义得到更广泛传播，一大批早期共产主义知识分子理论水平提高，为中国建立无产阶级政党奠定了思想基础，也为党的思想政治教育的创立确定了指导思想。

为了启发工人的阶级觉悟，早期共产党人开办工人补习学校，走入工人的车间与工厂等，引导工人阶级不仅意识到自身被压迫的处境，并且还要为自身争取合法权益。翻阅中国共产党思想政治教育史我们不难发现，早期中国共产党思想政治教育也并非一帆风顺，如当学生们穿着长衫到街头演说马克思主义的时候，工人对此毫无反应，为了改变这一状况，早期马克思主义传播者改变话语方式，并且将话语言说与工人阶级的切身利益直接联系起来，从而使工人阶级生成无产阶级意识与革命的意识，如《工人周刊》第 28 号刊登《开滦矿务局之实行包工制》：“开滦矿务局，向来对待矿工非常残酷的，简直可以说比对牛马还要过一百二十倍”，资本家“豺狼心肠，强盗手段，再接再厉地去贯彻吃人的主张”。在土地革命战争时期，毛泽东同志对待地方武装的说服方式可以说是经典案例。建立井冈山革命根据地，其中遇到的问题就包含士兵逃跑的问题以及如何对待地方武装的问题。针对士兵逃跑的问题，中国共产党人一方面采用思想交流的方式不仅了解士兵逃跑的原因，另一方面也着力解决士兵所反映的问题，如开展马克思主义教育，制定“三大纪律，八项注意”，官兵同吃同待遇，提高士兵的物质生活条件等。针对袁文才、王佐等地方武装，毛泽东同志独自上山谈判，不仅达成了共识，后还成功地使袁文才等组织加入人民军队。

在新中国建设时期，中国共产党也注重通过说服的方式开展思想政治教育。如邓小平同志曾指出：“我们党内有这样两种人，一种人老是拿共产党员的牌子和革命多少年的资格去压别人，硬要党外人士服从自己，说话态度生硬，架子摆得很大，以为这就是‘领导’。其实只能令人讨厌，脱离群众，使自己陷于孤立和困难的地步”[①] 毛泽东同志更指出：“我们的同志一定要懂得，思想改造的工作是长期的、耐心的、细致的工作，不能企图上几次课，开几次会，就把人家在几十年生活中间形成的思想意识改变过来。要人家服，只能说服，不能压服。压服的结果总是压而不服。以力服人是不行的。对付敌人可以这样，对付同志，对付朋友，绝不能用这个方法”[②]。

从中国共产党的思想政治教育史来看，思想政治教育说服性一是要重视话语构建及叙事方式；二是要重视教育者与教育对象的物质利益与精神利益关怀；三是要树立“服务理念”。

三、思想政治教育的浸润性

思想政治教育浸润性是实践属性的特征，主要彰显为思想政治教育常常在进行思想与思想的交流与碰撞过程中所呈现的“润物细无声”的特质。思想政治教育要实现其目标，首先要思考的问题即是如何柔软教育对象的心灵。就当前的社会发展来看，现代化的进程大大提高了物质的现代化、制度的现代化，但同时也需要人的现代化。然而，当前多元的思想观

① 《邓小平文选》（第1卷），北京，人民出版社1994年版，第157页。
② 《毛泽东选集》（第5卷），北京，人民出版社1964年版，第368页。

念与价值体系以及不断被消解却仍未建立起的新的价值体系都给教育对象的精神世界带来多样冲击。但面对事物做出好与坏、对与错的判断却是人的基本需求。因此，在多元价值观念盛行、个人自主性愈加提升的现代社会中，思想政治教育的实践开展就需要提升其浸润的功能。

思想政治教育实践属性体现的浸润性的特质主要体现在：一是通过合适的契机作为思想与思想交流的契合点。现代人之间思想与思想的交流需要有合适的契机，这种新的需求不仅在于现代世界所生成的公共空间，更多的是陌生人与陌生人的交往，这种特质尽管使人们懂得使用相关的公共规则处理公共事务，但同时也衍生了人与人之间的亲密性与有机性。而合适的契机是打开心灵面对面的重要因素。这里的契机包括思想政治教育实践展开的时间与空间，教育对象的兴趣与业趣，教育环境或者说是教育氛围的合适性，等等。概括言之，即是要从教育对象的现实需求与现实状况出发，建设达到思想政治教育目标的一切要素，并使这些要素有机组合，形成生态系统。

二是通过对现实个人的人文关怀去嫁接个人的微观世界与主流的宏观世界。综观当前人们精神生活的现实图景，既有网络中如抖音、短视频、公众号等呈现出的对娱乐的狂欢，也有对余华等知识分子的文学追捧，更有对博物馆等知识性旅游项目的热衷，还有对专业知识的追求以及对科学世界的探索……由此可见，教育对象作为现实的个人，现实需求是多样的，不同的个体之间其感性需求也是多样的，甚至是多元的。思想政治教育的浸润性促使思想政治教育关注教育对象的现实需求，并回应现实个人的感性需求与现实困惑，在对现实个人实施人文关怀中链接个人微世界与国家、社会等大世界。从对国外等文化产业的分析中不难看出，美国等现代化国家就非常注重通过文学、哲学、伦理、文化产品等载体开展隐性的思想政治教育。如电影《拯救大兵瑞恩》等，就从对个人的人文关怀出发从而彰显国家、政府的人道主义与人文关怀。

三是通过形塑教育对象的生活方式以达到社会控制。生活方式的构建不仅是行为的规约，更是观念的物质性体现。就公共道德来看，垃圾不留在公共区域，而是进垃圾桶，干垃圾与湿垃圾要分开等，这些都是对教育对象生活方式的构架。这种构建还体现在通过个人品德的塑造、职业道德的塑造以及家庭道德的塑造，通过在个人与自身、个人与他人、个人与社会、个人与自然的关系处理中构建价值观念，从而规约人们的行为以此达到社会控制的目标。

第三节　思想政治教育实践属性运行的现实条件

思想政治教育实践属性的核心是要形塑新人，而要达成这一目标就需要考量思想政治教育实践展开的现实条件。这些现实条件包括思想政治教育过程中所涉及的各方面的条件，如教育内容是否科学、教育者的能力是否强、教育对象的接受是否好、教育环境是否生态、教育时机与空间是否合适，等等。这里我们主要从教育者的职业能力、教育内容中价值观的时空约束以及教育资源的方法论等维度作相关探索。

一、思想政治教育者的职业能力

所谓职业能力，即是“在相应职业精神指导下，从业者遵守相应的职业规范和职业操守、熟练转化专业知识与运用相应职业技能的素质综合”。“职业的内在意涵主要包括对所从事职业所蕴含的真理的执着追求（如教授这一概念曾经就有为真理现身的意涵）、对自我内在潜质的如是表达、对世界的探索等。职业本身的意义也潜在规定职业从业者的能力”[①]。传道授业解惑是社会对教师这一职业的理想期待，它内在规定教师职业能力的基本内涵。

就思想政治教育者的职业能力而言，它的内涵至少体现在如下维度：一是以职业精神为价值标准与文化基础。所谓职业精神，它反映职业特征并对相关职业从业人员起规约作用的价值系统。它在激发职业的内在活力，提升从业者精神品格，保持职业生命等方面彰显重要价值。思想政治教育者的职业精神主要体现在：首先，思想政治教育者应坚守为维护统治阶级所信仰的道路、制度、文化等而奋斗的职业信念。思想政治教育的政治性规定教育者要遵从统治阶级的信仰、道路与制度。政治强、情怀深是思想政治教育者的核心精神。其次，是要以培育符合相关共同体需求的品质的共同体成员为价值追求与使命担当。最后，思想政治教育者应坚守以道德情操为职业道德标准。如习近平总书记强调：“评价教师队伍素质的第一标准应该是师德师风”[②]。将道德情操作为思想政治教育者的职业道德

① 李敏:《论思想政治理论课教师职业能力的提升》,《思想理论教育》2020 年第 6 期。

② 习近平:《在北京大学师生座谈会上的讲话》,《人民日报》2018 年 5 月 3 日。

标准在于传播道德是教师的天职，思想政治教育者不仅要秉持立德树人的理念，还应以道德作为自身的内在追求。思想政治教育者要有道德情操主要体现在仁爱之心、自律严、人格正等方面，具体地落实它需要教育者有良好的道德品质、理性的道德判断、扎实的道德知识、稳定的道德反思能力等，总体而言，即需要将自身的道德与客观的社会伦理规范相统一。这种要求也规定思想政治教育者要具有在杂多的具体情境中掌握整全意义的思维方式。如黑格尔言道，“人从各方面遭到有限事物的纠缠，他所希求的正是一种更高的更有实体性的真实境界，在这境界里，有限事物的一切对立和矛盾都能找到它们的最后的解决”①。

二是以专业知识为思想政治教育者职业能力赋权。专业性是职业能力的核心。思想政治教育者的专业知识常表现为理论性知识与实践性知识。理论性知识，它具有通过概念、逻辑、推理、命题得以表达的特征，实践性知识更多的是指一种缄默化的知识，它在具体情境与具体问题中才被激活，并通过教育者自身的行动以表达的知识形态。思想政治教育者的理论知识是在个人与个人、个人与社会、个人与自然关系的抽象与凝练中关于价值观的知识形态。从学科维度来看，思想政治教育者所涉及的知识范围不仅包括思想政治教育学科的知识，还应涵括马克思主义学科的专业知识，相关人文学科如政治学、哲学、社会学、传播学等知识。从教学活动层面而言，思想政治教育者还应具备教学规律、教学管理知识以及学生成才成长的规律，等等。

就实践性知识来看，它是思想政治教育者个人在具体情境下基于问题解决而被激活并运用的知识。思想政治教育者不仅要传播一定统治阶级的信仰与道路、制度，同时它还要进一步树立相关共同体所要求的信仰，这就要求思想政治教育者在教育过程中要达到知识性与价值性的统一，在理论与实践、长远目标与短期目标之间找到恰如其分的位置。对教育对象所表现出的思想困惑，思想政治教育者不仅需要具有分析与阐释现实问题的能力，还要有随机应变的实践智慧。

三是以职业规范为思想政治教育者的行为标准。规范通常被视为标准。但职业行为是非常复杂的，从专业认定的历史演变来看，专业化代替了专业特质论的专业主义，制度化全球情境产生新专业主义的思维，其内

① 〔德〕黑格尔:《美学》(第1卷)，朱光潜译，北京，商务印书馆2011年版，第127页。

涵并非个人自主权，而是联结于社会责任的效能原则[①]。对教师职业规范的讨论也转向对教育的改革。教育领域的持续改革不断将教师的评价标准转向效能范畴，竞争、绩效考核等方式成为教育政策的核心[②]。从职业规范引导行为规范来看，思想政治教育者应以职业规范来要求自身的行为，提升自身的能力，当然，这也需要职业规范以德性为基础。

二、思想政治教育内容的时空约束[③]

价值观是思想政治教育的重要内容，思想政治教育实践属性要达到“精神向物质”与“物质向精神”的双向转换，对价值观的关注是不可或缺的。而对价值观的关注，除了对内容的探索外，我们还需要关注时空这一要素对价值观的影响。时空作为影响社会结构和历史变迁的内在变量与关键所在，它也深刻约束着价值观，这种约束不仅体现在价值观的生成与发展受时空的塑造，还体现在价值观自身也创造时空特性。一方面，时空为价值观的形成、发展与表现提供条件，使其能够生成、发展各种不同形态的价值观并积淀稳定的内在结构，正如没有规则就没有自由一样，一定的价值观正是在特定的时空条件下才具有生成、发展与自由“驰骋”的作用；另一方面，时空条件又在一定程度上规制着特定价值观发挥作用的范围和领域，使得它不可能随心所欲。如此，从时空范畴来审视价值观的形成、发展、作用与特征，不仅是掌握价值观基本理论问题的需要，更是探索发挥社会主义核心价值观引领功能的必要条件。

（一）时空是价值观生成与发展的内在变量与关键要素

价值观是否与时空有关系，抑或说二者究竟存在怎样的关系，是探索价值观时空约束性的前提与基础。对时空的认识，人们经历了将其单纯看作是永恒不变的客观存在，到关注时空的主观因素的转变，时间由此常被划分为自然时间与社会时间两大类，空间则被分为地理空间、社会空间、网络空间与表象空间等。关于时空与社会生活的关系，社会学从建立之初就关注二者的相互作用，如孔德曾指出，“新哲学认为，秩序向来是进步的基本条件，而反过来，进步则成为秩序的必然目标。正如在动物力学

---

① 姜添辉：《教师专业理论的转变与新专业主义的诞生：制度化全球化的情境》，《清华大学教育研究》2018年第8期。

② 李敏：《论思想政治理论课教师职业能力的提升》，《思想理论教育》2020年第6期。

③ 李敏：《论价值观的时空约束》，《中国特色社会主义研究》2021年第2期。

中那样，平衡与前进，作为基础或作为目标，彼此不可或缺”[①]。“实际上，孔德所理解的社会秩序，就是社会机构呈现的相对平衡的空间状态，而社会进步则是社会结构发展前进的时间过程。”[②]对当代西方社会理论对时空问题的忽视，吉登斯强调时空并非行动的外在环境，而是社会理论的核心，是理解社会秩序形成与变迁的内生变量[③]。就价值观而言，它是人们对相应价值所形成的认知、理解与评价系统，而这种认知、理解与评价系统的形成就是时空作用的结果。

从时间维度来看，价值观的生成与发展是历史性的过程，价值观也生成自身的运动时间。价值观的最初生成离不开人类的实践活动，如马克思指出，“思想、观念、意识的生产最初是直接与人们的物质活动，与人们的物质交往，与现实生活的语言交织在一起的。人们的想象、思维、精神交往在这里还是人们物质行动的直接产物”[④]。通过实践,人类在与自然的相互作用中，在与他人的交往中，不断形成关于自然、关于人的交往以及人自身的意识和观念。人类实践的发展表明，它本身就是历史性的过程，是社会时间的开端，人的历史，包括价值观的生成与发展就是在社会实践所创造的时间中得以不断展开。因为实践对意识的决定作用，它并非单线条地直线性地完成，而是需要人作为个体的自我反思以及个体所赖以生存的共同体的集体反思。这种反思以及相关共同体对一定思想的理解、认同以及例行化遵守，是某一价值观得以生成的基本条件。而这一基本条件的生成正是在人类实践的循环反复中，亦即时间中完成。

在相关价值观的例行化遵守中，价值观也形成自身内在的稳定结构，这种稳定结构既保障价值观的连续性，也为新的价值观的生成创造条件，因为任何价值观都不是无中生有，它总是从过去走来，经历现在，更寻求走向未来。在这一过程中，价值观也生成自身的运动时间，如用于指导集体的价值观常常非常快地被固定下来，并且以必要性与永恒性的名义阻碍运动变化，已被接受的价值观与新价值观之间存在中断；不同价值观之间也存在不连续性，如审美价值观、生命价值观以及与情感相联系的价值观有时具有超前性，有时具有滞后性，与道德相关的价值观有时具有超

① 〔法〕奥古斯特·孔德:《论实证精神》，黄建华译，北京，商务印书馆 1996 年版，第 40 页。

② 刘少杰:《西方空间社会学理论评析》，北京，中国人民大学出版社 2020 年版，第 32 页。

③ 〔英〕吉登斯:《社会的构成：结构化理论大纲》，李康、李猛译，北京，生活·读书·新知三联书店 1998 年版，第 195~196 页。

④ 《马克思恩格斯选集》(第 1 卷)，北京，人民出版社 1995 年版，第 72 页。

前性，并且它们把自身推进至其想参与的突发性时间中，如革命道德价值观，概言之，不同价值观具有不同的时间特性，有的价值观如昙花一现，有的价值观又因持续太久而失去其生命力，有的价值观因其超前性而具有创造的爆发性。在日常生活中，人们实际上也一直勘察一定思想理论（或价值观）的时态，通过日常意识表现出来的话语经常有“某种理论已经过时了”“不合时宜”“老掉牙了”等。尽管这些非学术话语不那么严谨，但却反映着普通民众在时间视域中的某种价值判断和价值倾向性。如此，从共时性与历时性对价值观的双重把握可以证明时间不仅是影响价值观的关键因素，也是其内生变量。

从空间维度来看，价值观的生成离不开空间，同时空间也生产价值观。人类的实践活动以及个人与集体的反思是影响价值观生成的关键条件，无论是人类的实践活动还是个人与集体的反思，其基础都在人与人的社会交往，空间恰好为人的社会交往提供共同在场的可能。空间作为人的社会交往的条件，同时也是人的社会交往的结果，如涂尔干曾以“情感价值”为核心概念来揭示空间的社会性，“空间本没有左右、上下、南北之分。很显然，所有这些区别都来源于这个事实：各个地区具有不同的情感价值。既然单一文明中的所有人都以同样的方式来表现空间，那么显而易见的是，这种划分形式及其所依据的情感价值也必然是同样普遍的，这在很大程度上意味着，它们起源于社会。”[①] 如果空间是人的社会交往的结果，那么当一定的生产关系把自身投射到某个空间，空间也具有生产的能力，其中包括价值观，如马克思在《共产党宣言》中指出，“一切等级的和固定的东西都烟消云散了”[②]，“起而代之的是自由竞争以及与自由竞争相适应的社会制度和政治制度、资产阶级的经济统治和政治统治”[③]，简言之，资产阶级生产了新的社会关系，它不仅表现为物质财富的扩大再生产，也同时表现为精神的生产与再生产，如宗教、自由、法等价值系统的生产与再生产。由此可见，空间不仅是静止的物理空间，它也具有实践性、社会性与历时性等，换言之，空间不仅是生产的空间，同时也是空间的生产，空间与价值观的相互作用也表现为空间不仅是价值观存在的外在条件，同时也是价值观生产与发展的内生变量。

① 〔法〕爱弥儿·涂尔干:《宗教生活的基本形式》，渠敬东、汲喆译，北京，商务印书馆 2011 年版，第 13 页。

② 《马克思恩格斯选集》（第 1 卷），北京，人民出版社 1995 年版，第 275 页。

③ 《马克思恩格斯选集》（第 1 卷），北京，人民出版社 1995 年版，第 277 页。

当我们揭示时空不仅是价值观生成的外在条件，它同时也参与价值观的生产与发展时，需要进一步追问的是，如何在主客观相统一的时空理念中把握价值观的发展，如认识价值观的生命展开过程，延长价值观发生作用的周期等；如何在现代社会的时空特性中掌握价值观发展的图景与作用机制等。

（二）多样时空形态中价值观的形塑与发展

如上所述，时空形态是丰富多样的。从价值观的特性出发，我们重点考察价值观在社会时间与心理时间的形塑与发展以及价值观在地理空间、社会空间、网络空间与表象空间的形塑与发展。

1. 时间形态中价值观的形塑与发展。探索时间形态中价值观的形塑与发展，其目的是要掌握连续性与非连续性问题，因为它关涉价值观的生命发展历程以及发生作用的周期等问题。

（1）价值观的社会时间的管理。所谓社会时间，它是“整体社会现象运动集中与发散的时间，不管这种整体现象是总体性的、群体的还是微观社会的以及它们是否被表达在社会结构之中”[①]。揭示价值观与社会时间的相互作用并从社会时间管理的角度来掌握价值观的生命展开过程以及如何延长价值观发生作用的社会周期，最起码涉及价值观社会时间的时态特征问题和时间取向问题。价值观可以拥有3种基本时态，即指价值观具有过去时、现在时和将来时的特征，并且有些价值观具有3种时态贯通兼容的特征，即不仅是对过往相关价值观的回顾、观照、总结和凝练，也是对当下相关社会实践所探索的经验教训进行反映、总结和概括，还包括充分运用逻辑推演和丰富想象力，对未来的理想状态进行价值预估和价值模拟，更注意将价值的3种时态有机地融汇起来，使之不仅具有深厚的社会历史文化积淀和当代实践基础的支撑，而且更有对未来价值和理想秩序的揭示和假设。

所谓价值观的过去时，大致包括以下两种情况，一是指现存价值观的过去形态和作用方式及其特点，如儒家学说在先秦时期主要是作为一种思想理论形态而存在，尽管它在当时已成为一部分社会成员指导自己言行的价值观，但还没有成为整个社会中占统治地位的价值观。即便到西汉“独尊儒术”时期以及之后的一个相当长的历史阶段中，人们认为儒家思想实

① 〔法〕乔治·古尔维奇:《社会时间的频谱》，朱红文等译，北京，北京师范大学出版社2010年版，第26页。

际上还没有真正成为占统治地位的思想，仅仅属于一部分人员所信奉的价值观，而社会中相当数量的成员包括统治阶级最高首领实际上还是信奉着黄老之术。甚至到宋明理学，它也是儒、道、释三家思想的融汇产物，儒家思想在当时也没有在社会中成为独占鳌头的唯一价值观。二是指原先曾经存在的价值观，曾经起着指导一部分人的思想与行为的明显作用，但随着各种社会条件的变化以及这种价值观自身特征的演变，逐渐灰飞烟灭了，或者逐渐式微乃至淡出了人们的视野。尽管这种价值观在历史学术版图上依然存有它的印迹，但在实际社会生活中已经不再发生明显的作用了。这种过时的价值观如先秦时期盛行一时的墨家、名家、杂家等思想。今天我们讨论价值观的过去时，同样包括议论那些行将没落的、估计要退出历史舞台的思想理论观点，如计划经济价值观。

所谓价值观的现在时，就是某种价值观的当下表现形态及其作用特点，考量价值观的现在时特别要关注它可能存在的两方面走向，即究竟是走向辉煌走向未来，还是走向萧条走向没落？正如恩格斯提醒人们不要将黑格尔一段著名命题——“凡是现实的都是合乎理性的，凡是合乎理性的都是现实的”的本意理解错了的那样。这里关键是不要将“现存”等同于“现实”。由此恩格斯指出：“在黑格尔看来，决不是一切现存的都无条件地也是现实的。在他看来，现实性这种属性仅仅属于那同时是必然的东西；‘现实性在其展开过程中表明为必然性’。”[①] 也就是说，“现实”与“现存”不是一回事，“现实”是指某种具有必然性的东西，尽管这种必然性的东西在最初的时候可能是弱小的，但它最终会因其内在的必然性而变得逐渐强大。而“现存”中可能包含着两大类东西，一类是上述所指的具有必然性的现实的东西；另一类是原先具有必然性，但现今正在丧失必然性、从而也由原先现实的、合理性的东西逐渐变得不合理的、不现实的东西。由此，恩格斯进一步指出：“在发展进程中，以前一切现实的东西都会成为不现实的，都会丧失自己的必然性、自己存在的权利、自己的合理性；一种新的、富有生命力的现实的东西就会代替正在衰亡的现实的东西，——如果旧的东西足够理智，不加抵抗即行死亡，那就和平地代替；如果旧的东西抗拒这种必然性，那就通过暴力来代替。这样一来，黑格尔的这个命题，由于黑格尔的辩证法本身，就转化为自己的反面：凡是在人类历史领域中是现实的，随着时间的推移，都会成为不合理性的，就是

① 《马克思恩格斯选集》（第4卷），北京，人民出版社1995年版，第215页。

说，注定是不合理性的，一开始就包含着不合理性；凡是在人们头脑中是合乎理性的，都注定要成为现实的，不管它同现存的、表面的现实多么矛盾。按照黑格尔的思维方法的一切规则，凡是现实的都是合乎理性的这个命题，就变为另一个命题：凡是现存的，都一定要灭亡。”[①] 就价值观而言，它也存在着由现实逐渐走向不现实的状况，这种状态表现为最初由部分走向不现实，到最后演变为整体走向不现实的这样一种梯次变化过程。在这种演变过程中，人们有时候就像温水中的青蛙那样是没有多少敏感性的。

所谓价值观的将来时，是指某种价值观的未来形态与境遇，它也可能包括两种基本情况，一是指某种价值观具有持久的发展远景，拥有未来。如被认为称为经典作家们的思想，尽管他们的观点产生的年代久远，但在今天依然具有可借鉴之处，如有人指出，要研究中国人的所思所想肯定离不开研究孔子、老子、王阳明等人的学说，要了解西方文化也自然离不开研究苏格拉底、柏拉图、亚里士多德等人的学说；而要了解以资本为运转动力的现代世界，也自然离不开研究马克思的学说等。二是指未来不可知的某些价值观及其形态，它们在今天也可能被人们称为“乌托邦”。其实，价值观的未来时态还常常以新经验或现时价值观的非意图结果出现。新经验，即是人们在社会交往过程中所出现的超出人们惯常思维的偶然发现的经验，这种新经验打破价值观的现时时态，而出现新的变化或飞跃。现时价值观的非意图结果，即是说人们在实践现时价值观的过程中所产生的超出人们意图之外却表现出一定生命力的价值观。这种新经验与非意图结果孕育价值观的未来时态。

在揭示了价值观的过去时、现在时与将来时这 3 种时态之后，我们还应进一步讨论价值观这 3 种时态究竟存在怎样的关系，如价值观的过去时是不变的实体吗，价值观会在历时状态中形成自身的结构吗，这种结构的稳定性与价值观的未来时又存在怎样的关系等，因为这些问题关系我们对价值观如何形成自身时态特征的把握。对价值观 3 种时态的关系，我们以价值观的现时态为切入点。所谓现在，它“既是一个朝向新的象征性重构的过去的出发点，也是一个朝向未来目标和期望的起点”[②]。这使得价值观至少面临两个向度，一是对过去的回顾，二是对未来的展望。对过去的回顾包含对“过去是”的接受，更意味对“过去是什么”的重述与重构，

① 《马克思恩格斯选集》(第 4 卷)，北京，人民出版社 1995 年版，第 216 页。

② 〔英〕帕特里克·贝尔特:《时间、自我与社会存在》，陈生梅、摆玉萍译，北京，北京师范大学出版社 2009 年版，第 9 页。

在重述与重构价值观过去时的过程中，价值观通过相关变化进行的相对不变的再生打破过去而获得新的样态，这种新样态在被人们接受中成为现在时。重述与重构价值观的过去时，不仅有利于诊断价值观的现在时，更为重要的是为价值观的现在时确定同质关系体系，寻求价值观的连续性。价值观的现在时在实践中孕育未来，也在集体与个人的反思中不断获得预见性，这种预见性使得价值观的现在时不断发生变化，这种变化也为价值观的未来时奠定基础。由此可见，价值观不仅在时间维度中生成与发展，也总是在“持续的非持续”与“非持续的持续”中保障自身的稳定性，寻求自身的发展性。

在对价值观社会时间的管理中，人们通常还比较关注一定理论或价值观的时间取向问题。一般看来，人们认为这种时间取向有以下 3 种，即“向前看”“往回看”和“仅仅关注当下”。曾经有学者专门研究过世界上不同民族的时间取向问题，认为有些民族习惯于“向前看”，而有些民族习惯于“往回看”，还有的民族比较注重现实和当下[①]。在价值观的时间取向上，究竟存在着哪些主要的类项，实际上是一个可以计较的问题，因为它关系人们对不同时态价值观的理解、接受与践行。

（2）价值观的心理时间的调适。讨论心理时间的调适问题，这个视角实际上是关注某些价值观在人们心理上驻留并打下印记的时间长短、印象深刻程度等问题。很显然，不同的价值观或思想理论观点，对人们的心理影响力是有程度区别的，并且这种影响力不是一个恒量而是一个变量，这样就存在着调适的可能性，如可以将较短的心理时间变得持久，也可能将不温不火的心理状态调适为激情四射的状态，等等。有关研究认为：“心理学家也已经了解精神生活上成长的节奏以及青春期和衰老的危机。生理——身体的状态或者身心是否成熟，以及时间的内容丰富和有趣还是单调和乏味，都会影响个体在时间估计上的差别。”[②]在日常生活中，人们也会常常体会到，与充满着有趣、新鲜、愉悦内涵的人物或事物相接触，会感到时间过得飞快，而与那些无趣甚至令人生厌的人物或事物接触，则会使人感到度日如年或如坐针毡。这种状况也被人们称为“时间的相对论”。更进一步看，心理时间还包括在同一时间中接触不同事物所导致这

① 〔英〕约翰·哈萨德：《时间社会学》，朱红文、李捷译，北京，北京师范大学出版社 2009 年版，第 191~192 页。

② 〔英〕约翰·哈萨德：《时间社会学》，朱红文、李捷译，北京，北京师范大学出版社 2009 年版，第 34 页。

种时间的内在意义发生变化的状况。如两个人在同一天文时间段中，分别经历了不同的事由：一个人在街头无聊地溜达了两个小时，而另一个人则在大学的课堂中聆听了一个精彩讲座。这两个人的同一天文时间的意义可能就有较大的差别。对此，有人指出："一种强烈感受到的情绪或一种激动人心的体验，会缩短作为一种精神构造物的延续时间；'属于一种辉煌人生的有丰富内容的一个小时，顶得上平平常常的一年'。威廉·詹姆斯对此作了这样的解释：一般地说，充满着变化和有趣经历的时间过起来感觉短，但当我们回顾它的时候却长。另一方面，一段没有什么经历的时间过起来感觉长，而回顾起来却显得短。实验室的试验表明，当有着较强的需求压力，伴随着紧张以及有时出现的情绪上的激动的时候，时间间隔被看作是比没有这些东西的时候要短。"①

对价值观而言，也存在人们对其的心理时间问题，这种心理时间主要表现为人们对某种价值观认同的时间长短、新鲜感变化速度、喜好或热衷程度的可持续时间长短等方面。有些价值观在人们心中驻留的时间明显要比另一些价值观长得多，也有价值观或某种理论在人们心中的新鲜感也会明显优于其他理论。就经验来看，就一般理论而言，它在人们心目中的新鲜感也就维持 6 个月到 9 个月的周期，过了这个周期，这一理论就可能会淡出人们的注意领域。所以有关社会组织和机构总是挖空心思要持续不断地设计各种教育活动，大约半年到一年就会转换一个教育主题，以唤起人们的新的注意力。

通过什么办法能延长人们对某种理论持偏好态度的心理时间是一个值得讨论的复杂问题。它既是一个外部性问题，也是一个内部性问题。说其是外部性问题在于，人们对某种理论持偏好或反对的心理时间需要诸如制度、政策、规则等外部条件的保障。尽管制度、政策、规则等本身不会促使人们行事，但人们却会利用制度、政策与规则等手段来规范自身的行为，所以制度、政策、规则是支持或反对，其内部价值观是具同质性还是异质性都是影响价值观是否得到关注、内化、认同的重要影响要素。当然，这里的规范作用得以发生，其中重要的条件来自人们的自主性反思，自主性反思的内容包括价值观与自身的利益相关性、与原有价值观的相关性以及区别等。如此也表明，价值观自身的特征是人们对其持偏好或反对

① 〔英〕约翰·哈萨德:《时间社会学》，朱红文、李捷译，北京，北京师范大学出版社 2009 年版，第 34 页。

心理时间的内部影响要素。价值观的特征主要有：理论体系是否博大精深（即理论的彻底性、理论的深邃性、理论本身的严密性与自洽性、理论的凝重感和洞穿力等）、理论体现人们核心利益的程度，理论内涵对接文化涵养的根基牢固程度（即既要有文化传承的良好基因，又要有很好的发展远景等）等。因为“社会——时间涉及社会过程，它所涉及的是对社会生活的主体间性的概念化，而不是对社会事件的机械的结构化”[①]。

2.空间形态中价值观的形塑与发展。现代社会所呈现的日益差异化、个性化、多样化的空间使得空间表象以及人们对空间的认知、评价也呈现出异质化，网络空间的日常化使得海量的知识、信息、观念以及表达等得以迅速传播并不断刷新人们的感觉与知觉，如此，探索价值观在地理空间、社会空间、表象空间与网络空间的存在状态，不仅是在主客观统一的基础上掌握价值观在不同空间的整体联系，也为把握核心价值观的分布状况、发生的范围、影响的广度与深度提供线索。

（1）价值观的地理空间。地理空间为事物提供场所，它通过改变条件性因素影响事物的发展。尽管人们认为单纯的地理空间不构成事物的特殊本质，也不构成事物的生产性要素，但不可否认的是地理空间是各种事物存在与发生的不可或缺的条件，“我们连同我们的肉、血和头脑都是属于自然界和存在于自然界之中的”[②]。地理空间也是价值观存在的基础，“植物、动物、石头、空气、光等等，一方面作为自然科学的对象，一方面作为艺术的对象，都是人的意识的一部分，是人的精神的无机界，是人必须事先进行加工以便享用和消化的精神食粮”[③]。抑或说，人在与自然界相互作用的过程中所形成的关于自然的观念、人与人之间社会交往的观念、个人的观念就是价值观的重要组成部分，不同地理空间因不同的自然条件而呈现多样或多元的价值观念。

这里，考察价值观的地理空间既需要宏观视角，也需要中观与微观视角。所谓宏观视角，即是说价值观在世界这个地理空间的分布状态及其各自的特征，就当今世界来看，南半球与北半球、东半球与西半球，各个地理空间价值观的形态不同，特征也各异；就中观视角来看，以中国为例，东中西部地区差别很大，不管是人们的生活方式、思维方式、行为方式，

① 〔英〕约翰·哈萨德:《时间社会学》，朱红文、李捷译，北京，北京师范大学出版社2009年版，第8页。

② 《马克思恩格斯选集》(第4卷)，北京，人民出版社1995年版，第384页。

③ 《马克思恩格斯选集》(第1卷)，北京，人民出版社1995年版，第45页。

还是人们的价值观养成都呈现较大差异；就微观视角来看，不管是中国农村还是城市，其内部都存在价值观的多重分化，如中国改革开放以来，城市空间被大规模开发，无论特大城市、一线城市或二线城市，其城市边界、建筑风格、街道布局、小区环境等都发生巨大变化，不同地理空间的差异房价深刻影响家庭财富，也深刻影响人们对生活方式、政府行为、政策颁布、邻里关系、人际交往等方面的认知与评价。如此，从地理空间来把握价值观的存在与运行状态是掌握价值观多样化状态以及不平衡状态的基础条件。

（2）价值观的社会空间。关注空间的社会性是空间研究的重点转向。如果说地理空间从不同地点、不同区域、不同方位对事物进行区分，那么社会空间对事物的分类则基于一定的社会生活与社会实践。社会空间是人类集体活动的产物，不同的社会生活与社会实践生成不同的社会情感、社会关系与权力关系等，关注空间的生产以及弥漫其中的社会关系、社会情感与权力关系等问题是探索社会空间的重点内容。价值观作为一定文化的核心内容，它的生成与培育既依赖一定的社会空间，同时它也生产自身的社会空间，"空间里弥漫着社会关系；它不仅被社会关系支持，也生产社会关系和被社会关系所生产"[①]。

如此，关注价值观的社会空间，一方面是要掌握价值观所面向的社会空间。社会空间的基础是社会或文化，它具有多样性与相对性，这种多样性与相对性源于人与人的社会交往，人与人的社会交往不断产生各种文化理念、价值观念、权力关系、社会情感、思维方式、利益与矛盾等，各种不同的文化理念与价值观念等装点某一空间，并且成为其区别于其他空间的边界与特征。因此，不管是培育还是植入某一价值观都需要考量它所面向的社会空间，找寻结合的关键点与生长点。另一方面是要掌握价值观自身在某个社会空间的生存与发展。价值观的生存需要社会空间，当某种价值观将自身投射到某个空间，在生产相应社会空间的同时，也将自身镌刻于其中。因此，发挥某一价值观的引领功能，从一定程度上而言，就是要使某一价值观在某一社会空间占据引领地位。而价值观所产生的社会影响的深度与广度便是评估其在一定空间引领地位的重要变量。

（3）价值观的表象空间。所谓表象，就是事情发生后依然可以再现或被再记忆的对事物形象的整体感性认识。而表象空间，就是人们通过表象

① 包亚明:《现代性与空间的生产》，上海，上海教育出版社 2003 年版，第 48 页。

展开或是想象出来的空间。从某种意义上而言，表象空间就是一种观念空间或精神空间。价值观作为人们对相关价值所形成的认知、理解与评价系统，从某种意义上来说，它就是一种集体表象。“集体表象是广泛合作的结果，它不仅延伸进空间，而且也延伸进时间。集体表象把各种各样的心灵联合与统一起来，构成人们的观念与感想，构成这些表象。”[①] 如此，价值观的表象空间亦即是说价值观在世代累积的过程中所形成的观念空间。把握价值观的表象空间，其重点即是要重视通过对相关符号、图腾、话语、知识范畴、图像等象征性事物的把握以掌握内蕴其中的价值观，并掌握价值观表象空间的特征、内在规定以及运行机制。

（4）价值观的网络空间。网络空间是网络社会与媒体技术生成的产物。网络社会所生成的社会交往、经验基础与集体表象等让网络空间具备充实的内容与区别于传统社会的空间关系。这种新的空间内容与空间关系既生成新的价值观念，也让固有的价值观念在网络空间生长与扩展。就网络空间的内容来看，它包含政治、经济、文化、生态、社会、军事等内容；就网络空间的传播形式来看，它不仅通过理论、逻辑、计算等形式，更重要的是它通过图片、影像等方式将人们的情境需求与价值观念或经验的传播结合在一起，直接指引人们相关经验的生成；就网络空间的交往群体来看，它可以是一人独自交往，也可以是多人交往；可以是关于某一主题所形成的交往，也可以是针对某件突发事件所形成的交往；就网络空间的交往方式来看，它不仅可以通过微信、微博、QQ 群等常见的聊天软件，它可以通过各种 App 等方式。

总体来说，网络空间的交往方式、群体形式与经验基础等都直接支配人们的行动开展，这种行动开展使人们在实践体验中形成全新的社会经验，这种社会经验的积淀就是网络空间中价值观的生成。另外，网络空间也让固有价值观念获得新的环境供自身生长与扩展，跨越空间边界或者说无空间边界是网络空间的特点，为了“争夺”网络空间，争夺流量，不同地区，不同人群、不同时态的价值观念通过人们的上传、书写、转发、演说等方式在网络空间获得自身的一席之地。价值观的网络空间可以说是客观空间与主观空间的集合，使价值观的地理空间、价值观的社会空间与价值观的表象空间达到主观与客观的集合。

---

① 刘少杰:《中国网络社会的集体表象与空间区隔》,《江苏行政学院学报》2018 年第 1 期。

（三）时空条件对价值观作用发挥的规制

人们曾经认为时空同在是价值观生成与运行的基础条件，然而现代社会时间与空间的分离使价值观的生成、发展、运行在拥有更丰富的时空条件的同时，也深受时空条件的规制，它至少表现在多样时空形态中价值观自身的制约性以及时空特征对价值观的制约性。

1. 多样时空形态中价值观对自身发展的规制。从价值观自身时空形态不难看出，一些价值观所确认的价值观念，大体只能在一定的时间范围中发生作用或产生影响力，或者某些价值观尽管依然有一定的影响力，但这种影响力正被另外更有生命力的价值观所取代而逐渐式微。如人们所认为在经营管理价值观方面，判断怎样的经营管理最有价值，基本存在着3种主要的价值观，即最大利润价值观、委托管理价值观和生活质量价值观，最大利润价值观被认为“是一种最古老的最简单的局限性最大的价值观”[①]，仅以经营方能否获取最大利润作为评价经营管理好坏的唯一标准。这一价值观尽管在当代一些企业组织中依然流行，却因为它奉行独享原则而受到批评。而委托价值观则注意将利益在一定的涉事诸方中进行合适的分享。至于生活质量价值观，则被认为“是七十年代兴起的一种最新的价值观。它倾向在确定企业利润水平时，不仅要考虑企业所有者的利益，还要考虑防止污染等社会利益”[②]。如此，从价值观的3种时态特征来看，有些价值观可能仅仅代表过去或者行将没落的价值，从而显示出明显的颓势；也有价值观尽管具有当代社会实践的经验支撑，但由于既缺乏深厚的社会历史积淀，又缺乏未来发展的理想意境，这样的价值观也显得缺乏发展后劲；也有价值观仅仅构架着未来美好的图景，连现实的基础都支离破碎，这样的价值观每每给人留下“乌托邦”的印象。

从空间形态中价值观的发展与运行来看，地理空间、社会空间、表象空间与网络空间的价值观呈现出内容多样且多元、时态各异的交错状态，这种交错状态可能使得某一价值观获得较流行的发展趋势，尽管这一价值观并非具有积极力量，而某一价值观被消解，尽管这一价值观代表社会的更具普遍性的价值。如此，从时间与空间双重维度把握价值观的生命展开过程，以及它发生作用的范围、广度与深度是发挥核心价值观的引领作用的不可或缺的维度。

---

① 苏东水：《管理心理学》，上海，复旦大学出版社 1987 年版，第 165 页。

② 苏东水：《管理心理学》，上海，复旦大学出版社 1987 年版，第 165 页。

2. 现代社会的时空特征对价值观的制约。时空压缩与时空扩展是现代社会的特征。时空压缩既是一种客观现象，也是一种主观体验。作为客观现象，时空压缩是指现代社会的政治、经济、文化与社会生活等各方面在时空中的加速与集中；作为主观体验，它是指客观的时空加速和集中在人们思想意识中的感受，这种感受是不安、焦虑、矛盾、冲突的心理体验。作为客观现象的时空压缩，它使来自政治、经济、文化与社会生活等方面的价值观加速与集中，传统的价值观与现代的价值观并存，积极的价值观与消极的价值观共在，东方的价值观与西方的价值观同在……当各种价值观念加速变化与集中，也给生活于现代社会的人们带来各种不确定性的心理体验。如在网络空间中，各种客观存在的价值观念汇集其中，抖音、微信等新媒体软件更通过图片、符号、影像、视频等方式增加制作者与传播者的主观感受与具体情境，网络空间的不断加速与更新，让人们的心理感受与观念也不断发生变化，甚至翻转。最后，这些不断重复、更迭、创新的多元价值观，因权力、利益与资本的占有不同等因素使得参与者、受众者的心理结构发生变化，在网络空间集聚的多元价值观在现实生活中得到加强或否定，人们对价值观的认同也呈多元的方式存在。

时空扩展与时空压缩相同，它也在主观与客观两方面展开。从客观存在来说，时空扩展是指现代社会的政治、经济、文化、社会生活等各方面在时空中的加剧与扩张，它们以个性、差异性等特征形塑自身。现代社会的时空扩展既体现在生活空间与活动内容的扩展，还体现在社会关系的增加，“社会关系——确切地说，是社会内部关系——变得越来越多了，它们超出了原来的界线，扩展到了各个方面”[①]。社会生活空间的扩展、活动内容的增加、社会关系的扩大都会促使更加多样甚至多元的价值观的产生，这些价值观可以是理性的价值观、情感的价值观、家庭的价值观、职业的价值观等，这些不同的价值观如何统摄在“一元”的核心价值观，是时空扩展带给核心价值观建设的难问题。从主观存在来看，时空扩展是指客观的时空加剧与差异化存在在人们思想意识中的感受。时空的扩展影响人们的主观感受与心理体验。时空扩展带来大量的人员流动，从乡村到城市、从西部到东部、从北方到南方，近年来也开始出现从城市到乡村、从东部到西部等变化，还有关注较多的急剧变化的网络空间，都使价值观不

① 〔法〕埃米尔·涂尔干:《社会分工论》，渠东译，北京，生活·读书·新知三联书店2000年版，第214页。

断跨越空间的边界；在社会关系的交往中，新兴的职业、生活理念、时尚引领等都使现代人不断更新自身的主观感受与心理体验，最终形成多样甚至多元的价值观。

综上来看，认识价值观离不开时空这一重要变量。价值观与时空的相互作用使得人们在思索核心价值观的引领作用时不仅要考量价值观的时态与时间取向，还要考量相关价值观在人们心里的影响力与停留时间，与此同时，这些不同时态的价值观在面向不同的空间时，不仅要考量相关空间的特征与内容，还要重点探索价值观在不同空间的生产力与再生产力以及不同时态价值观的空间分布状态。

三、思想政治教育的资源转化

思想政治教育资源的转化，一是要扩充教育资源；二是要使教育资源得到有效利用，因此，这里对资源转化的探索主要是对其方法论的探索。探讨思想政治教育资源开发转化的方法论不是要直接借用某些哲学方法去解释这些资源本身，而是要试图厘清和正确处理资源开发、资源转化与资源利用过程中的基本关系。这些基本关系涵括思想政治教育资源转化的整体布局和具体编排、教育资源的同质解读和异构表现、教育资源的周期性和长期性、教育者的集中阐释和受教育者的自觉“发现”等。这里我们重点以“大思政课”的实践为例。

（一）“大思政课”教育资源转化的整体布局和具体编排

从“大思政课”的规定出发，可供其开发转化与利用的教育资源形式是多样的、内容是广泛的，多样且广泛的教育资源具有多样的属性及功能，它要求资源利用者在资源转化过程中首先应进行整体布局，同时也要求资源利用者在资源转化过程中作规范化、精细化与个性化的具体编排。

1.“大思政课”教育资源转化的整体布局。所谓教育资源转化的整体布局，是指在明晰多样资源之间可能存在的某种逻辑关系的基础上实现教育资源的有机组合。面对可利用的丰富的教育资源，如何将它们作为一个逻辑整体并有机组合是“大思政课”教育资源转化首先应考量的问题，而将多样资源作为一个逻辑整体首先就应明晰不同资源之间的逻辑关系。多样资源之间是存在一定逻辑关系的。如人们通常认为稀缺的物质资源是一个组织具有竞争优势的重要条件，但随着知识的不断更新、人们创造能力的不断增强，稀缺的物质资源可能存在被新的物质资源所替代的状况，此时，知识资源与人力资源便成为创造新的物质资源的条件，而要实现对人才资源的有效开发却需要好的制度作保障。这里不难看出，知识资源可以改变物质资源的价值，人力资源是知识资源生成的主体条件，而制度资源却是人力资源得以有效发挥的保障，它们之间的逻辑关系就成为人们有机组合资源的重要依凭。

“大思政课”可资转化的资源是多样的，明晰它们之间的逻辑关系是有效组合资源并得以高效运用的前提。把握“大思政课”多样资源之间的逻辑关系，具体可遵从如下路径：一是以“大思政课”可资转化的教育资源内容为基点探索多样资源之间的逻辑关系。以教育资源内容为基点，“大思政课”可资转化的教育资源可划分为课程内资源与课程外资源。就课程内资源而言，人们常将其划分为素材性资源和条件性资源[①]，素材性资源涵括“经典思想理论资源、学术研究成果资源、教材资源以及社会实践生活资源”，“条件性资源主涉课程赖以实施的情境、场域和环境设施等”。[②]就课程外资源而言，千余年的文明书写、百余年的政党建设、70多年的国家建设、40多年的改革开放生成了丰富的资源，如制度资源、组织资源、政治资源、人力资源、知识资源、精神资源、理论资源、社会心理资源等，它们都可能成为“大思政课”转化与利用的重要资源。从“大思政课”教育资源内容出发，“大思政课”可资转化的教育资源之间的逻辑关系至少有这样几个层次：首先是对课程内资源与课程外资源之间逻辑关系的把握。这里需要把握的重点是课程内资源是展开思政课的基石，课程外资源应围绕课程内资源的布局做相应的补充与支持。其次是对课程内资源之间逻辑关系的把握。这里，需要把握的重点是教材资源是思政课展开的依据，经典思想理论资源是教材资源的灵魂，学术研究成果资源为教材资源提供解释力，社会实践生活资源为教材资源的延伸与补充。它们需要有机结合起来，形成思政课教育资源体系。如习近平总书记指出，“思政课教师在教学中要把统编教材作为依据，确保教学的规范性、科学性、权威性……教材给出的是教学的基本结论和简要论述……需要做很多创造性工作。”[③]同时，还应注意素材性资源与条件性资源的有机结合，在时间、空间、具体场景、具体方法运用等资源的有机组合中提升思政课的实效性。最后是对课程外资源之间逻辑关系的把握。这里需要把握

① 陈理宣：《教育学原理——理论与实践》，北京，北京师范大学出版社2010年版，第253页。

② 董雅华：《善用“大思政课”促进教育资源转化：意涵、问题与进路》，《思想理论教育》2022年第4期。

③ 习近平：《思政课是落实立德树人根本任务的关键课程》，《求是》2020年第17期。

的重点是课程外资源始终以其与课程内资源的相关性为依据而对其进行开发、转化与利用。二是以"大思政课"可资转化的教育资源性质为基点探索多样资源之间的逻辑关系。"大思政课"开发、转化与利用教育资源既面临对"正能量"资源的传播与利用，也面临对"负能量"资源的批判，因此，需要坚持辩证的思维方式来合理地掌握不同性质之间教育资源的逻辑关系，如习近平总书记指出，"任何社会任何时期都会有各种问题存在，要教育引导学生正确看待、辩证认识、理性分析现实问题，辨明大是大非、真假黑白，在对社会假恶丑现象的批判中弘扬真善美。"[①]

在充分把握多样教育资源逻辑关系的基础上，推进教育资源的有机组合是善用"大思政课"的重要内容。在推进教育资源组合过程中，既存在基于符合逻辑而实现价值最大化的理性决策，也存在不求决策最佳方案而只求满意结果的满意决策理论。就"大思政课"教育资源的有机组合来看，既存在对教育资源的理性安排，也存在追求教育实效性的满意决策。对教育资源作理性选择在于思政课的政治性与意识形态性规定教育资源转化的性质、内容、方式、范围等，对教育资源做基于满意结果的决策在于思政课的本质规定教育资源转化的目的就是要助力将"道理讲清楚"，助力将教育对象培育成时代新人。它需要达成对国家意识形态要求与学生成长需求的双重满足。

2. "大思政课"教育资源转化的具体编排。在上述整体布局的基础上，又产生了具体编排的要求，这种具体编排可能循着规范化、精细化和个性化的发展路径而不断深化。一是以制度规范"大思政课"教育资源的开发与转化。"大思政课"面临的资源涵括积极资源与消极资源、高品质资源与一般资源，教育资源开发转化的规范化重点体现在以制度保障积极资源得到有效整合与利用，消极资源得到有效转化或剔除。在保障积极教育资源得到有效整合方面，近年来中共中央、国务院印发的《新时代爱国主义教育实施纲要》《新时代公民道德建设实施纲要》均彰显对爱国主义教育资源、道德教育资源开发与转化的保障作用。二是构建资源转化模型助力精细化实施。具有可操作性的教育资源转化模型是"大思政课"教育资源得以精细化实施的重要路径。如资源编排理论认为持续竞争优势源自企业的资源、能力和管理者能力的组合[②]，于是构建了资源管理模型。"大思政

① 习近平:《思政课是落实立德树人根本任务的关键课程》,《求是》2020 年第 17 期。

② 张青:《资源编排理论及其研究进展述评》,《经济管理》2020 年第 9 期。

课”教育资源得以有效开发与转化也需要考量教育资源整合、捆绑教育资源形成能力从而利用能力创造价值的资源转化路径。以培育时代新人这一教育目标为指引，构建资源转发与开发的编排模式可助力“大思政课”教育资源精细化实施。三是围绕教育目标，针对具体的教育主体与教育对象作个性化编排。不同的教育主体可供其开发与转化的教育资源是不同的，这就需要教育主体结合自身的特色与优势开发与转化教育资源。同时，教育对象的特征、成长成才规律、成长成才过程也要求教育主体在教育资源转化的过程中作个性化编排。

（二）“大思政课”教育资源转化的同质解读和异构表现

“大思政课”教育资源要更加系统集成处理教育资源转化的同质解读与异构表现。同质解读是指“大思政课”教育资源转化客观上存在质性要求的一致性，这种要求规定在相关教育资源的概念内涵与规范要求等方面具有统一性；异构表现是指“大思政课”教育资源转化在质性要求一致的基础上还应重视教育资源形态的丰富性与教育资源解读方式的多样性等。

1.“大思政课”的育人实践需重视教育资源转化的同质解读与异构表现。“大思政课”的育人实践涵括思政课程的教学实践、“课程思政”的教学实践、政府与社会与家庭的育人实践等，要使多路径的育人实践提质增效就需要高度重视教育资源转化的同质性要求与丰富性组合、多样性解读。就思政课程的教学实践而言，它内含“马原”“马中化”等多门课程，这几门课程所面临的课程内资源重点集中于马克思主义理论资源、学术资源、社会生活实践资源、历史文化资源等，目前各门课程对于马克思主义理论资源与学术资源等都在一定程度上实现了各有侧重、有的放矢，在对诸如“爱国主义”“马克思主义”等相关概念的解读中均能实现同质性解读，这在一定程度上增强了思政课程的内在合力。但需注意的是，各门思政课程在开发转化诸如社会生活实践资源、历史文化资源等方面应避免重复性与形式化。各门思政课程应重视围绕自身的教学主题与教学重点开发转化相关资源，并从自身的知识性作深刻解读以此实现资源的高效利用，从而提高育人的效果。

就“课程思政”对教育资源的转化而言，各科教师在对学生进行思想政治教育时，对政治原则的遵守、对政治大局的把握应该是一致的，这里的重点在于探索与挖掘各科教师对教育资源的丰富性组合与多样性解读。一般而言，理工科教师在自己的专业课教学过程中，应该遵从本学科的教学规律，形成自己的教学风格，以教师的专业水准、职业道德为学生夯实

"智"的基础，培养"德"的品格。而文科教师由于学科的规律性表现与要求跟"思政课"教育内容有更紧密的联系，所以在思想政治教育中有更大的腾挪空间。但需注意的是由于学科差异与教学规律的差异，一些理工科教师在展开思想政治教育，如在开展爱国主义教育时，不少是围绕本学科著名科学家的爱国主义经历和事迹展开分析的。这种教育方式从单独某门课程看，无疑是可行的，但如果表现在大部分课程教学之上，就可能给学生造成一种同质化同构化的感受，学生也就可能产生"审美疲劳"。更需注意的是政治教育以系统的专业知识为基础，需要经过比较系统的专业训练才能更好地厘清相关概念、相关理论的联系与区别，也才能更好地完成思政课的教学任务。因此，在"课程思政"建设过程中一方面需要重视在教育资源转化过程中对专业性的精准把握，另一方面也需要重视对教育资源的有机组合但非重复性使用、规范建设但非形式化使用。这也就提出了课程思政与思政课程在同向同行过程中对教育资源转化的要求，即从教育性出发，追求教育资源转化同质性与多样性的有机统一。

2. 以"教育性"为基础推进"大思政课"教育资源转化同质性与多样性的有机统一。"大思政课"的实质是要加强思政课建设，它仍然以马克思主义理论教育为教学核心任务，以学生成长成才规律为教育遵循，以为党为国培育时代新人为教学目标，如此，"大思政课"依然具有政治性与教育性。"大思政课"的政治性要求始终应把握政治大局、坚持政治原则，教育性则要求各路径育人活动始终应围绕教育目的、实现教育目的来展开。如此，在秉持政治性的基础上，从教育性出发，推进"大思政课"教育资源转化同质性与多样性的有机统一则成为用好用活教育资源的重要遵循。

以"教育性"为基础推进"大思政课"教育资源转化同质性与多样性的有机统一重点应围绕立德树人这一根本教育任务展开。"教育的目的是要培养道德性格的力量"[①],而知识是影响道德品德培养的重要因素。通过使学生对知识产生强烈兴趣并以此产生坚强的行为意志是培养道德性格的重要路径，但需强调的是，对知识产生兴趣须是多方面的，它包括对"经验的兴趣与同情的兴趣，对事物的联系与规律性的思辨的兴趣，对真、善、美的审美兴趣"[②] 等，在多样且平衡的兴趣中形成思想范围从而

① 〔德〕赫尔巴特:《普通教育学》，李其龙译，北京，人民出版社 2015 年版，第 13 页。
② 〔德〕赫尔巴特:《普通教育学》，李其龙译，北京，人民出版社 2015 年版，第 14 页。

明大德、守公德、严私德，成长为时代新人。由此可见，“大思政课”教育资源转化同质性与多样性的有机统一离不开对知识与德性相互关系的把握。从思政课程与课程思政的教育资源转化来看，它应追求的即是以“思政课程”重点完成把握政治方向、培育政治知识与道德知识等教育任务为基础，以“课程思政”重点完成夯实道德教育、丰富专业知识、提升文化素养等教育任务为拓展与补充，做到“思政课程”有知识、有内涵，“课程思政”有明晰价值导向，最终更好地实现课程资源的有机整合。这种有机整合是在以道德教育为中心，以明晰价值导向为遵循，从而在分类管理或分类教学的基础上实现的“课程思政”与“思政课程”的和顺接轨、有机接茬和科学接龙。

（三）“大思政课”教育资源开发转化的周期性和长期性

“大思政课”教育资源转化应考虑周期性与长期性问题，即教育资源转化利用的时效性长短问题，这不仅关系教育资源转化成本与质量，也关系教育资源体系构建、教育资源功能的有效发挥。

1. 把握“大思政课”教育资源转化利用周期性与长期性的重要价值。在资源开发转化过程中，存在教育资源开发转化的成本低但持续发挥绩效的周期长，以及资源开发转化成本不低但时效周期却不长的资源开发效应。因此，“大思政课”在教育资源开发转化中应注重对其周期性与长期性的把握。第一，教育资源开发转化的周期性与长期性关系“大思政课”教育资源体系建设。“大思政课”面临的可资转化的教育资源是多样的、动态的，如习近平总书记指出，“鲜活的思政课素材，正是亿万中国人已经书写和正在书写的时代篇章”①，如此，如何从多样资源中选择出高质量的资源并将其建设成结构合理、形态丰富、质量优质、适用广泛的教育资源体系便成为教育资源开发转化的重点，也是高效运用教育资源的前提。从周期性与长期性视角探索教育资源体系的建设旨在建设以马克思主义经典思想资源为核心，学术研究成果资源为支撑，教材资源为依据，课程资源为载体，社会实践资源为补充，并与时空资源、技术资源高度匹配的资源体系。这也要求从教育资源转化周期性与长期性的维度精准把握教育资源体系中各要素的“变”与“不变”。

第二，教育资源开发转化的周期性与长期性关系“大思政课”教育资

① 《“‘大思政课’我们要善用之”（微镜头·习近平总书记两会“下团组”·两会现场观察）》，《人民日报》2021年3月7日。

源价值能否得到有效发挥。教育资源价值得到有效发挥意味着教育资源不仅满足教育者与教育对象的需求，还得到教育者与教育对象的选择。从教育资源转化周期性与长期性维度探索教育资源价值的有效发挥，其重点应把握教育资源是否在合适的时间满足了教育者与教育对象的需求，是否更长时间地满足了教育者与教育对象的需求。这也对教育资源转化提出了高质量的呼吁。习近平总书记对此多次提出建设思政“金课”，挖掘整理研究历史资源，激活社会生活资源，等等，这在一定程度上讲就是要重视教育资源转化的质量以及教育资源转化的周期性与长期性。

2. 把握教育资源开发转化周期性与长期性的重要维度。把握“大思政课”教育资源开发转化周期性与长期性应重点从时空维度、高质量维度、广适用性维度等进行探索。第一，从时空维度把握教育资源开发转化的周期性与长期性。教育资源与时空相互作用，一方面教育资源总是存在于一定的时空中，另一方面教育资源的生成与演变也形成自身的时空形态。就教育资源总是存在于一定时空而言，它表现为时空为教育资源的生成、发展与演变提供条件，一定的教育资源总是在特定的时空条件下才具有生成、演变的可能，如人们常说“十月革命一声炮响，为中国送来了马克思主义”，这正是从时空维度反映出马克思主义资源的发展以及它在中国的新征程。就教育资源生成与演变形成自身的时空形态而言，教育资源的生成本身就是历史性的过程，它总是表现为过去形态、现在形态，更寻求未来形态，而教育资源的时间形态又总是与空间相结合，具体表现为与地理空间、社会空间、网络空间、表象空间等结合，并以此生成属于自身的时空形态。如人们常说“十里不同风，百里不同俗”，这正是反映出一定的时空生成一定的习俗，而一定习俗又形塑其自身的时空。如此，从时空维度把握“大思政课”教育资源开发转化的周期性与长期性，即是要一方面重视对可资转化的教育资源自身生命力的长度，另一方面也要重视对转化的教育资源的时空形态的塑造，如此以保障其可持续性。

第二，从高质量维度把握“大思政课”教育资源开发转化的周期性与长期性。教育资源开发转化的过程也是教育资源选择的过程，它需要以高质量作保障。这里的高质量主要体现在：在课程资源建设中，应“打造更多高水平思政‘金课’”“高品质思政课”“精品课”等；在历史资源开发转化中，应讲好党史、新中国史、改革开放史、社会主义发展史；在学术资源开发转化中，应“加强学术资源库建设……打造中国特色、世界一流的学术资源信息平台”[①]；在社会实践生活资源开发转化中，应立足世界百年未有之大变局与党和国家事业发展全局，激活社会大课堂。总体而言，只有以高质量为标准促成教育资源转化才可能高效发挥教育资源功能，从而延长教育资源的长期性。

第三，从广适用性把握“大思政课”教育资源开发转化的周期性与长期性。教育资源功能总是在实践运用中才能发挥其功能，实现其价值，因此，需要从它是否具有更广泛的适用性以把握其周期性与长期性。广适用性主要体现在教育资源转化是否更加具有时代性、是否更科学反映社会规律与教学规律与学生成长成才规律、是否更适合不同阶段不同过程教学实践、是否更适合于更广泛空间的使用等。

（四）教育者的集中阐释和受教育者的自觉“发现”

“大思政课”教育资源的开发转化既需要教育者的集中阐释，同时也需要关注受教育者的自觉“发现”，这既是受教育者作为教学实践参与者的需要，也是智媒时代思政课教育改革创新的需要。

1. 教育者的集中阐释和受教育者的自觉“发现”是“大思政课”教育资源转化应把握的重要关系。“大思政课”教育资源转化的终极目的是要助力思政课完成培育时代新人的使命，要实现这一目的，就需要重视同为教育实践参与者教育对象对相关资源的认知与发现。首先，教育对象对教育资源的认知与发现影响教育资源转化的实效性。教学实践是“教”与“学”共同作用的结果，而教育对象的“学”涵括教育对象对教育者传输知识与价值的接收、理解与认同，以及对自身实践的反思，其中对自身实践的反思常常成为教育对象“检验”教育者所传输知识与价值的依据，因此，要保障、提升教育资源转化的实效性就需要重视教育对象的“资源库”，如此才可能提高教育者转化教育资源的空间与能力，也才可能对教育对象“资源库”进行匡正或优化。其次，智媒时代思政课教育改革创新需要重视教育对象对教育资源的自觉“发现”。智媒体时代在给思政课带来新机遇的同时也带来新的挑战，它倒逼思政课不断进行改革创新。思政课改革创新的过程不可忽略对教育对象的把握，一方面教育对象通过智能媒体获取资源的内容与形态无限丰富，另一方面智能媒体也通过网络信息采集技术与算法精准技术，针对教育对象的喜好、成长规律、现实需求等

① 《习近平在中国人民大学考察时强调　坚持党的领导传承红色基因扎根中国大地　走出一条建设中国特色世界一流大学新路》，《光明日报》2022年4月26日。

推送类似信息，增强了教育对象对所接收的信息的确定性，这些信息既有正确的价值观，也隐含不正确的价值观，更为值得重视的是它在一定程度上消解了思政课堂以及教育者的教学效力。如此，基于教育者的集中阐释与受教育者的自觉“发现”重构教学共同体、思政课共同体便成为智媒时代思政课改革创新的切入点。

2. 把握教育者集中阐释和受教育者自觉“发现”的重要维度。把握教育者的集中阐释，首先，应构建教育资源转化的多元主体，建设资源转化的生态格局。“大思政课”的其中要义即是要调动一切育人主体共同致力于育人实践实效性提升。正如习近平总书记指出，“要建立党委统一领导、党政齐抓共管、有关部门各负其责、全社会协同配合的工作格局，推动形成全党全社会努力办好思政课、教师认真讲好思政课、学生积极学好思政课的良好氛围”①。因此，构建教育资源转化的多元主体，并激活各类主体参与教育资源转化的积极性，搭建共建共享的交流与使用平台，从而形成类型更丰富、形态更多样、覆盖更全面、调动更便捷、合作更畅通的资源库，助力“大思政课”的提质增效。其次，提升教育者集中阐释的素养与能力。教育者集中阐释的素养与能力关系思政课的效力，它需要教育者形塑自身的人格魅力、提升知识引领能力、增强话语吸引力。在形塑人格魅力方面，教育者可通过在教育过程中自然真切地表现出诸如正直、坦诚、友善、宽容、精确、开放等人格特征，促使学生有所感悟和体认。教育者提升自身知识引力的能力，一是要夯实自身的知识储备，做到知识的系统化与体系化；二是要精准掌握知识内涵，增强对知识的运用能力与创造能力。增强话语吸引力，即是增强使用涵括符号与术语、意义系统和言说方式等要素及其联系样式的能力，从而增强话语吸引力。

把握受教育者的自觉“发现”，应重点探索受教育者的“在场”。受教育者作为思政课教学活动的参与者与创造者，他们的自觉“发现”是“大思政课”教育主体资源的重要组成。实现受教育者的自觉“发现”需要保障受教育者的在场以及激发受教育者的自我教育与创造。习近平总书记指出，“改革创新是时代精神，青少年是最活跃的群体，思政课建设要向改革创新要活力”②。保障受教育者在场，就是要充分听取学生的意见，掌握学生的感性需求，在供给与需求之间找到恰当的平衡点，以此促进教育对

① 习近平：《思政课是落实立德树人根本任务的关键课程》，《求是》2020 年第 17 期。
② 习近平：《思政课是落实立德树人根本任务的关键课程》，《求是》2020 年第 17 期。

象的主动学习。教育对象的主动学习或被动接受是完全不同的两种状态，“只有能够激发学生进行自我教育的教育，才是真正的教育”[1]，也只有促成教育对象的自觉“发现”才更有可能增强“大思政课”的实效性。

总体而言，教育者与受教育者作为“大思政课”的重要主体资源，教育者对自身人格的修炼、知识引领能力的提升以及话语吸引力的增强等，教育对象根据自身的感性需求积极、合理定位自身在新时代历史方位中、在中国特色社会主义实践场域中的位置，从而积极主动地学习、创造是“大思政课”需要转化的不可或缺的重要主体资源。

综上，我们对思想政治教育实践属性的内涵、特征以及实践运行所需要的现实条件作了相关探索。但对思想政治教育实践属性来说，它的内容是广泛的，如它如何形塑时代新人，如何处理政治规律与学术规律与学生成长成才的规律，等等，这些问题都需要有进一步揭示，因为篇幅原因，以期在他处以其他方式对上述问题作出相关的研究。

① 〔苏〕B.A. 苏霍姆林斯基:《给教师的建议》，杜殿坤编译，北京，教育科学出版社 1984 年版，第 351 页。

第六章 思想政治教育多维属性的辩证关系及本质属性确认

明晰思想政治教育多维属性之间的辩证关系，并在众多关系中确认思想政治教育的本质属性是思想政治教育属性研究的落脚点之一。这里，我们重点分析思想政治教育政治属性与意识形态属性、政治属性与实践属性等关系，并确认政治属性与实践属性的辩证统一是思想政治教育的本质属性。

第一节 思想政治教育政治属性与意识形态属性的辩证统一

现有研究时常将思想政治教育政治属性与意识形态属性看作是同一属性的不同称谓，但事实上，思想政治教育政治属性的核心要义是把握政治大局，代表根本利益；思想政治教育意识形态属性则侧重服务性，即始终为某一特定权力体系与利益服务，核心要义表现为提升某种思想理论体系使其占据统治地位过程中的影响力或实际作用。在思想政治教育政治属性与思想政治教育意识形态属性的相互作用中明晰二者的辩证关系是需论证的重要内容。

一、思想政治教育政治属性与意识形态属性的相互作用集中于反映特定利益与对某一特定利益的维护

确证思想政治教育政治属性与意识形态属性的辩证关系，首先就应明确二者的内在联系与实践交集。就内在联系而言，思想政治教育政治性与思想政治教育意识形态属性的产生都源于阶级的产生与国家的产生，它们共同反映并维护某一特定的社会利益。思想政治教育政治属性与意识形态

属性的实践交集也主要通过表征特定利益并维护某一特定社会利益彰显出来。其主要表现在：

一是通过阐释国家制度与公共政策的合理性与文化意义以维护特定利益。国家制度与公共政策是不同阶级社会利益协调的产物，阐释国家制度与公共政策背后的公共精神与文化意义，是思想政治教育政治属性与意识形态属性在维护特定社会利益过程中的核心内容。国家制度不是凭空制造或随意产生的，其背后都有相应时代所秉持与追求的思想与理论。要推动制度的社会认同，阐释制度的文化意义与思想是重要的内容。在阐释国家制度与公共政策的文化意义与公共精神的过程中，不仅需要突出国家制度的时代意义，还需要重点注意相关制度的历史文化渊源，因为它关系制度运行所连接的社会认同。纵观人类社会发展，无论是通过革命以建立新的国家制度还是通过改革国家制度，其创制与改革的背后都需要讲究政治文化传统。如此，思想政治教育在阐释国家制度与公共政策的文化意义时，则需要观照时代意见与传统政治文化理念这双重维度。思想政治教育政治属性与意识形态属性的辩证统一，则在通过阐释国家制度与公共政策的时代意见，追溯其政治文化传统以促进制度与政策的社会认同中实现对某一特定利益的维护。

二是通过凝练社会主义核心价值观统摄社会意识以维护某一特定社会利益。马克思主义认为，物质决定意识，意识是物质的反映。阶级的出现、社会利益的多元、现代社会中个人的崛起等要素都导致社会意识、社会观念的多元存在，凝练社会主义核心价值观并统摄多元社会意识是保障社会健康发展的重要条件，也是维护特定社会利益的重要条件。在凝练社会主义核心价值观的过程中，思想政治教育的政治属性在于确认核心的社会利益，思想政治教育的意识形态性则表现为通过把握核心利益以凝练反映核心利益的核心价值观。在凝练并培育社会主义核心价值观的过程中，以某一核心利益为中心，观照多元利益，在抽象多元价值观的基础上凝练并培育社会核心价值，是思想政治教育的实践路径，这也是思想政治教育政治属性与意识形态属性的内在规定。以政党思想政治教育为例，各政党的建立都蕴含核心的价值理念，其始终围绕某一利益制定相关的政策与纲领，凝练核心价值，以各种不同的理念与实践方式参加并分享国家权力，维护相应的利益。

二、思想政治教育意识形态属性以服务思想政治教育政治属性为中心

思想政治教育的意识形态属性是思想政治教育通过提升某一思想体系

使其占据统治地位以维护特定权力所彰显的特征，思想政治教育政治属性是思想政治通过教育这一实践活动所彰显的维护权力、反映社会利益的特征。思想政治教育意识形态属性内在规定它始终以维护一定权力、反映一定社会利益为核心。

首先，通过概念的运用是思想政治教育意识形态属性服务思想政治教育政治属性的基础。概念的社会运用是思想政治教育意识形态属性的基本策略。在概念的社会运用中，思想政治教育主要以国家这一概念为核心，通过相应的逻辑，辩证地联系着其他概念，以此突出其试图维护的特定权力与利益。思想政治教育意识形态属性在概念的运用中关注历史与现实双重维度并通过概念的演变推进对核心利益的维护。“为什么人们互相交战？为了谁？肯定不是为了概念，然而那些冲突性的对抗，那些取胜的党派和被战胜的党派之间的对抗，正是通过这些概念表现了出来。概念总是处于潜在的状态，应该把它们解放出来，也应该把它们解放出来。在每一个时期，在每一种‘确切的对抗’中，各种概念中的一个，通过那些被涉及的‘演员’的作用，压倒另一个概念，并且持续一个时期。然后，另一个概念就会进行报复。这样，矛盾就开始变化，从原来中心的、本质的变成次要的。而反过来也是如此”[①]。

其次，书写历史是思想政治教育意识形态属性服务政治属性的重要内容。历史关系一定阶级运用国家权力、维护核心利益的合法性。它不仅蕴含一定阶级维护国家权力的合法性来自哪里，也意味着一定阶级的发展之路。思想政治教育意识形态属性在构建一定阶级统治权力合法性的历史过程中，注重话语的构建与叙事的运用，如相关政党都不同程度地构建自身的信仰与理念，并且在历史与现实的双重维度确证合法性，如“解放”“自由”“公正”等话语都彰显出对一定阶级权力的维护；“美国梦”“中国梦”等皆是书写历史的表现。总体而言，“理解基本社会制度意味着讲述整个故事，书写历史”[②]。

三、思想政治教育政治属性为意识形态属性把握政治大局

意识形态的本质是反映一定利益的思想与观念，思想政治教育作为观

---

① 〔法〕亨利·列菲弗尔：《论国家——从黑格尔到斯大林和毛泽东》，李青宜等译，重庆，重庆出版社1988年版，第28页。

② 〔英〕贝瑞：《苏格兰启蒙运动的社会理论》，马庆等译，杭州，浙江大学出版社2013年版，第62页。

念的政治，它始终彰显通过培育核心价值观念以维护一定核心利益的实践逻辑。在思想政治教育的实践逻辑中，思想政治教育的政治属性始终把握政治大局，遵循政治原则。所谓把握政治大局、遵循政治原则，即是说思想政治教育始终以国家的政治体制、执政党的政治理念与执政方略、社会现实为基础，以此确证思想政治教育所维护的权力与利益。思想政治教育政治属性为意识形态把握大局，主要体现在：一是确认其维护的政治权力与核心利益。意识形态始终围绕权力而做上下思想观念上的浮动，其浮动的核心则是相关的权力与利益，如此，把握其维护的权力和利益则是意识形态实践展开的前提。思想政治教育政治属性本是对占统治地位的统治阶级的权力的维护以及利益的维护，它本是相关权力的反映、相关利益的彰显。如 1978 年推行的改革开放，改革开放符合国家发展的方向，思想政治教育在改革开放的推进过程中，明确改革开放的合理性、合法性与合历史性是思想政治教育政治属性对政治现实的把握，这一把握也规定思想政治教育的意识形态属性需要围绕改革开放的推进而展开。二是思想政治教育始终通过经济基础把握政治大局。马克思主义观点认为，政治是经济的集中反映，对政治的把握应从经济基础出发。思想政治教育作为思想的政治，也是一定社会经济基础的集中表现，思想政治教育的政治属性也集中彰显对一定社会经济基础的反映。当思想政治教育政治属性通过反映一定社会的经济基础来把握政治大局，思想政治教育的意识形态属性也集中表现为对当下经济基础的维护。总体来说，思想政治教育政治属性把握权力、维护社会核心利益、反映经济基础等特征，规定思想政治教育意识形态的内容、目标确定与方法选择。

第二节　思想政治教育政治属性与社会属性的辩证统一

思想政治教育社会属性的核心要义是把握社会共同体发育的趋势，培育公民在社会共同体中应具有的品质，探索一种人与人、人与自然相处的健康生活方式。政治与社会的张力是论证政治属性与社会属性辩证统一的核心问题。厘清思想政治教育政治属性与社会属性的内在意涵是论证本课题的原点。

一、政治与社会的关系是论证思想政治教育政治属性与社会属性关系的核心

厘清政治与社会的关系是论证思想政治教育政治属性与社会属性关系的前提与核心。所谓政治，它历经以培养好公民以维护城邦秩序、爱国主义、国家为中心、王权为中心等主题的演变，以国家为中心、主权为中心是现代政治的核心。社会，具有广义与狭义之分，广义的社会即是人与人的集合体，狭义的社会是指与政治、经济、文化等并列的社会子系统。这里强调的政治与社会的关系，不过分追究对社会的广义与狭义的划分，更加注重政治与社会的关系在人类社会发展的历史中所彰显的演变与相互作用。如上所述，现代政治以国家、主权为中心，政治与社会的关系也由此转变为国家与社会的关系。马克思主义国家观认为，国家是调和阶级斗争的产物，是暴力工具，而社会是现实的自由个人所结合而成的自由联合体。但国家与社会的发生与发展都有自身的历史，在其发展过程中，现代国家因为私有制的产生与阶级的出现而呈现出以权力运行为核心的特征，国家权力的运行也在封建神权向帝国、民族国家与法治国家的转变中开启由统治向治理的转变；与国家的发展相比，社会的发展则显得迟缓，个人因财产私有与利己主义对社会的排斥，因传统社会结构国家化的惯性对社会的吞没都是其主要原因。但就现代社会的发展而言，无论是个人发展的需要还是国家治理的需要的共同诉求都是社会的发展。思想政治教育视域中国家与社会这组关系，它们重点以社会文明为核心发生相互作用。因此从内容上以社会文明为核心，并以此协同社会实体，引领个体的社会行动便成为思想政治教育深入社会应关注的重点内容，这同时也是思想政治教育政治属性与社会属性相互作用的关键所在。

二、思想政治教育政治属性与社会属性辩证统一的具体彰显

（一）从内容看，思想政治教育政治属性与社会属性聚焦于社会文明

提升思想政治教育社会回应力是思想政治教育不断获得社会确认的重要条件。而通过深入社会培育社会文明，同时将社会文明植入社会是思想政治教育提升社会回应力的重要途径，也是思想政治教育社会属性实践转化的重要路径。思想政治教育社会回应力是否能得到提高，其关键就在于思想政治教育是否能在高度关注极具争论的社会问题的基础上，揭示出能使此分歧得到解决，至少是能缩小此分歧的价值基础。从历史维度审视社

会问题，其中分歧通常既包含根源于现实利益的差别，也包含制度运作的一般理论之间的差别。就思想政治教育而言，它重点探索的则是基于多元价值所导致的冲突，具体表现为如何让多元价值并存或者是如何将分歧统一于更普遍的理论基础，以逻辑一致的价值体系使社会成员相互尊重，持续社会合作。就此而言，任何文明社会中的成员都需要一种能使自己理解社会，并了解自身如何与社会互动的价值观念，即社会文明。就经受资本文明洗礼但同时又超越资本主义文明的现代社会文明而言，它“意味着形成了基于合理的劳动及分工体系、享有生产与分配正义并具有自我批判与校检的制度文明框架，意味着形成了与现代法治社会要求相符合的价值观、社会风尚、社会公德及其文明规范”[①]。因此，思想政治教育深入社会，它必须在把握社会总体性的基础上，培育社会文明，以制度的正义文明为回应社会提供良好的外部条件，以与现实社会相适应的价值观、社会风尚、社会公德及其文明规范为回应社会提供合乎理性的内容。同时，思想政治教育通过向社会及时植入社会文明，以社会文明为社会与个人提供整体性的目标、定向思维、调和冲突，达至社会和谐有序，实现思想政治教育深入社会的价值功能。

（二）从实践条件来看，思想政治教育属性与社会属性重视协同社会实体以扩大实践场域

协同社会实体，扩大思想政治教育实践场域是保障思想政治教育向社会成功植入社会文明，将社会主义核心价值观微观化、具体化的重要步骤，也是思想政治教育掌握社会回应、把握社会的重要途径。所谓社会实体，通常有“法人团体”（涂尔干）、“对立的阶级”（马克思）、“行动的个体”（韦伯）、“系统”（帕森斯）等解说，但我们认为，把握社会实体始终离不开研讨个人与社会的关系，如马克思所言，“社会结构和国家总是从一定的个人生活过程中产生的”[②]。因此，社会实体也蕴含“社会形式”连接下的无数个体以及由个体组成的不同群体的集合之意。这种集合包括政府组织、社会组织、其他非正式组织等。协同社会实体，就是要通过政府组织、社会组织与其他非正式组织等将具普遍性、框架性的社会文明转化为特殊价值，最后落脚于现代个人社会文明素养的养成。从宏观、中观、微观等不同维度提供思想政治教育与社会互动的实践空间。如将社会核心

① 邹诗鹏:《现代性论域中的社会文明与社会精神》,《天津社会科学》2018 年第 2 期。

② 《马克思恩格斯选集》（第 1 卷），北京，人民出版社 1995 年版，第 71 页。

价值观与家庭相结合，培育家庭美德；与职业单位相结合，制定职业道德；与公共组织相结合，养成公共道德。在网络急速发展、新媒体日益成为人们生活资料的现代社会，深入网络，协同网络，是不可或缺的实践空间。思想政治教育深入网络社会，其目标即在于使社会主义核心价值观引领网络生活，培养网民的媒介素养。同时，思想政治教育也通过对网络社会的研究与认知，把握网络社会的价值需求，实现思想政治教育与网络社会的互动。综上，协同社会实体，就是保障思想政治教育与社会互动的实践场域，实现思想政治教育与社会的双向沟通。

（三）从结果评估来看，思想政治教育重视从社会行动中引领个体行动

引导个体社会行为向健康方向发展是思想政治教育深入社会欲实现的价值目标，而通过勾连社会价值与社会行动以引导个体社会行为是思想政治教育社会属性实践转化的重要路径。所谓社会价值，即是指人们在交往实践中所形成的有利于交往与共同生活的具有普遍性的思想、观念、习俗等。而社会行动，从社会中个体与他者的互动而言，“是指向他人过去、现在或未来的行为”①；从社会行动的内涵而言，即“行动者本身、情境的社会和物理特性、他人的行动即能动的对象等”②。由此可推导，社会行动总是与他人相关，行动者也在对自身、情境社会和物理特性、行动对象的反思中寻求自身行为的合情境规定性及合规范性。无论是“合情境规定性”还是“合规范性”，它们都反映这样的事实，即是说个体的社会行动总是与其生活于其中的社会价值紧密相连，抑或说，形成于人们交往实践的社会价值影响人们的社会行动以及人们对社会行动的评价。关于意识与行动的关系，马克斯·韦伯和吉登斯曾作出重要研究，对韦伯而言，他坚持社会行动是特定主观意愿支配的产物，但主观意愿的形成是社会价值（如风俗习惯、理想选择、心理结构、文化传统等）的结果，因此，把握人们的社会行动，首先就需要理解人们的主观意愿，而理解的达成来自人们对共同生活所形成的文化的共识。另外值得重视的是，人类意识一般被划分为有意识与无意识，社会行动因与意识的紧密联系也因此被分为有意识行动与无意识行动。吉登斯在批判继承的基础上将行动者的意识构建为无意识、实践意识与话语意识，而社会行动亦相应分为本能行动、实践行

① 侯钧生：《西方社会理论教程》，天津，南开大学出版社2001年版，第116页。

② 张广利、王登峰：《社会行动：韦伯和吉登斯行动理论之比较》，《学术交流》2010年第7期。

动与话语行动。其中，无意识蕴藏行动者社会行动与日常例行化行动的一致性，实践意识反映行动者对社会生活具体情境的认同性与适应性，话语意识彰显行动者通过为社会行动提供合理性解释以求得他人的承认。由此可知，思想政治教育要实现与社会的良好互动，达成引领个体社会行为健康发展的价值目标，就需要实现与社会价值的相互承认，并以社会价值引导社会行动，最终形成社会发展的良好秩序。

第三节　思想政治教育政治属性与实践属性的辩证统一

思想政治教育的实践属性侧重以物质变精神、精神变物质的双向转换以形塑新人，其中所蕴含的教育性、说服性、浸染性等与政治的张力是论证政治属性与实践属性辩证统一的核心问题。

思想政治教育政治属性与实践属性辩证统一于思想政治教育实践活动中，具体表现为：

一、思想政治教育政治属性与实践属性统一于行动

思想政治教育政治属性重点彰显把握政治大局的特征，思想政治教育实践属性侧重对问题的解决，其解决问题的核心是实现人的正确思想的形成与改变。思想政治教育政治属性把握政治大局是对社会现实的把握、对现实社会经济基础的把握以及对国家权力运行的把握，这种把握规定思想政治教育的行动方向；思想政治教育的实践属性重点体现为对问题的解决，这种解决主要表现为对人的培养、对社会文明的培植、对社会关系的维护与修正等，思想政治教育解决现实问题有它自身的遵循，其中的重点则是它反映现实社会制度的特征。如习近平总书记指出，思想政治教育重要的是要解决培养什么人、怎样培养人以及为谁培养人，毫无疑问，在这一论点中，培养就包含了相关制度的规定，具体言之，无论是资本主义国家还是社会主义国家都会涉及培养接班人和建设者的问题，但具体回答培养什么人、怎样培养人以及为谁培养人时，它势必要重点把握相关制度的规定，对社会主义国家来说，主要培养的是社会主义的建设者和接班人；对资本主义国家来说，它培养的则是资本主义社会的建设者和接班人。“实践本质上具有制度特征；在制度范围内，具有特别重要意义的是那种

包含和规范第一层次制度的第二层次制度,即法和国家制度”[①]。因为国家制度的不断变化和国家制度对思想观念的影响，思想政治教育政治属性与实践属性都处于不断变化中，这种变化在实践与政治的双重规定中统一于行动。

二、思想政治教育政治属性为实践属性提供合理性

思想政治教育作为实践活动，是否把握了政治大局等问题影响重大，它直接关乎思想政治教育的合理性与合法性。阿尔都塞曾指出，没有不借助于意识形态并在意识形态中存在的实践，没有不借助于主体并为了一些主义而存在的意识形态，由此可见，思想政治教育的实践属性始终受意识形态属性与政治属性的影响。思想政治教育作为思想政治的实践，思想政治直接规定其实践的内容，判断其实践的结果。对相关主体所施行的思想政治教育是否具有正义性很大程度上影响思想政治教育的合法性存在。由此可见，思想政治教育的实践属性受政治属性的规约，它接受思想政治教育政治属性所发出的指令；思想政治教育政治属性为实践属性提供实践方向与价值标准，支持思想政治教育实践属性的合理存在。因为，“对政治权力作道德评价是绝对必要的，因为法和国家制度不是先天赋予的，而是由具有语言和理智禀赋的人所创造的，所以，它们一开始就受制于语言和理智禀赋中所蕴含的道德能力”[②]。

第四节 思想政治教育本质属性是社会属性与实践属性的辩证统一

思想政治教育具有政治属性、意识形态属性、社会属性、公共属性与实践属性等，它是多维属性的辩证统一。在政治属性与意识形态属性、政治属性与社会属性、政治属性与公共属性以及政治属性与实践属性的交互作用中，我们发现，思想政治教育社会属性与实践属性的交互作用在众多属性中占据支配地位，它决定其他属性的方向与内在规定，从思想政治教

① 〔德〕奥特弗利费·赫曼:《政治的正义性》，庞学铨、李张林译，上海，上海译文出版社2014年版，第1页。

② 〔德〕奥特弗利费·赫曼:《政治的正义性》，庞学铨、李张林译，上海，上海译文出版社2014年版，第2页。

育社会属性与实践属性辩证统一所发挥的决定性作用来看，思想政治教育的本质属性就是思想政治教育社会属性与实践属性的辩证统一。

一、社会属性与实践属性的辩证统一是思想政治教育的本质属性的依据

存在依据是对思想政治教育本质属性内容的前提性提问，也是对思想政治教育本质属性内容的合法性回答。

（一）社会属性与实践属性的辩证统一是思想政治教育共性与个性的统一

所谓共性，即是指事物从自身自我分化出诸多特殊性，并从诸多特殊性不断向自身回复的具体的全体。所谓特性，即是指事物自我分化、自我否定的初步结果。关于普遍性、特殊性、个体性以及三者之间的关系，黑格尔在分析概念论时作过详细的阐述。黑格尔认为任何一个真正的思辨概念都应该包含 3 个相互联系的环节——“普遍性、特殊性、个体性”，且这 3 个环节共同构成概念的整体。就黑格尔的思想而言，思辨概念的普遍性，“这是指它在它的规定性里和它自身有自由的等同性”，“特殊性、亦即规定性，在特殊性中，普遍性纯粹不变地继续和它自身相等同”，“个体性,这是指普遍与特殊两种规定性返回到自身内”[①]。黑格尔对思辨概念的定义，即要表明概念的普遍性强调概念经过自身分化之后回复到自身，这种普遍性必须要不断地将自身特殊化，经过不断的特殊化概念才能变成一个具体的全体，才能成就概念的个体性，而个体性也成为思辨概念与其他概念的区别，且这种区别既体现了思辨概念的特殊性，也体现思辨概念的普遍性。因此，黑格尔强调，每一个具体的思辨概念，它本身就是一个全体，且它是已经被自我区分和自我分化出来的诸多特殊规定性，通过自我返回、自我中介、自我否定而形成的一个具体的全体，“这种自身否定的统一性是自在自为的特定东西，并且同时是自身同一体或普遍的东西”[②]。对于思辨概念这 3 个环节的关系，黑格尔接着指出，“但普遍性乃是自身同一的东西，不过须明白了解为，在普遍性里同时复包含有特殊的和个体的东西在内。再则，特殊的东西即是相异的东西或规定性，不过须了解为，它是自身普遍的并且是作为个体的东西。同样，个体事物也须了解为

① 〔德〕黑格尔:《小逻辑》，贺麟译，北京，商务印书馆 1980 年版，第 333 页。

② 〔德〕黑格尔:《小逻辑》，贺麟译，北京，商务印书馆 1980 年版，第 333~334 页。

主体或基础，它包含有种和类于其自身，并且本身就是实体性的存在”[①]，如此表明，思辨概念的普遍性不能脱离特殊性与个体性而存在，而概念的特殊性也离不开普遍性与个体性，概念的个体性在一定程度上是概念普遍性和特殊性的统一。普遍性、特殊性与个体性自身否定地统一在一起，使概念成为具体的概念。

就思想政治教育实践活动而言，思想政治教育应解决问题而发生，它从一开始就被外在赋予了相应的实践功能。思想政治教育的实践功能随着其实践活动不断展开而使自身具有实践属性。思想政治教育的实践属性是思想政治教育具有的普遍性属性。思想政治教育实践属性在思想政治教育的实践展开中，不断分化向思想政治教育自身回归。在思想政治教育实践属性展开中，思想政治教育不断将政治思想、道德理念与价值观念等精神力量以形塑“时代新人”，“时代新人”通过自身的劳动不断生产精神力量。“时代新人”一方面因不断丰富与升级的精神力量而获得更多的自我解放，另一方面也在实践交往中更多地承继与吸收社会文明，从而寻求个体与共同体的共生共存。从人的社会性本质来看，人总是在社会关系中升级自我意识，规约属于共同体的价值观，思想政治教育正是在以解决个人与其所在共同体的共生共存关系中实现自身的价值。由此可见，思想政治教育社会属性不仅是思想政治教育在实践开展中生成的最初的属性，同时也是思想政治教育在“真正共同体”中所存在的最终的属性。思想政治教育社会属性所蕴含的终极使命也为思想政治教育的实践属性规定了个体性内涵。思想政治教育社会属性与实践属性的辩证统一，在于实践属性表征了思想政治教育的普遍性，而社会属性则使思想政治教育具有了区别于其他社会实践活动的基本特质。思想政治教育社会属性与实践属性的辩证统一，正是思想政治教育共性与个性的统一，它们共同决定思想政治教育的是其所是。

（二）社会属性与实践属性的辩证统一在思想政治教育众多属性中起决定性作用

本质属性是认识事物的关键。所谓本质属性，即是指“作为通过对它自身的否定而自己同自己中介着的存在，是与自己本身相联系，仅因为这种联系是与对方相联系，但这个对方并不是直接的存在着的东西，而是一

① 〔德〕黑格尔：《小逻辑》，贺麟译，北京，商务印书馆1980年版，第337页。

个间接的和设定起来的东西”[①]。其中，“间接的”和“设定的”是指相对于存在论的直接性，本质属性是发展了的，经过中介化的间接的东西。如果说思想政治教育最初是应“解决问题”这一外在目的而诞生的，那么思想政治教育诸多属性来自外在性的规定，外在规定的诸多属性都具有直接性，是对思想政治教育经验性的认识。停留于单纯的直接性和经验性认识不能真正把握思想政治教育之真正所是，因此必须进入间接性以达到对思想政治教育真正所是的准确认识。思想政治教育本质属性以否定直接存在着的外在规定为中介，并以相互映现的新的方式显示具体内容，“本质是映现在自身中的存在”[②]。因此,思想政治教育本质属性既是对有限的思想政治教育现象直接性的扬弃，同时也在思想政治教育现象中获得自我意识和确证，从而获得与他物的区别性并最终确定思想政治教育之是其所是。在思想政治教育众多属性中，思想政治教育社会属性与实践属性的辩证统一是对有限思想政治教育现象直接性的扬弃，它们共同决定思想政治教育区别于其他社会实践活动的本质特性。

二、思想政治教育社会属性与实践属性辩证统一的内在逻辑

明晰思想政治教育社会属性与实践属性辩证统一的内在逻辑是把握二者辩证统一内容的基础。本质的双重内涵及其内蕴的方法论为思想政治教育社会属性与实践属性的辩证统一提供理论基础，思想政治教育过程中过程要素的相互作用是思想政治教育社会属性与实践属性辩证统一的实践路径。

（一）思想政治教育社会属性与实践属性辩证统一的理论逻辑

1. 本质的双重含义是思想政治教育社会属性与实践性辩证统一的学理基础。在西方哲学史上，人们普遍认为本质就是指确定事物存在的特殊性质或认为本质就是“普通的东西”（“共相”），这种视本质为“普通的东西”的理念指导自然科学对普遍性规律的追求。但需追问的是这种视本质为“普通的东西”的思想是否涵盖了本质的完整要义，这种追求普遍性规律的理念能否成为揭示思想政治教育存在的研究路径。早在古希腊时期，亚里士多德在对本体一词的论述中就揭示了本体具有个体性与独特性，“本体主要地是具有独立性与个别性”，不难看出亚里士多德对本质的

① 〔德〕黑格尔:《小逻辑》，贺麟译，北京，商务印书馆 1980 年版，第 242 页。
② 〔德〕黑格尔:《小逻辑》，贺麟译，北京，商务印书馆 1980 年版，第 242 页。

理解既包含对普遍的归纳也包括对个体性的观照。"'普通的东西'并不能涵盖亚里士多德对'本质'的界定和表述：本质是使一事物'恰恰地是这个事物'的东西。'本质'的深层含义应是'个体性'"①。因此，对本质含义的揭示不仅包含对普遍规律或最根本原理的揭示，还在于对"个体的东西"（"这个"）的观照。由此，一事物本质的显现过程似乎就经历了最初感性简单个体的显现，到事物之共相的显现，最后为高一级的个体性显现（所谓高一级则是经历了普遍性与特殊性的统一）。这犹如黑格尔在《精神现象学》中对本质显现过程的描述，"实体本质上就是主体"②，即表明作为主体认识对象的实体，在意识中被认识的过程，也是该对象的本质显现的过程。黑格尔由浅入深将这一过程划分为5个阶段：意识、自我意识、理性、精神与绝对精神，在意识阶段，对象"这一个"由在感性确定性阶段仅仅表现为纯粹的"这一个"向知觉、知性阶段发展，从而显现出"这一个"是什么，即由最初事物的性质什么也不是显现出某些具体的性质，如对象是红的、咸的等，进而显现为普遍的东西或普遍的规律，但黑格尔认为，仅仅认识到这样的普遍性并未达到事物的绝对本质，因为这一阶段所达到的本质（普遍抽象的东西）太一般而不能揭示事物的个体性。意识还向自我意识、理性、精神、绝对精神发展，方能达到事物的绝对本质，揭示事物"恰恰是这一事物"。诚然，黑格尔的绝对本质存在唯心的一面，但其追求达到的绝对本质却也体现了普遍与特殊的统一，是具体的个体性，而这一从普遍到个体的研究路径，完善了本质的双重含义，即本质包含由具体到抽象以及由抽象到具体的双重规定。

2. 本质的方法论是思想政治教育社会性与实践属性辩证统一的学理证明。本质概念的双重含义，给思想政治教育本质研究提供了路径选择。是从具体到抽象的归纳，还是从抽象到具体的演绎，这需要从思想政治教育这一特殊存在出发。思想政治教育，不论从革命战争时期对群众的动员，还是回归到历史长河中统治阶级对人民的教化以及对自身统治的维护，作用于人的思想的形成与发展是思想政治教育活动的宗旨。思想政治教育是为解决人们的思想问题而产生的，它包括处理社会实践中主观与客观统一、思想与行为统一、主体与客体价值统一等问题，因此"解决问题"是思想政治教育产生的最初预设。同时，在思想政治教育展开过

① 张世英：《"本质"的双重含义：自然科学与人文科学》，《北京大学学报（哲学社会科学版）》2007年第6期。

② 〔德〕黑格尔：《精神现象学》（上），贺麟、王玖兴译，北京，商务印书馆1979年版，第17页。

程中，人们的思想总是随政治、经济、文化等社会条件的变化而变化，随人们存在方式的变化而变化，思想政治教育也在人们思想的变化发展中更改发展。因此，从思想政治教育的存在状态而言，它是主体人为解决问题而开展的一种实践活动，并在实践开展中发展出自身的属性。实践活动就是思想政治教育的存在共相，但是，如果我们仅仅从思想政治教育现象抽象出思想政治教育的“共相”——社会实践活动，还并不能揭示思想政治教育的本质。这种具有普遍性的“社会实践活动”只是道出了对思想政治教育浅层性本质的认识，是对思想政治教育的宽泛理解，还不能界定思想政治教育“恰恰”就是思想政治教育。我们还应将社会实践活动进一步具体化，以期切中思想政治教育的独特性与个体性，从而达到对思想政治教育“绝对本质”的认识。如张世英先生在论证人文科学与自然科学的不同研究路径时指出，“人文科学的研究不能停留在抽象的同一性的阶段上，它要求意识活动在达到抽象的同一性之后把行程再倒转过来，从抽象走向具体，把普遍的东西一步一步地还原为个体”[①]。

（二）思想政治教育社会属性与实践属性辩证统一的实践逻辑

1. 思想政治教育过程是思想政治教育社会属性与实践属性辩证统一的实践基础。对思想政治教育过程的揭示是分析思想政治教育过程矛盾的前提，也是思想政治教育本质属性的外在体现。所谓思想政治教育过程，人们通常认为它是“教育者根据一定社会的思想品德要求和受教育者思想品德形成发展的规律，对受教育者进行有目的、有计划、有组织的引导，促进受教育者产生内在的思想矛盾运动，以形成和提高其思想政治教育素质的过程”，具体表现为“它是从改造人的主观世界、促进人的精神和意识发展着手，进而促进人们更好改造客观世界的活动过程”、“思想政治教育活动的运行的流程”、“教育者和受教育者的互动过程”[②]，由此，思想政治教育过程一般也包括教育准备阶段、信息交流阶段、理论内化阶段、外化应用阶段、反馈调控阶段 5 个环节。上述观点在定义思想政治教育过程时关注了教育者、社会要求的思想品德、受教育者思想品德形成发展的规律以及教育目标，把它们之间的相互作用所构成的活动看作思想政治教育的过程。这一观点尽管论述丰富，究其本质无非把思想政治教育过程看作是思想政治教育的施教过程。但思想政治教育过程仅仅是思想政治教育

① 张世英：《“本质”的双重含义：自然科学与人文科学》，《北京大学学报（哲学社会科学版）》2007 年第 11 期。

② 郑永廷：《思想政治教育学原理》，北京，高等教育出版社 2017 年版，第 145 页。

施教的过程吗？事实上，只要对上述观点作进一步剖析，我们就能发现潜藏其中的奥秘。上述定义首先指出教育者是“根据一定社会的思想品德要求”开展活动，似乎教育者就是主体，教育者的准备阶段就是思想政治教育过程的原点。但事实上教育者之所以开展思想政治教育活动是缘于他受到“一定社会思想品德要求”的指令，于是我们发现，思想政治教育过程的元点不在施教的准备阶段，而在“一定社会”发出“思想品德的要求”。随后，上述观点在“反馈调控”阶段指出“反馈”是“受教育者总是以各种方式对教育影响作出一定的反馈”①，“调控”则是教育者根据教育对象的反馈实施调整。这里“反馈”的主体是教育对象，“调控”的主体是教育者。但正如上分析，思想政治教育过程的原点在于“一定社会”提出思想品德要求，如此，教育者在施教之前还应存在一个过程，即是承接“一定社会思想品德要求”的过程，由此可知，教育者在施教中充当的角色是上承“一定社会的思想品德要求”，下连教育对象，并以期达成“一定社会”与教育对象共同意识形态的中坚力量。但共同的意识形态并非指“上层和下层拥有完全等同的意识形态。它只是说，在上层与下层各自的思想意识之间，存在着足够的重叠区域，这使得这两个阶层之间的互相理解成为可能”②。换言之，要达成共同意识形态，就需要重视“一定社会的思想品德”与受教育者之间的互动。于是，就思想政治教育过程的原点与思想政治教育价值目标的实现而言，“反馈”就不应仅仅是教育对象对教育内容与教育方法等的反馈，它还应包含教育者向“一定社会”的反馈；“调控”也不应仅仅是教育者根据教育对象的反馈的调控，还应包含“一定社会”对思想品德要求的调控。从影响思想政治教育价值目标实现的关系性活动来看，思想政治教育过程由此呈现两个层面：

（1）思想政治教育在社会系统中与诸子系统之间相互作用的过程。精准把握一定社会统治阶级的思想政治要求、确认社会需求是思想政治教育施教活动有效展开的前提，而这一前提的保障来自思想政治教育深入社会系统并与社会诸子系统的相互作用中。在一定社会中，统治阶级总是精心设计符合自身统治需求的思想政治体系并以期将其融入社会系统中，当统治阶级试图通过制度设计、政策实施、价值观教化等途径将其设计的思想政治体系具体化于政治生活、经济生活、社会生活与文化生活时，便产生

① 郑永廷：《思想政治教育学原理》，北京，高等教育出版社 2017 年版，第 149 页。

② 〔荷〕克赖森：《关于早期国家的早期研究》，胡磊译，《怀化学院学报》2007 年第 1 期。

了对思想政治教育的需求，抑或说，当统治阶级提出思想政治的教化要求时，思想政治教育过程也就开始了，如阿尔蒙德与鲍威尔指出："当某个集团或个人提出一项政治要求时,政治过程就开始了"①。欲完成思想政治的教化要求，思想政治教育势必要深入社会系统并与社会诸子系统相互作用。在此过程中，思想政治教育至少面临两重任务，一是把握统治阶级的思想政治体系在社会诸子系统中的具体化状况；二是在确认社会需求的基础上，掌握社会诸子系统对统治阶级思想政治体系的接受情况。在社会运行中，统治阶级的思想政治体系作为"一"引领社会诸子系统的运行，但社会诸子系统总是在自身运行中产生新的思想理念，这些新的思想理念与统治阶级的思想政治要求究竟是同向同行，还是背向同行，或者根本是逆行是统治阶级需要关注或解决的重要问题，这也是思想政治教育深入社会系统要把握的核心内容。只有通过把握一定社会统治阶级的思想政治要求以及社会系统对该社会意识形态的认同状况，才能更好地开展思想政治教育活动，从而才能保障一定社会意识形态对社会民众的影响力与凝聚力。因此，思想政治教育深入社会系统并与社会诸子系统相互作用的过程是思想政治教育把握教育对象思想状况、准确设计教育内容、科学制定教育步骤、合理选择教育方法、客观应对社会环境等的前提性保障。

（2）思想政治教育现实实践施教的过程。思想政治教育现实实践的施教过程是思想政治教育过程的重要彰显，它主要包含两个方面：一是教育者的"教"，二是受教育者的"学"，教育者的"教"与受教育者的"学"交互作用,共同构成思想政治教育现实实践的施教过程。就教育者的"教"而言，它主要表现为教育者通过重新确认思想政治教育内容，选择思想政治教育方法，制定思想政治教育步骤，通过话语、实践活动等方式对受教育者展开教育。教育者"教"的过程得以完成需要把握几个关键要素，如思想政治教育形态的选择、思想政治教育方法的运用、思想政治教育步骤的设计、思想政治教育对象成长规律的把握、思想政治教育自身运行规律的判断、对教育对象反馈的及时发现与调整等。在这一基础上，教育者还应根据教育对象的反馈及时向发出"思想政治"要求的主体反馈，因为这是达成教育对象与统治阶级形成共同意识形态的重要保障。就受教育者的"学"而言，它主要表现为受教育者在认同教育内容、接受教育方法、

① 〔美〕阿尔蒙德、鲍威尔:《比较政治学：过程和政策》，曹沛林等译，上海，上海译文出版社 1987 年版，第 199 页。

同意教学安排的基础上对教育者的“教”的内化，这种内化表现为教育对象形成正确的认知、生成一定程度的情感、化成特定的信仰、彰显坚定的意志、养成正确的行为、固定特定的习惯、彰显正确的品德等不同层次的状态。当然，要达成教育对象“学”的最高阶段，需要不断推进“教”与“学”的有效统一。由此可见，思想政治教育施教过程是思想政治教育达成价值目标的直接作用过程。

（3）思想政治教育内部自身运动的过程。在分析了思想政治教育与社会系统的交互作用与思想政治教育的施教过程后，我们发现，无论是思想政治教育与社会诸子系统的相互作用还是思想政治教育的施教活动，它们都无一例外促进思想政治教育自身的不断发展，一方面是思想政治教育自身属性的发展。就思想政治教育属性而言，思想政治教育在满足现实社会要求的过程中，不断生成思想政治教育政治属性、意识形态属性、社会属性、实践属性、公共属性等，思想政治教育多维属性的辩证统一过程，明确思想政治教育活动展开必须遵循的逻辑走向、内在要求与目标追求[①]。另一方面是思想政治教育自身形态的发展。就思想政治教育形态而言，思想政治教育在现实社会关系中不断将自身分化为“人的依赖”阶段的思想政治教育、“物的依赖”阶段的思想政治教育、“人的自由全面发展”阶段的思想政治教育等，处于不同社会形态的思想政治教育还呈现出民主的思想政治教育、专制的思想政治教育、自由主义的思想政治教育、法理型的思想政治教育、个人魅力型的思想政治教育等。思想政治教育的不同形态规定不同的思想政治教育内容，选择不同的实践路径，它影响思想政治教育的思想政治价值生产与思想政治教育现实施教环节。由此可见，思想政治教育自身内部运动的过程也是思想政治教育应重点关注的实践过程。

2. 思想政治教育过程矛盾是思想政治教育社会属性与实践属性辩证统一的交互性呈现。当将思想政治教育过程看作是基于思想政治教育功能价值达成所构成的一组关系性活动，并主要表现为思想政治教育与社会诸子系统的相互作用、思想政治教育的施教活动以及思想政治教育内部自身运动时，对思想政治教育过程矛盾的考察也可循着这 3 个层面展开：

第一，思想政治教育与社会系统诸子系统的对立统一。

在对思想政治教育与社会系统诸子系统对立统一关系的把握中，人们通常将社会系统分解为政治、经济、文化、生态、社会等子系统，于是，

① 李敏：《论思想政治教育属性的学理内涵》，《马克思主义理论学科研究》2019 年第 2 期。

思想政治教育与社会系统诸子系统的矛盾便表现为思想政治教育与政治系统、经济系统、文化系统、社会系统与生态系统等社会变量之间的对立统一关系。但把握思想政治教育与社会诸子系统的对立统一关系，并非仅仅是“分而治之”，即不仅仅是简单地探究思想政治教育作为特殊与政治系统、经济系统、文化系统与社会系统等同样作为特殊的矛盾关系，而是要在普遍层面作为“一”的核心价值观的引领下，去探索思想政治教育与各子系统之间的主要矛盾。就思想政治教育与政治系统的矛盾而言，人们集中于思想政治教育的“柔性”治理方式与行政手段、命令、政策等“刚性”治理方式的对立统一。在这种理解中，人们也认为思想政治教育主要体现为依附性。事实上，思想政治教育与政治系统的矛盾关系不仅是治理方式上“柔性”与“刚性”的矛盾，还体现在思想政治教育所代表的“思想政治”与制度实施、政策执行之间的矛盾。政治运作过程是社会意识形态、制度、政策等核心要素相互作用的过程。其中，社会意识形态是通过教化社会主义核心价值观、疏导思想观念等方式去影响、统摄、感召、动员民众，从而影响与作用政治生活与政治体系的运作。制度作为“稳定的、受珍重和周期性发生的行为模式”[①]，是“一种公开的规范体系，这一体系确定职务和地位及它们的权利、义务、权力、豁免等等”[②]。它主要通过规制个人选择的方式来塑造人的行为，调整人与人之间的互动行为。公共政策是制度的具体化形态，是“政府采取的对公私行动的指引”，“与价值有密切关联而受社会价值影响”，“具有约束性而为大多数人所接受的行动指引”[③]。公共政策通过更具体的目标来规制民众的行为选择。从政治效果看，它通常要求社会意识形态教化、制度实施与公共政策执行一致，但在现实生活中，社会意识形态教化、制度实施与公共政策执行也出现不一致的情况，这种不一致可能体现在不同执行权威主体之间所秉持的政治价值的对立、不同政治价值在社会不同空间中的对立、执行的时间与逻辑上的对立，这些对立使得政治价值纷繁复杂，它严重影响民众的思想认知与行为选择，也影响教育者对教育内容的评估与整合。

关于思想政治教育与经济的矛盾，人们集中于思想政治教育作为上层

---

① 〔美〕萨缪尔·亨廷顿：《变化社会中的政治秩序》，王冠华等译，北京，生活·读书·新知三联书店1989年版，第54页。

② 〔美〕约翰·罗尔斯：《正义论》，何怀宏等译，北京，中国社会科学出版社1988年版，第54页。

③ 伍启元：《公共政策》，中国台北，台湾商务印书馆1985年版，第4页。

建筑与经济基础的对立统一，通常认为经济基础决定上层建筑，但“意识形态的相对独立性，又导致了思想政治教育与经济基础之间的不对称性”[①]。对此，我们认为，思想政治教育与经济系统之间的矛盾，除了马克思主义的经典认识之外，还应关注思想政治教育的价值理性引领与经济系统中工具理性之间的矛盾，价值理性与工具理性的张力是影响人们共识达成的重要因素。除此之外，思想政治教育是否对经济系统有参与性关系整个系统是否正常运行，它也是其中重要矛盾。关于思想政治教育与社会系统之间的矛盾，人们突出思想政治教育深入社会所面临的个人与共同体之间的矛盾以及思想政治教育深入社会所面临的不同阶层之间多元意识形态之间的矛盾。事实上，当我们深入这些观点，我们会发现，在“国家—社会—个人”的结构中，思想政治教育代表的就是国家层面的社会意识形态，当思想政治教育深入社会，它势必与社会意识，甚至社会文明相逢，它们之间的矛盾可以说是影响民众能否认同社会意识形态的重要因素。当然，对思想政治教育与社会意识、社会文明之间的矛盾做一个具体化，它也就表现为思想政治教育与不同社会群体思想观念的矛盾、思想政治教育与不同社会空间思想观念之间的矛盾等。思想政治教育与文化系统之间的矛盾，主要体现在思想政治教育与多元文化之间核心价值观的矛盾。“一种具有影响力的社会文化观念一旦产生，它可以通过传播和文化活动有一定的自我维系能力”[②]。因此，思想政治教育与文化系统发生相互作用，必然面临多元文化之间的矛盾。如果按照金观涛与刘青峰在《兴盛与危机：论中国社会超稳定结构》中将整个社会系统划分为政治系统、经济系统与文化系统的话，思想政治教育就属于国家意识形态，它所面临的矛盾则体现为思想政治教育与价值观（伦理及行为准则）与哲学观（自然观、方法论、认识论）之间的对立统一。

通过上述分析，我们发现，思想政治教育与社会诸系统之间的矛盾内蕴多环节的具体矛盾，对它们的探索并非要面面俱到，而是重要把握作为普遍层面的“一”以及由此分化出来的“多”之间的矛盾，以及分化出来的“多”其内部之间的矛盾。掌握思想政治教育与社会诸子系统之间的矛盾是要为思想政治教育的施教环节重新整合与评估教育内容、把握影响教育对象的思想要素等。

---

① 李合亮:《思想政治教育基本矛盾探析》,《思想教育研究》2015 年第 4 期。

② 金观涛、刘青峰:《兴盛与危机：论中国社会超稳定结构》，北京，法律出版社 2011 年版，第 357 页。

第二，思想政治教育施教过程中各要素的对立统一。

在思想政治教育施教过程中，思想政治教育者的“教”与教育对象的“学”之间的矛盾是核心矛盾。具体而言，主要表现在如下几个方面：一是教育者与教育对象之间的矛盾。教育者与教育对象都是作为具有自主性的现实个人的存在，对事物的认知方式与认知水平、对事物情感的认同程度、个性的坚持等方面的矛盾都可能转化为施教过程中的矛盾。另外，因教育者与教育对象双方人格因素引起的矛盾直接冲击施教效果，如近年来教师被学生举报事件，教授侵扰学生事件等都严重冲击着师生关系，影响教育对象对教育者群体的认同。二是教育内容与教育对象的精神世界需求之间的矛盾。思想政治教育的教育内容是知识性与政治性的统一，这是思想政治教育必须教授的教学内容。但教育对象也有其特定的知识需求，这种知识需求在就业竞争的影响中使得学生更偏重操作性强的知识，或更加接近“社会现实”的“规则知识”。思想政治教育只有在教育对象的知识需求与必须教授的知识之间找到转化的桥梁，思想政治教育的内容才可能成为教育对象感兴趣的知识。三是教育方法与教育对象接受方式的矛盾。互联网的持续发展、新媒体的加速更新、大数据的无限被开发，这些外部环境都在影响教育对象的认知方式、生活方式与对事物的接受方式。因此，思想政治教育只有根据教育内容不断开发、更新教育方法，才能尽可能缩小教育方法与教育对象接受方式之间的矛盾。四是教育目标与教育对象实际思想品德水平之间的矛盾。思想政治教育施教活动总是在一定教育目标指引下开展，教育目标与教育对象实际思想品德水平之间的矛盾是存在的必然，思想政治教育在施教过程中总是需要推动教育对象思想品德水平不断向教育目标靠近。教育目标与教育对象思想品德水平之间的矛盾是不断推动思想政治教育施教过程展开的内在动力。当前，对思想政治教育施教的过程已有较丰富的研究成果，这里我们主要是从教育者的“教”与教育对象的“学”这对基本矛盾中去探索特别值得注意的矛盾要素。

第三，思想政治教育自身内部各要素的对立统一。

思想政治教育内部要素的对立统一是思想政治教育过程矛盾的基本规定，而把握思想政治教育内部要素对立统一关系的关键是要回到思想政治教育本身。从思想政治教育本身出发把握思想政治教育内部要素的对立统一主要体现为两个方面：一是思想政治教育作为多维属性辩证统一的实践活动，它内在含有众多属性的对立统一；二是思想政治教育在满足现实的社会关系中所呈现的多样形态的对立统一。如上所述，思想政治教育在满足不断扩大的社会关系中不断衍生出政治属性、意识形态属性、社会属性、公共属性与实践属性等。思想政治教育政治属性与意识形态之间、政治属性与实践属性之间、政治属性与公共属性之间、政治属性与社会属性之间、政治属性与实践属性之间等之间的矛盾是需要重点把握的矛盾。如政治属性规定思想政治教育时刻关注大局性的当下和趋势，尽管这种“大局”可能在一定条件下是相对的。同时，思想政治教育的政治属性还必须谋求最大的合法性和正当性，这样才可能拥有自身的“权威性”。如果没有这种大局观，思想政治教育可能有失公正公允，就难以获得正当性，即便原先拥有的合法性资源也会逐步流失。思想政治教育的意识形态性，更加侧重它的服务性，即它始终是为某一特定权力体系服务的，从某种意义上说，思想政治教育意识形态属性是以政治属性为核心，为其服务，但思想政治教育意识形态属性通常彰显一定的张力，如在理性与价值之间、普遍形式与特殊利益之间、为最终目标辩护和为一个实际的政策维护之间，当思想政治教育意识形态属性选择为特殊利益服务或为某个实践的政策辩护时，它与思想政治教育政治属性所秉持的大局观则可能出现矛盾。就思想政治教育社会属性而言，它是深入社会所形成的特质，它更加侧重在人与人的组合中，思想政治教育所彰显的获得社会确认，拓展社会共识，推进个人社会化。思想政治教育社会属性对社会的关注与思想政治教育政治属性对“权力”的侧重必然形成矛盾。因此，只有把握思想政治教育多维属性的辩证统一，才能更好掌握思想政治教育实践的逻辑走向、内在规定与目标追求。

在满足现实社会关系的需求中，思想政治教育既生成思想政治教育自身属性，也因社会关系的不同历史形态形成自身的多样形态。在对社会关系历史形态的探索中，马克思将人类社会划分为 3 个阶段：人的依赖阶段、物的依赖阶段与人的自由全面发展阶段。在社会发展的以“人的依赖”为特征的阶段，整个社会关系建立在自然血缘关系之上，血缘、地缘成为连接人与人之间的主要纽带。此时，政治与社会没有明显区分，政治关系表现为以公共权力管理众人和共同体之事。政治与道德休戚相关，一方面道德论证政治，政治的正当性依靠道德获得支持的力量；另一方面，政治促进道德，整个社会依靠政治调整并规范社会伦理关系，引导人们的道德生活。在以“人的依赖”为特征的社会中，思想政治教育以伦理教化为基本形式，自上而下展开，这时的思想政治教育主要彰显伦理型思想政治教育、专制型思想政治教育、原始社会的思想政治教育、奴隶社会的思想政治教育等形态。在社会发展的以“物的依赖”为特征的阶段，整个社会关系建立于市场经济关系之上，资本成为运转世界的巨大动力，政治关系挣脱伦理的束缚，权力至上的“马基雅维利主义”成为现代政治的基本信条。此时的“现代形态的政治”呈现出政治管理注重效用性，政治价值逐渐观照个人权利义务关系并重视民主自由法治公平等取向，政治功能突出公共性的力量，政治运行的方式也呈现现代公民之间的商谈与对话等。在以“物的依赖”为特征的社会中，思想政治教育主要呈现出自由主义的思想政治教育、“民主”的思想政治教育、科技型思想政治教育、政治型思想政治教育、法理型思想政治教育、资本主义思想政治教育等形态。在以“人的自由全面发展”为特征的社会中，国家消亡，整个社会“将是这样一个联合体，在那里，每个人的自由发展是一切人的自由发展的条件”，此时的思想政治教育关心尊重个人的自由，旨在为建立、维护真正的共同体服务，呈现出真正民主的思想政治教育、真正自由的思想政治教育、社会主义思想政治教育、共产主义思想政治教育等。上述我们从思想政治教育在人类社会不同的发展阶段所呈现的具体形态作了静态分析，但从思想政治教育的现实实践来看，“不同的社会、制度、国家、阶级，具有不同类型的思想政治；不同时期、阶段的思想政治会具有某一类型的典型的个性特征。然而……不同类型的思想政治经常会同时在一个国家的一个时期出现”[①]。如此，以现实的社会关系为基础，以满足现实社会关系的需求为旨向，艺术处理不同形态的思想政治教育是思想政治家教育应重视的重要矛盾。

三、思想政治教育社会属性与实践属性的辩证统一作为思想政治教育本质属性的内容规定

思想政治教育社会属性与实践属性的辩证统一作为思想政治教育的本质属性，它规定思想政治教育的特有品质。

（一）思想政治教育社会属性与实践属性的辩证统一彰显为坚持对社会共识的拓展

思想政治实践属性受社会属性的规约，由此它始终遵循社会属性所主张的拓展社会共识以及不断促进个体社会化的原则。社会共识是人们在实践交往过程中产生的对某一问题或某一事件所形成的具有更多人认可或反

① 邱柏生、张怡：《思想政治教育新解》，《思想教育研究》2002 年第 9 期。

对的看法或观点。它总是随着实践的发展而不断发展，如古代社会所倡导的对“孝”的相关做法，在今天被重新定义的亲子关系中是有很大不同的。个体社会化是指个体不断地形成符合社会所要求的思想观念、道德准则与价值理念等。它也因社会形态的不同而呈现不同的特质。由此可见，思想政治教育社会属性随思想政治教育实践属性的展开而不断调整或改变自身的内容与目标。思想政治教育社会属性与实践属性的变动性使得思想政治教育势必要有内在具有确定性的奠基石。从思想政治教育作为观念政治的实践活动来看，政治与实践是其不可缺少的两大核心，但无论是思想政治的运行，还是实践活动的展开，都需要在把握社会现实的基础上彰显其正义的主导思想。因为从接受视角来看，教育对象对一定价值观念的吸收来自这一价值观念能满足他们的需求，这里的需求包含物质需求与精神需求。一定思想观念满足教育对象的物质需求，主要是说这些思想观念反映教育对象需求的物质利益。从中国共产党在革命时期对“翻身”这一概念的运用来看，它之所以被广大民众接受，除了其话语的大众化而使人易于理解与接受外，更重要的在于，“翻身”符合人民的物质利益，因为通过“翻身”能获得土地、自由等；一定思想观念满足教育对象的精神需求，主要是指思想政治教育所输出的思想政治观念能满足教育对象对精神世界的需求。如党的十九大报告提出“美好生活”等概念，美好生活除了物质的富足之外，还包含精神家园的自在安放，如此，思想政治教育的实践就需要输出高质量的贴近人们生活的精神产品。这里所讲的真实反映更广大群体的物质利益需求，满足更广大群体的精神需求其实也确认思想政治教育实践的展开需要以具体社会形态中最高的社会文明为导向。因为坚持社会属性的主导就意味着思想政治教育的展开应符合人的生存与发展规律，思想政治教育的实践过程应符合社会发展的价值标准。失去符合社会发展规律的思想政治实践，就难以保证其已获得的资源，想要扩大新的资源也是徒增难度。

（二）社会属性与实践属性的辩证统一规定思想政治教育的核心是人的思想行为的改变

思想政治教育的展开是一定主体的展开，思想政治教育的实践成果是一定对象思想的形成与改变，可以说，个人在其共同体中的自由全面发展是思想政治教育社会属性与实践属性辩证统一的核心内容。一定政治制度的运行，它需要具有相应品质的共同体成员，如资本主义社会、资本主义的经济制度、市场经济的运行，它需要具有人身自由的个人；资本主义的政治制度，它需要具有理性品格的公民，尽管资本主义制度有其不完善的地方，但就其制度运行来说，培养公民具有符合制度要求的品质与素养却是资本主义社会的思想政治教育重点突破的内容。就社会主义制度而言，它同样需要培养社会主义的建设者和接班人。由此可见，思想政治教育社会属性与实践属性的辩证统一规定思想政治教育的核心就是推动教育对象的思想的形成与改变，从而推动个体社会化。就思想政治教育社会属性而言，它规定属于一定共同体的民众认同政治制度、公共政策、政治文化与行为规范等，这些政治制度、公共政策、政治文化与行为规范等内蕴的价值理念引领民众的思维成长、价值理念更新；思想政治教育的实践属性，通过把握思想政治教育社会属性规定的社会文明，促进教育对象正确思想的形成与发展，从而成长为具有一定共同体所要求的素质与品格的成员。从人类社会的发展来看，不同社会形态的思想政治教育皆以改变人的思想行为为其制度运行、政策实施奠定基础，推进人的思想行为的改变也是思想政治教育本质属性所确定的中心任务所在。

参考文献

一、经典著作

[1]《马克思恩格斯全集》(第 1 卷)，北京，人民出版社 1956 年版。
[2]《马克思恩格斯全集》(第 3 卷)，北京，人民出版社 1960 年版。
[3]《马克思恩格斯全集》(第 4 卷)，北京，人民出版社 1958 年版。
[4]《马克思恩格斯全集》(第 23 卷)，北京，人民出版社 1972 年版。
[5]《马克思恩格斯全集》(第 31 卷)，北京，人民出版社 1998 年版。
[6]《马克思恩格斯全集》(第 42 卷)，北京，人民出版社 1979 年版。
[7]《马克思恩格斯全集》(第 44 卷)，北京，人民出版社 2001 年版。
[8]《马克思恩格斯全集》(第 45 卷)，北京，人民出版社 1985 年版。
[9]《马克思恩格斯全集》(第 46 卷)，北京，人民出版社 1980 年版。
[10]《马克思恩格斯选集》(第 1 卷)，北京，人民出版社 1995 年版。
[11]《马克思恩格斯选集》(第 2 卷)，北京，人民出版社 1995 年版。
[12]《马克思恩格斯选集》(第 3 卷)，北京，人民出版社 1995 年版。
[13]《马克思恩格斯选集》(第 4 卷)，北京，人民出版社 1995 年版。
[14]《马克思恩格斯文集》(第 1 卷)，北京，人民出版社 2009 年版。
[15]《马克思恩格斯文集》(第 2 卷)，北京，人民出版社 2009 年版。
[16]《马克思恩格斯文集》(第 4 卷)，北京，人民出版社 2009 年版。
[17]《资本论》(第 1 卷)，北京，人民出版社 1975 年版。
[18]《列宁选集》(第 1 卷)，北京，人民出版社 1995 年版。
[19]《列宁选集》(第 4 卷)，北京，人民出版社 1972 年版。
[20]《毛泽东选集》(第 2 卷)，北京，人民出版社 1991 年版。
[21]《毛泽东文集》(第 7 卷)，北京，人民出版社 1999 年版。
[22]《邓小平文选》(第 2 卷)，北京，人民出版社 1994 年版。
[23]《习近平谈治国理政》(第 1 卷)，北京，外文出版社 2018 年版。
[24]《习近平谈治国理政》(第 2 卷)，北京，外文出版社 2017 年版。
[25]《习近平谈治国理政》(第 3 卷)，北京，外文出版社 2020 年版。
[26]《习近平谈治国理政》(第 4 卷)，北京，外文出版社 2022 年版。

二、中文译本著作

[1]〔德〕黑格尔:《小逻辑》，贺麟译，北京，商务印书馆 1980 年版。

[2]〔古希腊〕亚里士多德:《论题篇》，徐开来译，北京，中国人民大学出版社 1990 年版。

[3]〔古希腊〕亚里士多德:《范畴篇　解释篇》，方书春译，北京，商务印书馆 1959 年版。

[4]〔古希腊〕亚里士多德:《后分析篇》，余纪元译，北京，中国人民大学出版社 1990 年版。

[5]〔古希腊〕亚里士多德:《形而上学》，吴寿彭译，北京，商务印书馆 1959 年版。

[6]〔英〕休谟:《人性论》(上)，关文运译，北京，商务印书馆 1980 年版。

[7]〔英〕霍布斯:《利维坦》，黎思复、黎廷弼译，北京，商务印书馆 1996 年版。

[8]〔德〕马克斯・韦伯:《宗教社会学》，康乐、简惠美译，桂林，广西师范大学出版社 2014 年版。

[9]〔美〕弗朗西斯・福山:《政治秩序的起源：从前人类时代到法国大革命》，毛俊杰译，桂林，广西师范大学出版社 2012 年版。

[10]〔古希腊〕亚里士多德:《尼各马可伦理学》，廖申白译，北京，商务印书馆 2003 年版。

[11]〔美〕萨缪尔・亨廷顿:《变化社会中的政治秩序》，王冠华等译，北京，生活・读书・新知三联书店 1989 年版。

[12]〔美〕约翰・罗尔斯:《正义论》，何怀宏等译，北京，中国社会科学出版社 1988 年版。

[13]〔英〕安东尼・吉登斯:《社会学方法的新规则》，田佑中等译，北京，社会科学文献出版社 2003 年版。

[14]〔德〕哈贝马斯:《在事实与规范之间：关于法律和民主法治国的商谈理论》，童世骏译，北京，生活・读书・新知三联书店 2014 年版。

[15]〔美〕道格拉斯・凯尔纳、斯蒂文・贝斯特:《后现代理论》，张志斌译，北京，中央编译出版社 2001 年版。

[16]〔英〕安东尼・吉登斯:《现代性：吉登斯访谈录》，尹宏毅译，北京，新华出版社 2001 年版。

[17]〔英〕马丁・阿尔布劳:《全球时代》，高湘泽、冯玲译，北京，商务印书馆 2001 年版。

[18]〔美〕戴维・伊斯顿:《政治生活的系统分析》，王浦劬主译，北京，人民出版

社 2012 年版。

[19]〔美〕克利福德·格尔兹:《文化的解释》，纳日碧力戈等译，上海，上海人民出版社 1999 年版。

[20]〔英〕肯尼思·米诺格:《政治的历史与边界》，龚人译，南京，译林出版社 2013 年版。

[21]〔古希腊〕亚里士多德:《政治学》，吴寿彭译，北京，商务印书馆 1965 年版。

[22]〔美〕约瑟夫·奈:《软实力》，马娟娟译，北京，中信出版社 2013 年版。

[23]〔法〕雅克·朗西埃:《政治的边缘》，姜宇辉译，上海，上海译文出版社 2007 年版。

[24]〔德〕马克斯·韦伯:《新教伦理与资本主义精神》，阎克文译，上海，上海人民出版社 2010 年版。

[25]〔古希腊〕柏拉图:《理想国》，郭斌和、张竹明译，北京，商务印书馆 2002 年版。

[26]〔英〕尚塔尔·墨菲:《政治的回归》，王恒、藏佩洪译，南京，江苏人民出版社 2008 年版。

[27]〔美〕彼得·M. 布劳:《社会生活中的交换与权力》，李国武译，北京，商务印书馆 2013 年版。

[28]〔德〕黑格尔:《法哲学原理》，范扬、张企泰译，北京，商务印书馆 1965 年版。

[29]〔美〕W. 安德鲁·霍菲克:《世界观的革命》，余亮译，北京，中国社会科学出版社 2010 年版。

[30]〔德〕马克斯·韦伯:《学术与政治》，冯克利译，北京，生活·读书·新知三联书店 1998 年版。

[31]〔澳〕安德鲁·文森特:《现代政治意识形态》，袁久红等译，南京，江苏人民出版社 2008 年版。

[32]〔匈〕卢卡奇:《历史与阶级意识》，杜章智等译，北京，商务印书馆 1996 年版。

[33]〔英〕诺曼·费尔克拉夫:《话语与社会变迁》，殷晓蓉译，北京，华夏出版社 2003 年版。

[34]〔法〕杰拉尔·日奈特:《叙事的界限》，张寅德:《叙事学研究》，北京，中国社会科学出版社 1989 年版。

[35]〔法〕罗兰·巴特:《叙事作品结构分析导论》，张寅德:《叙事学研究》，北京，中国社会科学出版社 1989 年版。

[36]〔英〕约翰·B. 汤普森:《意识形态理论研究》，郭世平等译，北京，社会科学

文献出版社 2013 年版。

[37]〔英〕大卫·麦克里兰:《意识形态》(第 2 版),孔兆政、蒋龙翔译,长春,吉林人民出版社 2005 年版。

[38]〔美〕杰弗里·亚历山大:《社会生活的意义》,周怡译,北京,北京大学出版社 2011 年版。

[39]〔美〕塞缪尔·亨廷顿:《文明的冲突与世界秩序的重建》,周琪等译,北京,新华出版社 1998 年版。

[40]〔美〕利昂·P·巴拉达特:《意识形态:起源和影响》,张慧芝、张露璐译,北京,世界图书出版公司 2010 年版。

[41]〔美〕戴维·E. 阿普特:《现代化的政治》,陈尧译,上海,上海世纪出版集团 2011 年版。

[42]〔法〕J. 谢和耐:《中国文化与基督教的冲撞》,于硕、红涛、东方译,沈阳,辽宁人民出版社 1989 年版。

[43]〔英〕迈克尔·欧克肖特:《政治中的理性主义》,张汝伦译,上海,上海译文出版社 2004 年版。

[44]〔英〕亚当·斯密:《国民财富的性质和原因的研究》(上卷),郭大力、王亚南译,北京,商务印书馆 1972 年版。

[45]〔德〕黑格尔:《法哲学原理》,范扬、张企泰译,北京,商务印书馆 2010 年版。

[46]〔美〕哈特:《市民社会的衰落》,汪民安编:《生产》(第 1 辑),桂林,广西师范大学出版社 2004 年版。

[47]〔加〕查尔斯·泰勒:《市民社会的模式》,冯青虎译,邓正来等编:《国家与市民社会:一种社会理论的研究路径》,北京,中央编译出版社 1999 年版。

[48]〔英〕安东尼·吉登斯:《现代性的后果》,田禾译,南京,译林出版社 2000 年版。

[49]〔英〕威廉·乌思怀特:《社会的未来》,沈晖、田蓉译,杭州,浙江大学出版社 2011 年版。

[50]〔德〕斐迪南·滕尼斯:《共同体与社会》,林荣远译,北京,商务印书馆 1999 年版。

[51]〔英〕菲利普·梅勒:《理解社会》,赵亮员等译,北京,北京大学出版社 2009 年版。

[52]〔英〕雷蒙德·威廉斯:《漫长的革命》,倪伟译,上海,上海人民出版社 2013 年版。

[53]〔德〕哈贝马斯:《公共领域的结构转型》,曹卫东等译,上海,学林出版社

1999 年版。

[54]〔美〕汉娜・阿伦特:《人的境况》, 王寅丽译, 上海, 上海人民出版社 2009 年版。

[55]〔德〕卡尔・曼海姆:《意识形态与乌托邦》, 姚仁权译, 北京, 中国社会科学出版社 2009 年版。

[56]〔美〕兰德尔・柯林斯、迈克尔・马科夫斯基:《发现社会》, 李霞译, 北京, 商务印书馆 2014 年版。

[57]〔美〕塔尔科特・帕森斯:《社会行动的结构》, 张明德等译, 南京, 译林出版社 2012 年版。

[58]〔德〕尤尔根・哈贝马斯:《合法化危机》, 刘北成等译, 上海, 上海世纪出版集团 2009 年版。

[59]〔法〕亨利・列斐伏尔:《马克思的社会学》, 谢永康等译, 北京, 北京师范大学出版社 2013 年版。

[60]〔加〕L. W. 萨姆纳:《权利的道德基础》, 李茂森译, 北京, 中国人民大学出版社 2011 年版。

[61]〔美〕米歇尔・艾伦・吉莱斯皮:《现代性的神学起源》, 张卜天译, 长沙, 湖南科学技术出版社 2012 年版。

三、中文著作

[1] 教育部社会科学研究与思想政治教育工作司组编:《思想政治教育学原理》, 北京, 高等教育出版社 1999 年版。

[2] 张耀灿等:《现代思想政治教育学》, 北京, 人民出版社 2001 年版。

[3] 邱柏生、董雅华:《思想政治教育学新论》, 上海, 复旦大学出版社 2012 年版。

[4] 张耀灿等:《现代思想政治教育学》, 北京, 人民出版社 2006 年版。

[5] 教育部课题组:《深入学习习近平关于教育的重要论述》, 北京, 人民出版社 2019 年版。

[6] 翟学伟:《中国人行动的逻辑》, 北京, 社会科学文献出版社 2001 年版。

[7] 戚万学:《冲突与整合: 20 世纪西方道德教育理论》, 济南, 山东教育出版社 1995 年版。

[8] 陈宝良:《中国古代的社与会》, 北京, 中国人民大学出版社 2011 年版。

[9] 李合亮:《思想政治教育探本: 关于其起源及本质的研究》, 北京, 人民出版社 2007 年版。

[10] 孙其昂:《思想政治教育学前沿研究》, 北京, 人民出版社 2013 年版。

[11] 罗仲尤:《思想政治教育属性研究》, 北京, 知识产权出版社 2017 年版。

[12] 张苗苗:《思想政治教育本质论》，北京，社会科学文献出版社 2019 年版。
[13] 王升臻:《思想政治教育本质研究》，郑州，郑州大学出版社 2014 年版。
[14] 杨威:《思想政治教育发生论》，北京，中国社会科学出版社 2009 年版。
[15] 倪愫襄:《思想政治教育元问题研究》，北京，中国社会科学出版社 2014 年版。
[16] 李秀林等:《辩证唯物主义和历史唯物主义原理》，北京，中国人民大学出版社 2004 年版。
[17]《尚书》。
[18]《周礼》。
[19] 吕思勉:《秦汉史》，上海，上海古籍出版社 1983 年版。
[20] 谢明:《公共政策导论》，北京，中国人民大学出版社 2012 年版。
[21] 伍启元:《公共政策》，中国台北，台湾商务印书馆 1985 年版。
[22] 韩东屏:《人是元价值：人本价值哲学》，武汉，华中科技大学出版社 2013 年版。
[23] 俞吾金:《现代性现象学：与西方马克思主义者的对话》，上海，上海社会科学院出版社 2002 年版。
[24] 包亚明:《后现代性与公正游戏》，上海，上海人民出版社 1997 年版。
[25]《孟子》。
[26] 孙关宏:《政治学概论》，上海，复旦大学出版社 2014 年版。
[27]《左传》。
[28]《孙中山选集》(下)，北京，人民出版社 1981 年版。
[29] 金林南:《思想政治教育学科范式的哲学沉思》，南京，江苏人民出版社 2013 年版。
[30] 王沪宁:《政治的逻辑——马克思主义政治学原理》，上海，上海人民出版社 2004 年版。
[31] 李泽厚:《李泽厚今年答问录》，天津，天津社会科学院出版社 2006 年版。
[32] 王洪:《唐宋词百科大辞典》，北京，学苑出版社 1990 年版。
[33] 俞吾金:《意识形态论》，北京，人民出版社 2009 年版。
[34] 周晓虹:《西方社会学——历史与体系》，上海，上海人民出版社 2002 年版。
[35]《旧唐书·玄宗》(上)。
[36] 金盛华:《社会心理学》，北京，高等教育出版社 2010 年版。
[37] 侯钧生:《西方社会学理论教程》，天津，南开大学出版社 2001 年版。
[38] 陈俊宏:《加强和改进思想政治工作学习读本》，北京，中共中央党校出版社 1999 年版。
[39] 江泽民:《全面建设小康社会 开创中国特色社会主义事业新局面》，北京，人

民出版社 2002 年版。
[40] 冯刚、沈壮海:《思想政治教育发展报告(2012)》,北京,高等教育出版社 2012 年版。
[41] 陈万柏、张耀灿:《思想政治教育学原理》,北京,高等教育出版社 2007 年版。
[42] 金观涛、刘青峰:《兴盛与危机:论中国社会超稳定结构》,北京,法律出版社 2011 年版。
[43] 吴晓明等:《全球化背景下的现代性问题》,重庆,重庆出版社 2009 年版。
[44] 张世英:《论黑格尔的逻辑学》,北京,中国人民大学出版社 2010 年版。
[45] 甘绍平:《人权伦理学》,北京,中国发展出版社 2009 年版。
[46] 卢岚:《精英立场与草根情结》,武汉,湖北人民出版社 2015 年版。
[47] 费孝通:《乡土中国》,北京,人民出版社 2008 年版。
[48] 陆庆壬:《人的发展和社会发展》,上海,同济大学出版社 1994 年版。
[49] 庄福龄:《简明马克思主义史》,北京,人民出版社 2004 年版。
[50] 罗洪铁等:《思想政治教育学科理论体系演变研究》,北京,中国社会科学出版社 2012 年版。
[51] 费孝通:《中华民族多元一体格局》,北京,中央民族大学出版社 1999 年版。
[52] 邱柏生:《思想教育接受学》,太原,山西人民出版社 1992 年版。
[53] 邱柏生:《高校思想政治教育的生态分析》,上海,上海人民出版社 2009 年版。
[54] 廖申白:《交往生活的公共性转变》,北京,北京师范大学出版社 2007 年版。
[55] 罗洪铁:《思想政治教育学原理》,重庆,西南师范大学出版社 2009 年版。
[56] 谭清华:《从人的公共性到公共性的人:论人的公共性及其发展》,北京,中国社会科学出版社 2015 年版。
[57] 陈万柏等:《思想政治教育学原理》,北京,高等教育出版社 2015 年版。
[58] 黄颂杰等:《古希腊哲学》,北京,人民出版社 2009 年版。
[59] 李合亮:《解析与建构:当代中国思想政治教育的哲学反思》,北京,人民出版社 2010 年版。
[60] 沈壮海:《思想政治教育有效性研究》,武汉,武汉大学出版社 2008 年版。
[61] 洪波:《思想政治教育话语范式转换研究》,杭州,浙江大学出版社 2012 年版。
[62] 任剑涛:《社会的兴起:社会管理创新的核心问题》,北京,新华出版社 2013 年版。
[63] 胡红生:《社会心态论》,北京,中国社会科学出版社 2011 年版。
[64] 王南湜:《社会哲学——现代实践哲学视野中的社会生活》,昆明,云南人民出版社 2001 年版。
[65] 包亚明:《现代性与空间的生产》,上海,上海教育出版社 2003 年版。

[66] 金观涛:《观念史研究》, 北京, 法律出版社 2010 年版。

四、中文期刊

[1] 邱柏生:《关于思想政治教育学科研究的若干问题》,《思想理论教育》2006 年第 4 期。

[2] 孙其昂:《政治性: 思想政治教育的内容本质》,《南京社会科学》2006 年第 3 期。

[3] 马福运:《正确认识思想政治教育的政治属性》,《高校理论战线》2006 年第 12 期。

[4] 连淑芳、阮杜鹃:《思想政治教育活动中的政治性"过度阐释"现象分析》,《教育探索》2007 年第 12 期。

[5] 秦更:《思想政治教育的政治性不容淡化》,《思想政治工作研究》2007 年第 11 期。

[6] 刘传春:《"政治思想"与"思想政治"辨析》,《学校党建与思想教育》2003 年第 4 期。

[7] 石书臣:《论思想政治教育中意识形态性与非意识形态性的统一》,《探索》2003 年第 3 期。

[8] 王习胜:《意识形态的本义、要义和真义——兼论思想政治教育学科的意识形态语义》,《思想理论教育》2014 年第 1 期。

[9] 罗仲尤、刘克利:《思想政治教育意识形态属性探析》,《思想理论教育导刊》2013 年第 10 期。

[10] 刘新庚、高超杰:《论思想政治教育学科的实践属性》,《求实》2013 年第 10 期。

[11] 曹春梅、郑永廷:《论思想政治教育的实践性及当代价值》,《思想理论教育导刊》2009 年第 1 期。

[12] 刘书林:《思想政治教育拓展实践性的基本途径》,《思想教育研究》2010 年第 9 期。

[13] 沈壮海:《关注思想政治教育的文化性》,《思想理论教育》2008 年第 3 期。

[14] 柳礼泉、周文斌:《思想政治教育的政治性与文化性之关系解读》,《思想理论教育导刊》2013 年第 9 期。

[15] 徐秀勇、杨嘉:《思想政治教育的政治性和科学性的关系新论》,《思想政治教育研究》2009 年第 10 期。

[16] 张想明、杨红梅:《论思想政治教育的政治性、科学性、文化性及其关系》,《前沿》2013 年第 1 期。

[17] 叶方兴:《思想政治教育的政治性与社会性之间关系探微》,《湖北社会科学》2010 年第 4 期。

[18] 陈志华:《坚持思想政治教育的本质属性——政治性与科学性的有机统一》,《理论与改革》2006 年第 5 期。

[19] 郑永廷:《论思想政治教育的本质及其发展》,《教学与研究》2001 年第 3 期。

[20] 秦在东、方爱清:《思想政治教育本质特征刍议》,《学校党建与思想教育》2011 年第 5 期。

[21] 易建平:《从词源角度看"文明"与"国家"》,《历史研究》2010 年第 6 期。

[22] 劳承万:《亚氏四因说与西方本体论思维方式之发生——兼论康德对西方传统本体论之批判》,《学术研究》2011 年第 9 期。

[23] 白显良:《彰显思想政治教育学科的思想性特征》,《学校党建与思想教育》2015 年第 1 期。

[24] 苏力:《纲常、礼仪、称呼与秩序建构——追求儒家的制度性理解》,《中国法学》2007 年第 5 期。

[25] 林志纯:《孔孟书中所反映的古代中国城市国家制度》,《历史研究》1980 年第 3 期。

[26] 〔荷〕克赖森:《关于早期国家的早期研究》,胡磊译,《怀化学院学报》2007 年第 1 期。

[27] 贺来:《"现代性"的反思与马克思哲学研究纵深推进的生长点》,《求是学刊》2005 年第 1 期。

[28] 吴晓明:《论马克思对现代性的双重批判》,《学术月刊》2006 年第 2 期。

[29] 邱柏生、张怡:《思想政治教育新解》,《思想教育研究》2002 年第 9 期。

[30] 张澍军:《论"政治"在思想政治教育中的规范规约作用——"思想政治教育观"创新探讨之二》,《东北师大学报(哲学社会科学版)》2015 年第 1 期。

[31] 陈伟:《汉娜 · 阿伦特的"政治"概念剖析》,《南京社会科学》2005 年第 9 期。

[32] 唐芳云:《遮蔽与解蔽:思想政治教育过程本质反思》,《学术论坛》2014 年第 6 期。

[33] 张澍军:《论思想政治教育的历史定位与运行特征》,《教育研究》2015 年第 4 期。

[34] 施惠玲:《马克思政治概念的双重维度》,《教学与研究》2012 年第 5 期。

[35] 陈国强:《阿里斯托芬"教育政治学"探析——以〈云神〉和〈蛙〉为主》,《西南交通大学学报(社会科学版)》2014 年第 7 期。

[36] 李永毅、李永刚:《死亡盛宴:古罗马竞技庆典与帝国秩序》,《南京大学学报(哲学 · 人文科学 · 社会科学版)》2009 年第 5 期。

[37] 刘铁芳:《公共生活与公民教育：学校公民教育的内涵与目标》,《河南大学学报(社会科学版)》2014 年第 5 期。

[38] 罗骞:《马克思的政治概念》,《马克思主义与现实》2009 年第 2 期。

[39] 吴晓明:《社会现实与马克思主义哲学的当代课题》,《社会科学辑刊》2013 年第 1 期。

[40] 孙其昂:《关于思想政治教育本质的探讨》,《南京师大学报(社会科学版)》2002 年第 5 期。

[41] 闵绪国:《意识形态性：思想政治教育的本质属性》,《求实》2014 年第 1 期。

[42] 祝克懿:《"叙事"概念的现代意义》,《复旦学报(社会科学版)》2007 年第 4 期。

[43] 陈锡喜:《论意识形态的本质、功能、总体性及领域》,《上海交通大学学报(哲学社会科学版)》2014 年第 1 期。

[44] 袁光锋:《"解放"与"翻身"：政治话语的传播与观念的形成》,《新闻与传播研究》2013 年第 5 期。

[45] 周建国:《同质性还是异质性? ——关于现代社会特征的一种解释》,《社会科学家》2009 年第 12 期。

[46] 渠敬东:《涂尔干的遗产：现代社会及其可能性》,《社会学研究》1999 年第 1 期。

[47] 王德峰:《马克思社会概念的本体论涵意》,《学术月刊》1991 年第 1 期。

[48] 孙其昂、叶方兴:《论思想政治教育的社会性》,《学校党建与思想教育》2013 年第 2 期。

[49] 孙其昂:《再论思想政治教育的社会性——兼论"社会的思想政治教育性"》,《学校党建与思想教育》2013 年第 2 期。

[50] 樊浩:《中国社会价值共识的意识形态期待》,《中国社会科学》2014 年第 7 期。

[51] 张广利、王登峰:《社会行动：韦伯和吉登斯行动理论的比较》,《学术交流》2010 年第 7 期。

[52] 李猛:《"社会"的构成：自然法与现代社会理论的基础》,《中国社会科学》2012 年第 10 期。

[53] 董雅华:《论思想政治教育的规训性与解放性——一种对思想政治教育特性的哲学探究》,《东南大学学报(哲学社会科学版)》2014 年第 3 期。

[54] 叶方兴:《论提升思想政治教育的社会回应力》,《思想教育研究》2015 年第 3 期。

[55] 余翠军、杨青松:《渗透性思想政治教育》,《思想政治教育研究》2008 年第 2 期。

［56］白显良：《论隐性思想政治教育的独特品性》，《学校党建与思想教育》2007年第9期。

［57］张辉：《意识形态还没有终结》，《读书》1995年第8期。

［58］〔德〕哈贝马斯：《现代性：一项尚未完成的事业》（下），行远译，《文艺研究》1994年第6期。

［59］余玉花、王美：《论思想政治教育的学科属性》，《思想理论教育》2015年第7期。

［60］许丽萍：《现代思想政治教育的实践性研究》，哈尔滨师范大学博士学位论文，2011年。

索 引

X

Y

Z

后 记

“思想政治教育是研究什么的？思想政治教育究竟是什么？”这是在复旦求学的一次课后，骑行在“本北高速”时来自常常一起听课的一位哲学学院同学的提问。面对这一提问，我先是一惊，惊为什么会有人不知道思想政治教育，接下来一静，因为我要回答这一问题，原本我以为自己很清楚这个问题的答案，但就在我要将教材上关于思想政治教育的定义脱口而出时，我瞬间哑口失语。因为大脑里有一个非常清晰的声音在告诉我，“嘿，姑娘，背一个定义是无法与你同学对话的。”在这一惊、一静、一失语之间，“思想政治教育是什么”这个问题便铭心刻骨，再也没能忘记。

于是，在博士学位论文写作中，我毫不犹豫地选择了“思想政治教育是什么”这个研究主题。但究竟又应该如何来解答这一问题呢？从思想政治教育学界现有的研究成果来看，人们更多是以思想政治教育的本质作为切入点与落脚点。但实际上，对思想政治教育本质的回答却还需要明晰一个前提性的基础问题，即思想政治教育属性是什么？思想政治教育属性之间有怎样的关系？因为只有明晰思想政治教育的属性及多维属性之间的辩证关系，才能更精准地确认思想政治教育的本质属性，亦即思想政治教育的本质。

纵观人类社会发展的历史，规则与价值从来都是如影随形，思想政治教育最初也孕育在大一统的教育活动中。随着社会关系的不断发展，思想政治教育也在维护、发展或修正、废除现实社会关系的实践活动中生成自身的政治属性、意识形态属性、实践属性、社会属性与公共属性等主要属性，并进而获得自身的独立形态。本书即是从揭示思想政治教育属性的基本理论问题出发，进而论证了思想政治教育的政治属性、意识形态属性、社会属性、实践属性以及多维属性之间的辩证关系，最后确认思想政治教育的本质属性。

从属性的内涵来看，它包含固有属性与偶然属性、本质属性与非本质属性、原生属性与派生属性等。从思想政治教育这一实践活动来看，它始终以人的正确的政治思想的形成与发展为动力与目标，因此，人文属性、思想属性、教育属性、文化属性等也是思想政治教育非常重要的属性。如何在坚持思想政治教育服务现实社会关系的发展这一线索揭示思想政治教育主要属性的同时，兼顾思想政治教育作为以人的政治思想的形成与发展的教育活动所具有的属性，从而厘清政治属性、意识形态属性、社会属性、实践属性、公共属性等属性与文化属性、人文属性、思想属性、教育属性等属性的内在关系与内在结构便成为未来思想政治教育属性研究需要突破的问题。由于篇幅有限，而所涉及的内容过于庞大，本书只是粗粗讨论了思想政治教育政治属性与意识形态属性、政治属性与社会属性、政治属性与实践属性之间的辩证关系，也没有更多的篇幅去论证思想政治教育的本质属性，只是匆匆地得出了思想政治教育的本质属性是社会属性与实践属性的辩证统一这一结论，这无疑是本书的遗憾。也许，未来以“思想政治教育本质属性研究”为主题，在更充分地论证思想政治教育多维属性辩证关系及内在结构的基础上，确认并更详细地论证思想政治教育的本质属性，成为本书留存空间的更大意义。

行文至此，感慨万千。再次阅读论文，尽管也知道它的不足，但依然想对当年勤勤恳恳地阅读经典，遇到问题不耻下问，奔波于不同学科课堂以求丰富知识、扩展认知的自己说一声“谢谢！”当然，在此，我更要感谢的是我的导师——复旦大学邱柏生教授，因为从题目的选择、撰写以及后期的修改，凝聚了老师大量的精力与智慧。老师常常说：“教育是要提升人的自信的”。跟随老师求学的 3 年，我在寻找自己、认识自己、提升自己的路上变得更加勇敢、从容，还有什么比这更重要？复旦大学是一座精神家园，在这里我遇到了很多学识渊博、人品高尚的老师，他（她）们的课堂、理论观点都给予了我多样的启迪与反思。这些品格也成为我作为一名教师的坚守。在此，感谢向我提问以及给我提供丰富资源的学习小伙伴们。

本书的出版，得到学习出版社的热情帮助。成果从立项、结题到出版尽管付出了艰辛的努力，但能力有限，书中浅薄甚至错谬之处在所难免，祈请学界同仁不吝赐教。本书个别内容已在杂志上发表，特此说明。

李敏

2023 年 12 月 14 日